성평등에 한층 가까운 세상이 어떤 모습인지, 그리고 왜 그것이 얻을 만한 가치가 있는지를 보여주는 매혹적인 창이다. 아이슬란드는 유급 육아휴직, 부담 없는 보육료, 양성평등을 핵심 가치로 하는 광범위한 지원 등 공평한 경쟁의 장을 만들기 위해 많은 노력을 기울이고 있다. 엘리자 리드는 우리를 이 매혹적인 섬을 둘러보는 데 그치지 않고 성평등을 향해 나아가는 한 나라의 성공과 실수를 두루 살펴보도록 안내한다.

_힐러리 클린턴

한 작은 나라가 성평등에 관해 세상에 알려줄 수 있는 따뜻하고 친밀한 탐구. 태어나고 자란 캐나다의 농장에서부터 아이슬란드 대통령 관저까지의 개인적인 여정을 기록하면서 그 과정에서 여성들이 활기찬 근대 사회를 건설하는 데 도움을 준 역사적, 지리적, 문화적 요인에 대한 최고의 지침을 보여주고 있다.

_제럴딘 브룩스, 퓰리처상 수상 작가

따뜻함, 재치, 통찰력을 통해 아이슬란드가 여성에게 지구상에서 가장 살기 좋은 곳 중 하나인 이유와 완전한 성평등을 달성하는 데 여전히 앞에 놓인 과제를 탐구하고 있다. 보다 평등한 사회가 어떻게 우리 모두를 고양시킬 수 있는지에 대해 조명하는 훌륭한 책이다.

_셰릴 스트레이드, 『와일드』 저자

아이슬란드는 비범한 여성들로 가득 차 있으며 이 유쾌하고 매력적인 책에서 엘리자 리드는 그중 많은 여성들을 소개하고 있다. 성취감을 주는 뜻깊은 삶을 살고 싶다면 "스프라카르"와 그들의 비밀에 매료될 준비를 하시라. 그리고 이 나라를 여행할 계획을 짜고 있는 자신을 발견하더라도 놀라지 마시라.

_엘리자베스 렌제티, 『Shrewed』 저자

아이슬란드어 사전에 "비범한 여성"을 뜻하는 고대어인 "스프라카르"를 어휘에 포함시켰다는 사실은 아이슬란드가 어떤 나라인지를 단적으로 말해준다. 그리고 이 놀라운 책에서 저자는 아이슬란드에서의 삶뿐만 아니라 작동하는 성평등과 우리 모두가 추구하는 목적의식이 무엇인지를 알려준다. 매력적이면서도 꼭 필요한 책이다.

_메그 월리처, 『여성의 설득』 저자

너무나 재미있다! 엘리자 리드가 아이슬란드에 보낸 이 러브레터는 기발하고 매력적이며 놀랍도록 솔직하고 눈을 번쩍 뜨이게 하며 매우 흥미롭다. 진지한 주제를 다루고 있으면서도 가벼운 터치와 놀랄 만큼 읽기 쉬운 문체로 쓰여 있다. 회고와 서사의 완벽한 조합이다. 평등과 여성의 권리가 모두에게 얼마나 큰 이익이 되는지 알아야 하는 사람에게, 특히 남성에게, 이 책을 강력 추천하고 싶다. 결국 우린 모두 함께 이루어 내야 하니까.

_윌 퍼거슨, 길러상 수상 작가

막강한 다른 여성들에 대한 이야기와 더불어 아이슬란드에 대한 사랑과 대통령의 부인이 되는 여정을 그려내면서 아이슬란드의 독특한 성평등 접근법을 조명한다. 이를 통해 전 세계 여성이 어떻게 권리를 위한 투쟁을 벌어야 하는지를 상징적으로 보여준다. 흥미롭고 희망적이며 영감을 주는 읽을거리이다.

_에시 에듀전, 길러상 2회 수상 작가

아이슬란드의 신선한 공기의 숨결! 엘리자 리드는 북유럽의 작은 섬나라와 그 풍부한 문화 및 역사를 상당히 독창적이고 따뜻하며 솔직한 여정으로 빚어냈으며, 평등을 위한 분투가 모든 사람의 삶을 어떻게 개선할 수 있는지에 대한 강력한 책을 만들어냈다.

_카트야 팬차, 『The Finnish Way』 저자

세계 성평등 1위 아이슬란드의 비밀

스프라카르

세계 성평등 1위 아이슬란드의 비밀

스프라카르

엘리자 리드
지은현 옮김

꾸리에

스프라카르(SPRAKKAR)

고대 아이슬란드어 "스프라키sprakki"의 복수형.

"비범한 여성", "걸출한 여성"을 뜻함.

작가의 말

나는 사업가, 저자, 강사, 엄마, 페미니스트, 이민자이며, 아이슬란드 대통령과 결혼했다. "대통령의 부인"이라는 호칭에는 공적인 업무는 없지만 국가원수의 배우자에게, 반드시 요구되지는 않을지라도, 특정한 의무와 직분이 예상된다. 그렇기에 나의 공적인 발언은 분석되거나 찬사받거나 비판받는 일이 잦다. 이 책을 쓰면서도 그 사실을 잘 인식하고 있다.

아이슬란드에서 대통령의 역할은, 전적으로는 아니지만, 대체로 상징적이다. 대통령은 아이슬란드의 국가원수이다. 대통령은 선출직으로서 의회에서 통과된 법률에 대한 거부권을 가지며 연립정부 구성을 추진하는 데 영향력을 행사할 수 있다. 그렇지만 정부의 수반은 총리이고 일상적인 정치적 의사결정은 정부와 의회에 귀속된다. 대통령(과 의견을 자유롭게 밝히는 배우자로서 나)은 정당에 소속되어 있지 않으며 국가의 예산, 법안 또는 정치 전략에 대해 공개적으로 입장을 표명하지 않는다.

여러 나라에서 성평등 문제는 의료에서 교육에 이르기까지 여러 문제를 포괄하는 법안에 영향을 미치며 정치에 깊이 개입되어 있다. 그렇지만 이곳 아이슬란드에서의 논쟁은 더 이상 성평등이 중요한 목표인지 여부가 아니라 어떻게 하면 최대한 성취할 수 있는가의 여부이다. 전 미국 대통령의 부인인 힐러리 클린턴의 말을 바꾸어 표현하면, 성평등은 정치적 문제가 아니라 인권 문제이다. 그러므로 나는 이 책이 정치적 견해를 옹호하는 책이라고 보지 않는다. 그것은 정치인들에게 맡겨두겠다.

이 책은 어쩌면 내가 틀릴 수도 있는 기억과 인상을 인터뷰와 결합시켜 한 국가와 그 국민들에 대해 그려낸 현대의 초상이다. 모든 것을 완전히 포괄하지도 않았고, 편파적이지 않은 것도 아니다. 포커스 그룹(시장 조사나 여론 조사를 위해 각 계층을 대표하도록 뽑은 소수의 사람들로 이뤄진 그룹-옮긴이)으로 이뤄지지도 않았고, 홍보 전문가들에 의해 실체를 빼앗기지도 않았고, 냉소주의자들이 "대통령의 부인"이라는 별칭을 지닌 사람에게 예상할 만한 무미건조한 광택을 내기 위해 덧칠하지도 않았다. 모든 성별의 사람들에게 평등한 기회, 경험, 보상을 만들어내고 보장하는 것에 조금도 방심하지 않을 때, 이 책이 우리가 건설할 수 있는 사회적 형태에 대한 증거가 되기를 바란다.

철자법에 대한 참고사항

아이슬란드어 알파벳은 악센트가 있는 모음(á, í, ý 등)을 별개의 발음을 가진 별개의 문자로 간주하기에 이 책에서 그대로 지켰다. 덧붙여, 아이슬란드어에는 영어에는 없는 세 글자가 있다. æ는 "아이"로 발음되기에 이 책에서 "아이(aye)"로 썼다. ð는 "드(th)"처럼 발음하지만 관습에 따라 "드(d)"로 대체했다. þ는 "think(생각하다)"의 "쓰(th)"처럼 발음되며 관습에 따라 "쓰(th, 본문 표기에서는 트와 쓰 혼용)"로 대체했다. 그래서, 예를 들어, 남편의 이름으로 구드니(Gudni)를, 뉴스 진행자의 이름으로 토라(Thóra)를 썼지만, 아이슬란드어로는 Guðni와 Þóra로 쓴다.

1.
아이슬란드로 온 이민자

손님의 눈이 더 명확히 본다°

° Glöggt er gests augað. "손님의 눈이 더 명확히 본다"는 아이슬란드어 관용구로, 새로운 환경을
처음 접하는 사람이나 손님이 늘 그곳에 있던 사람보다 매사를 더 명확하게 본다는 것을 뜻한다.

아이슬란드에서는 월요일에 새로운 일을 시작하는 것이 불운으로 여겨진다. 금요일이 그런대로 괜찮으며, 한 달이 시작되는 첫날(당연히 월요일에 해당되지 않는 경우)이면 훨씬 더 좋다. 하지만 정말로 성공적인 경력을 쌓고 싶다면 월요일에 시작하는 것을 피해야 한다.

따라서 이 북대서양 섬에서 나의 직장 생활은 10월의 화요일에 시작되었다. 이곳의 10월 날씨가 흔히 그렇듯 바람이 쌩쌩 부는 흐린 날이었다. 당시 아이슬란드에 거주한 지 6주가 채 되지 않았기 때문에 "월요일 규칙"을 알지 못했다. 나는 새로운 일을 시작하기를 간절히 바랐지만, 마케팅 전문가로 고용된 작은 신생 소프트웨어 업체의 대표가 첫 출근날을 알려주었을 때 다른 날에 출근하면 안 되겠냐고 말할 수 있는 입장이 아니라고 느꼈다. 결국엔 운이 좋았다. 나는 언어도 구사하지 못하면서 약혼자와 그의 가족 외에는 실제로 아는 사람이 없는 나라에서 이전에 하던 일과 연관된 직장을 구하게 되었다.

나는 스물일곱 살 때인 2003년에 사랑을 위해 아이슬란드로 이주했다. 1998년 가을, 미래의 남편인 구드니 요하네손을 만나기 전, 이 나라에 대해 아는 것이라곤 국기와 지도상의 위치, (1980년대에 코모도어64 컴퓨터로 "카르멘 샌디에고는 세계의 어디에" 게임을 여러 시간 한 덕에) 수도가 레이캬비크 정도라는 것이었다. 그 시절에도 아이슬란드가 세계에서 여성에게 가장 좋은 곳 중 하나로 여겨졌다는 것은 알지 못했다. 역사, 사람, 정책, 행운의 독특한 연금술이 바로 다른 어떤 나라보다 성평등의 황금 반지를 손에 쥐는 데 가장 근접한 나라로 만들어낸 게 틀림없다.

나는 영국 옥스퍼드 대학의 세인트 안토니 칼리지에서 국제학 전공의 석사 과정을 밟는 여러 외국인 학생들 중 한 명으로 역사학 박사 과정을 밟는 구드니를 만났다. 구드니는 세인트 안토니에 다니는 최초의 아이슬란드인이자 대학을 통틀어 몇 안 되는 아이슬란드인 중 하나였다. 오타와 계곡의 취미농장(수익 목적이 없이 그저 취미로 운영하는 농장-옮긴이)에서 자란 스물두 살의 캐나다 여성인 나에게 세상에 잘 알려지지 않은 그의 국적은 매혹적이었다. 그는 조용했고, 책만 많이 갖고 있을 뿐 다른 것들은 거의 없었으며, 다른 학생들만큼 술에 진심이지도 않았다.(나는 아이슬란드인들이 다 그런 줄 알았다.) 키가 크고 느긋한 성격에다 영국인에 필적할 정도로 대단히 냉소적이고 자기비하적인 유머를 드물지만 치명적으로 구사했다.

나는 캐나다에서 학사 학위를 마친 지 불과 두어 달 만에 바다 건너 영국으로 갔다. 대학원을 핑계로 새로운 나라를 경험하면서 가뜩이나 빚을 더 많이 졌고, 앞으로 무엇을 하면서 살아야 할지에 대한 결정도 미루고 있었다. 나와 같은 전공을 하는 학생들은 크게 두 부류로 나뉘었다. 한쪽 부류는, 나처럼 평생 학교를 다녔고 세계에서 가장 명망 있는 학교 중 하나에서 받아들일 만큼 열심히 공부했지만 단연코 덜 건설적인 방식으로 시간의 우선순위를 매겼다.(나는 밤에 술집에 가거나 포커를 치는 것을 한 번도 놓치지 않았으며, 당시 체코 대통령이었던 바츨라프 하벨의 인기 많은 기조 강연을 듣지도 않았다. 시험에 반영되지 않으리라는 것을 알았기 때문이다.) 반면 일부 학생들은 한층 성숙했다. 많은 학생들이 옥스퍼드에 다니기 위해 큰 희생을 감수했다. 하던 일을 그만두기도 하고 고생해서 돈을 모으기도 하고 가족들을 몹시 놀라게 하기도 했다. 그들은 옥스퍼드 대학에서의 경험을 최대한 활용하기 위해 그곳에 있었다.

물론 구드니는 앞서 언급한 냉전시대 반체제 인사의 강연에 참석했을 뿐만 아니라 그 행사에서 안내인으로 자원하기도 했다. 그는 아이슬란드가 수록되어 있을 경우에 대비하여 주제와 상관없이 모든 책의 색인을 먼저 읽었다. 먼 훗날 언젠가 신문 기사나 강연에서 활용할 수 있을지도 모른다는 생각으로 역사적 기록이나 스포츠 영웅과 같은 다양한 주제가 실린 신문 기사를 오려내어 주제별로 꼼꼼하게 정리하기도 했다.(미래의 대통령이 당시 생각하고 있는 것보다 더 선견지명이 있는 활동이었다.)

이러한 행동과 관자놀이 주위에 은발이 희끗희끗한 것으로 보아 나보다 약간 더 나이가 들었거나 아마도 스물여섯 살쯤 되었을 거라고 추측했다. 한번은 한밤중에 담배 연기가 자욱한 비좁은 지하실에서 파티를 하던 중 그 흥미롭지만 조용한 사람에 대해 좀 알아보려고 다가갔다. 그는 베를린 장벽이 무너졌을 때 학부생이었다고 아무렇지도 않게 언급했다. 1989년에 나는 8학년이었다.

"몇 살이에요?" 그의 나이에 대해 지나치게 낙관적으로 추정했을 수 있다는 것을 깨닫고 물었다.

"서르으은살(thirrrty)이에요." 그는 아이슬란드어를 쓰는 사람들이 그렇듯 r을 아주 길게 끌며 미소 지으며 대답했다.

'진짜일 리 없어'라고 생각했던 기억이 난다. 한밤중이었다. 구석에서 서로의 이름도 모를 것 같은 두 사람이 술에 잔뜩 취해 서로의 몸을 더듬고 있었다. 담배 연기가 공중에 자욱했다. "서르으은살"이나 먹은 사람이라면 누구도 그런 환경에서 그렇게 늦게까지 있고 싶어 하지 않을 터였다. 나는 고개를 끄덕이고 맥주를 홀짝이며 화제를 바꿨다.

"연휴 동안 뭐 하고 지내세요?"

11월 중순밖에 안 되었지만 이미 사람들은 학기가 끝날 때에 맞춰 귀국 항공편을 예약하고 있었다.

"딸 만나러 가려고요." 뭐 그런 걸 다 물어보냐는 듯 무심하게 대답했다.

나는 거의 맥주를 뿜을 뻔했다. '뭐, 당연히 그렇겠지. 세상이 갑자기 온통 뒤죽박죽된 이 한밤중에 이제 서른 줄에 접어든 남자에게 추파를 던지고 있다니. 그래, 안 지 두 달 동안 한 번도 언급한 적 없었던 r 발음을 굴리는 잘생긴 남자가 아이슬란드에 북유럽 여성과 가정을 꾸리고 있고 아이도 하나 있다는 것은 지극히 당연한 일일 거야.' 이렇게 해서 바이킹족에게 추파를 던지는 일은 초를 쳤다. '게임 종료'라고 생각했다. 마치 이 대화가 주말에 급조한 즉흥적인 하키 게임이고 그의 사생활은 지나가는 차량인 것만 같았다.

그러다 안 되겠다 싶어 용기내어 물었다. "아, 그렇군요. 애 엄마는요?"

그가 내 눈을 똑바로 쳐다보며 대답했다. "그녀를 보러 가는 게 아니에요."

'좋아. 아직 게임은 끝나지 않았어.'

구드니는 내 친구들 중에서 처음으로 이혼한 사람이었다. 그는 네 살배기 딸에 대해 한 번도 언급한 적이 없었다. 학생들이 처음 만나 이런저런 얘기를 나눌 때 아무도 아이들에 대해 물어볼 생각을 하지 않았고, 또 그는 필요 이상으로 구구절절 설명하는 유형의 사람도 아니었기 때문이다. 인생에서 가장 괄목할 만한 성장 시기인 20대의 10년 동안 그는 석사학위를 마치고, 한 아이의 아버지가 되고, 결혼한 다음 원만하게 이혼하고, 마침내 영국으로 이주했다. 나보다 여덟 살 연상으로 당시 내 인생의

3분의 1 이상이 많았지만 어쨌든 둘 다 학생이라는 사실로 인해 우리는 동등한 입장이었다. 그리고 그는 나를 웃게 했다.

그 학년도가 끝날 무렵, 우리는 커플이 되었다. 18개월 후, 우리는 햄프셔의 작은 아파트에서 함께 지냈다. 그는 역사학 박사 학위를 마치고 나는 최근에야 직원들을 미세스나 미스라고 부르는 것을 그만두고 대신 이름으로 부르는 200년 된 일류 기업에서 영업과 마케팅 일을 했다.(미즈라는 호칭도 존재했지만 내가 보기에는 이혼한 사람들과 레즈비언들을 위해 비공식적으로 남겨둔 것 같았다.) 구드니는 주중에는 기차와 지하철을 타고 런던 외곽의 큐에 있는 공문서 보관소(현재는 국립기록보관소)로 2시간 30분 동안 편도 여정을 떠나 영국과 아이슬란드 간의 관계에 대한 기록을 정독했다. 나는 모조 의약품이나 짝퉁 명품 식별법에 대한 마케팅 책자 작성을 도우며 거의 매일같이 나보고 미국 어디 출신인지 묻는 사람들에게 캐나다 출신이라고 바로잡았다. 저녁에는 섬에 정착한 이래 1100여 년 동안 거의 변하지 않은 북유럽 언어인 아이슬란드어를 배우려고 애썼다. 내 CD-ROM은 "기차역이 어디에 있습니까?"(아이슬란드에는 기차가 없다)와 "해변이 어디에 있습니까?"(국가의 일부 지역이 북극권 한계선에 걸쳐져 있다)와 같은 "유용한" 문구들을 가르쳐주었다.

나에게는 모종의 계획이 있었다. 구드니는 학위를 마치고 20세기 북대서양의 어업 분쟁에 관한 10만 단어짜리 논문을 완성하고 있었으며, (딸이 우리를 자주 방문했고, 그는 여름철에는 대부분 딸과 함께 아이슬란드에서 보내긴 했지만)당연히 어린 딸 루트가 지내고 있는 섬을 무척 그리워하며 섬으로 돌아가고 싶어 했다. 우리가 함께 지내고 싶다면 적어도 딸이 자라는 동안에는 아이슬란드가 아니면 안 될 터였다. 그리고 만약 내가 구드니와 함께 그곳으로 옮겨간다면 영원히 터를 잡게 될 터였다. 나는 그곳에서 그의 배우자로서 이외에 나 자신을 위한 삶을 살아야 할 터였다. 삶은 정식으로 의상과 분장을 갖추고서 하는 마지막 무대 연습이 될 수 없다. 12월의 오전 열 시의 어둠에 절망하거나 디너파티에서 아이슬란드어로 대화하는 것을 이해할 수 없을지라도 나는 우리의 관계를 쉽게 포기하고 싶지 않았다. 설령 이것이 내 인생에서 가장 중요한 공연이 될 거라면 결혼을 하고 죽음이 우리를 갈라놓을 때까지 법적으로 서로에게 헌신하는 것도 좋을 것 같다는 생각이 들었다.

그리하여 영국을 떠나 아이슬란드에서 함께 새로운 모험을 시작하기로 결정하기 불과 두어 달 전인 화창한 3월의 어느 주말, 일상에서 벗어나 콘월 북부의 바닷가를 거닐 때 나는 그에게 청혼했으며, 그는 받아들였다. 샴페인 한 병을 몰래 내 여행 가방에 넣어 갖고 왔기에 우리는 해변 마을에서 피시 앤 칩스를 포장해 가서는 약혼을 축하하기 앞서 머물고 있던 폴티 타워(영국 BBC에서 1970년대에 방송된 시트콤에 나오는 호텔-옮긴이) 풍의 비앤비에서 마셨다. 다음날 구드니가 어머니에게 전화하여 약혼 사실을 알리자 어머니는 무척 기뻐하며 "어련히 알아서 잘했을라고!"라고 했다. 그는 몇 달 후에야 약혼의 진상을 고백했다.

기왕 언어도 통하지 않고 직업도 없는 외딴 섬으로 이주하는 거, 아예 빈털터리가 되어 진정한 의미에서의 새 출발을 하는 편이 좋겠다는 생각이 들었다. 나는 일하던 회사의 주식옵션을 현금화하고 100일 동안의 나 홀로 여행을 계획했다. 러시아와 중앙아시아를 가로지르는 시베리아 횡단철도에서 시작하여 동남아시아를 여행하는 6주간의 배낭여행으로 끝내기로 했다.

2003년 8월 19일, 아이슬란드에서 살려고 도착했다. 넷째 아이가 태어나기 거의 10년 전이었다. 15킬로그램의 배낭을 짊어지고, 망고 래시(남부 아시아 지역의 음료수-옮긴이)를 마시고, 낙타를 타고, 모기장에서 잠을 자며 지내는 동안 구드니는 박사학위 논문을 제출했고, 우리가 세 들어 살 4층짜리 건물의 원룸을 구했다. 아이슬란드의 수도 레이캬비크에 있는 아이슬란드 대학 근처였다. 이제 아홉 살이 된 루트는 2주에 한 번씩 주말마다 접이식 소파에서 자며 함께 지냈다.

이주한 지 며칠 지난 뒤, 구드니는 영어를 쓰는 회사에서 마케팅 전문가를 뽑는다는 지역신문 광고를 보았다. 나는 그 회사에 취직했는데 출근 첫날은 바람이 휘몰아치는 10월의 화요일이었다. 이 나라에서 단 6주 만에 우리를 금전적으로 뒷받침해줄 수 있는 좋은 일자리를 찾은 것은 행운이었다. 그동안 구드니는 대학에서 박사 후 연구원 직을 시작했다. 나는 일주일에 여덟 시간 동안 배우는 아이슬란드어 심화수업에도 들어갔다. 영국에서는 필수 액세서리였던 우산을 집에 고이 모셔두어야 한다는 것을 알았다. 사방으로 들이치는 아이슬란드의 바람에는 쓸모가 없는 것이기 때문이다. (일반적으로 다른 나라 이민자나 노인, 중학생, 또는 이런저런 이유로 운전면허증이 없는 사람들처럼)출퇴근 하기 위해 버스 이용권을 구입했다. 가을날 팍사플로이만 너머로 해가 뉘엿뉘엿 지는 것을을 보고 경탄을 금치 못했고, 잠자리에서 일어나면서는 도시 위로 우뚝 솟은 에스야산에 눈이 내리는 절경을 보았다.

한눈에 봐도 모든 것이 문화적 충격의 정점을 이루었지만 새롭고 짜릿했다. 나는 사랑을 위해 이주했지만, 그렇다, 이곳에서 소득을 올리고 언어를 배우며 아이슬란드에서의 삶의 이유를 만들어내기 시작했다. 일찌감치 인내와 끈기를 요하는 순간들이 있으리라는 것을 알 수 있었지만 이곳이 마음에 들었다.

✈ ✈

　스타트업 회사는 남성 주도형인 경우가 많으며, 특히 소프트웨어 업계는 더욱 그렇다. 거의 20년 전 가을에 입사했을 때 나는 열다섯 번째 직원이자 네 번째 여성이었다. 항공사인 아이슬란드에어의 전직 직원들이 설립한 회사로 항공사용 소프트웨어를 설계했다. 외국인에서 아이슬란드인으로 전환하는 초기 단계를 거치기에 완벽한 환경이었다. 나는 홍차에서 진한 블랙커피로, 정장과 힐에서 카키색 바지와 면 상의로 진전을 보게 되었다. 해가 갈수록 짧아지면서 다가오는 어두운 겨울에 대해 투덜거려도 동료들은 너그럽게 봐주었다. 위도로 인해 6월에는 거의 24시간 해가 지지 않다가 2021년 12월에는 공식적인 일출/일몰 시각이 오전 11:22분/오후 3:29분으로 극단적인 변화를 일으키는 세계 최북단 수도에서 평생을 산 거주민들은 앞으로 얼마나 더 (어둠과 투덜거림 모두!) 심해질지 잘 알고 있었다. 아직 언어를 잘 구사하지는 못하지만 나는 재미있고 신나고 새로운 일을 하는 사람들과 어울리게 되었다. 나는 프로그래머들과 어울릴 만큼 컴퓨터광이었고, 남자들과 어울릴 만큼 스스럼없었으며, 금요일 밤에 술 한잔하러 나가고 싶을 만큼 젊었다. 회사에는 점심을 손수 준비할 수 있는 작은 주방이 있었고, 휴교일에는 직원들이 아이들을 데리고 올 수 있도록 소형 쿠션들과 DVD 플레이어가 있는 방이 있었다. 영국의 직장에서는 절대 본 적이 없는 것들이었다.

　대표(CEO)는 회사의 여성 네 명 중 한 명이었다. 그녀는 은행 업무 경험이 있었지만 이 회사에서는 CEO, CFO, 인사총괄 담당을 비롯, 모든 개발에 대해 이사회에 통지하는 일을 포함하여 여러 책임을 맡았다. 이사회는 몇 달에 한 번씩 근무가 끝나기 전 시간에 사무실의 유일한 회의실에서 회동했다. 대략 다섯 명이 진한 커피를 홀짝이며 그 자리를 위해 주문한 동네 빵집의 패스트리에 푹 빠졌다.

이사회 의장은 할라 토마스도티르라는 30대 후반의 여성이었다. 미국의 기업계에서 몇 년을 보낸 뒤에 아이슬란드로 돌아와 비즈니스 및 금융 분야에서 다양한 경험을 쌓고 가정을 꾸렸다. 나는 이사회 회의를 지나치다가 그녀를 처음 보았다. 둘째 아이와 함께 이제 막 출산 휴가에서 돌아온 그녀는 아기에게 젖을 먹이면서 회의를 주재하고 있었다. 남성 호르몬인 테스토스테론이 가득한 그 환경에서 아무도 눈 하나 깜짝하지 않았고, 아무도 "농담"을 던지지 않았으며, 할라가 의제에 대해 요점을 말하는 동안 최소한 남성 이사회 구성원 한 명이 자신의 무릎에 묻은 "쉬"를 튕겼다.

거의 20년이 지난 지금도 그 짧은 순간이 뇌리를 떠나지 않는다. 엄마와 자식 사이의 이러한 상호작용이 업무상 회의에서 자연스럽고 건강하며 전혀 특별할 것 없는 순간으로 여겨진다면 어두운 겨울, 바람 부는 날씨, 상점에서 고를 만한 신선한 채소가 별로 없어도 견딜 수 있을 것 같았다. 나는 아직 20대였고, 아이도 없고, 근심도 없고, 삶에 만족스럽고 운이 매우 좋았지만, 가정을 꾸리고, 경력을 쌓아 출세하고, 나 같은 중산층의 배울 만큼 배운 여성들이 성취해야 하는 규범에 최소한 순응하거나 기여해야 한다는 사회적 압력이 앞에 가로놓여 있다는 것 또한 잘 알고 있었다. 그런데 내가 운이 좀 따라줘서 여성들이 그 모든 것을 한꺼번에 가질 수 있는 나라에 착륙했다니, 이게 당최 가능한 일인가?

거의 1년이 지난 8월 말에—저주받은 월요일이었을 수도 있다—대표실로 부르더니 회사가 예산을 삭감해야 한다고 했다. 그리고 그곳에서 나는 뒤통수를 맞은 채 해고당했다. 그다음 몇 달 동안 할라는 내가 자존감을 키우고 새로운 일자리를 찾으려고 애쓸 때 연락한 많은 사람들 중한 명이었다. 그 몇 달은 아이슬란드에서의 두 번째 기회가 훨씬 더 힘들다는 것을 증명하는 과정이었다. 우리는 몇 년 동안 이따금 연락을 주고받았다. 진로를 바꾸어 「아이슬란드 리뷰」 잡지에서 기자로 일할 때는 그녀에 대한 기사를 작성했으며, 친구와 내가 직접 기획한 "아이슬란드 작가 워크숍"에 착수할 때는 그녀에게 조언을 구했다. 그녀는 항상 격려하며 도움을 주었다. 우리의 길은 계속해서 교차할 터였다.

→→ ←←

어린 시절 국기와 수도를 달달 외우는 "덕후"였던 나는 처음에 아이슬란드와 북유럽 사촌(덴마크, 노르웨이, 스웨덴, 핀란드)의 국기가 비슷하기 때문에 인구도 비슷할 거라고 생각했다. 몇백만에서 천만 정도? 사실 아이슬란드는 독립국가 중 인구가 가장 적은 나라 중 하나이다. 2021년 새해 첫날에는 불과 368,792명으로, 천 단위로 반올림해도 사회에 민폐가 될 정도로 작다. 내가 이 나라에 살았던 기간 동안 인구는 4분의 1 이상 증가했다.

클리블랜드나 오하이오, 혹은 영국의 브리스틀보다도 인구가 적은 나라로, "작은 나라 콤플렉스"를 가지고 있다고 해도 무리가 아니다.(나는 캐나다에서 자랐는데, 캐나다는 그 크기와 인구에도 불구하고 남쪽에 훨씬 더 큰 이웃과 인접해 있기 때문에 "작은 나라 콤플렉스"를 가지고 있다. 그래서 나는 그러한 고민에 대해 자연스럽게 애정을 갖고 있다.) 아이슬란드에서 "작은 나라 콤플렉스"는 외국 언론에서 자기 나라가 언급되는 빈도가 어느 정도인지, 심지어는 거의 알려지지 않은 유명인사라도 아이슬란드를 방문한 경험을 어떻게 생각하는지에 대한 건전한 관심으로 드러난다.("아이슬란드 어때요?"라는 유도 질문은 방문객이라면 누구나 답변해야 하는 질문으로 이는 "이 옷 입으면 뚱뚱해 보여?"와 같은 맥락에서 다루어져야 한다.)

나라가 작으면 여러 분야에서 전 세계 순위 1위를 차지하기가 어렵다. 사실 아이슬란드는 이용 가능한 데이터가 포함될 만큼 광범위하지 않기 때문에 세계 순위에서 제외되는 일이 잦다. 백만 명 대의 인구에 도달하는 데 몇백 년까지는 아니더라도 수십 년이 걸린다면 세계적인 맥락에서 국가적 자긍심을 보여줄 수 있는 가장 좋은(그리고 가장 빈번한) 방법은 1인당 통계를 적용하는 것이다. 우리는 GDP가 대단히 높고, 예술 분야에 광범위하게 투자하고 있으며, 1인당으로 치면 국제적 발전에 크게 기여하고 있다. 1955년에 할도르 락스네스가 노벨문학상을 수상하면서 아이슬란드는 1인당 노벨 문학상을 가장 많이 받은 나라가 되었다.°(설령 할도르 락스네스에 대해 들어본 적이 없다 해도 아이슬란드 태생의 토박이들에게 들어본 적이 없다는 사실을 인정해서 그들을 화나게 하지 마시라.) 사상 첫 올림픽 금메달을 따서 해당 종목의 1인당 통계에서 도약하는 날이 어서 빨리 왔으면 좋겠다. 어쨌든 우리는 어느 나라보다도 1인당 통계를 제일 많이 갖고 있는 건 확실하다.

그렇지만 실제로 아이슬란드가 무조건적인 측면에서 세계를 이끄는 영역이 몇 군데 있다. 게다가 더 좋은 점은 이러한 영역이 실상 굉장히 중요하다는 것이다. 나는 지구상에서 가장 행복한 나라 중 하나에 살고 있다. 아이슬란드는 성소수자 우호 국가로서 "레인보우 유럽(Rainbow Europe)"

° 1992년, 아이슬란드는 세인트루시아섬(카리브해상에 섬으로 이루어진 도서 국가-옮긴이)의 데릭 월컷이 노벨문학상을 수상한 후 그 권리를 상실했다. 하지만 우리는 다른 나라들이 1인당 종목에서 좋은 성적을 거두는 것을 항상 기쁘게 생각한다.

순위에서 계속 상승하고 있다. 이 나라는 세계에서 가장 평화로운 나라이며, 당연히 군대도 없다.

이러한 지표와 기타 폭넓은 생활지수로 아이슬란드인들은 다른 북유럽 국가들과 지속적이고 우호적인 경쟁 관계를 유지하고 있다. 예를 들어, 5개국 모두 행복지수 상위 10위 안에 든다.(미국, 영국, 캐나다는 상위 20위 안에는 있지만 최상위권 안에는 들지 못한다.) 북유럽 5개국은 각기 별개의 문화, 역사, 언어°를 가지고 있긴 하지만 국제무대에서 종종 단결할 만큼 공통의 가치와 관계를 공유한다. 특히 아이슬란드는 다른 북유럽 국가나 유럽연합의 기존 법률에 근거하여 자체 법률을 제정하는 경우가 많다. 하지만 일단 스포츠에 대해 얘기하게 되면 모든 것이 백지로 돌아간다. 아이슬란드인에게 국가 대표팀이 (14세기부터 1944년까지 아이슬란드를 통치한)덴마크[1]를 경기에서 꺾는 장면을 보는 것보다 더 짜릿한 일은 없다.

그렇지만 삶의 질과 관련하여 이 섬이 소문날 정도로 많은 지면을 차지하게 만든 것은 아마도 성평등 나라라는 것일 게다. 유엔의 지속가능발전목표 5번은 성평등과 여성의 권한 강화로, 차별을 철폐하고, 젠더에 기반한 폭력과 유해한 관행을 근절하며, 여성의 노동력 참여와 생식 건강 및 권리에 대한 보편적 접근을 보장하는 것을 목표로 한다. 연구를 거듭하고 시간이 지날수록 성평등 사회가 모든 시민에게 더 행복하고 더 오래 살며 경제적으로 더 풍요롭게 해준다는 사실이 입증되고 있다.[2] 세계경제포럼(WEF)에 따르면 아이슬란드는 적어도 지난 12년 동안 연이어 이러

° 그렇다고 아이슬란드를 스칸디나비아의 일부로 언급하는 실수를 범하지는 마시라. 언어, 역사 및 지리 등 다양한 이유로 아이슬란드와 핀란드는 스칸디나비아 국가로 여겨서는 안 된다.

한 이상을 성취하는 데 가장 근접한 국가로 우승컵을 가져갔다.[3] 이 지수는 고용, 교육, 보건, 정치 분야에서 성별 격차를 얼마나 잘 해소했는지에 대한 국가의 순위를 매긴 것이다. 다른 북유럽 국가들은 우리의 뒤를 바짝 쫓고 있거나 몇 가지 방안 면에서는 앞서고 있다.[4] 하지만 간단히 말해서, 이러한 맥락에서 판단할 때 아이슬란드는 여성들에게 지구상에서 가장 좋은 나라이며, 아마도 마침내 성평등을 성취하게 될 나라가 있다면 아이슬란드는 월등히 유리한 출발선에 있게 될 것이다.

한 사회로서 아이슬란드는 성평등이 중요한가 혹은 가치있는가 여부에 대한 티핑 포인트("갑자기 뒤집히는 점"이란 뜻으로 작은 변화들이 어느 정도 기간을 두고 쌓여, 이제 작은 변화가 하나만 더 일어나도 갑자기 큰 영향을 초래할 수 있는 상태가 된 단계-옮긴이)를 지났으며, 이를 성취할 수 있는 방법에 대한 논의를 진척시키고 있을 정도로 여성 노동력 참여도가 가장 높다. 한부모나 어린 엄마에 대한 사회적 낙인도 없다. 여성 경찰서장이 있고 국교회의 주교도 여성이다. 이 나라는 1980년에 세계 최초로 투표를 통해 민주적으로 여성 대통령을 선출했으며, 2009년에는 공개적으로 성 정체성을 밝힌 레즈비언 총리를 세계 최초로 선출한 것으로 유명하다. 아이슬란드 "유엔여성" 지부는 주로 매달 정기적으로 기부하는 사람의 수와 수많은 창의적인 기금모금 활동에 힘입어—1인당 금액이 아닌 실제로—몇 년 동안 세계 기금에 어느 나라보다도 많은 국가적 기부를 해왔다.

나를 포함하여 아이슬란드 사람들은 당연히 이러한 성취를 자랑스럽게 생각하지만 우리 모두는 아직 해야 할 일이 많이 남아 있다는 것을 잘 알고 있다. 온대와 한대의 중간 지역에 있는 이 섬은 여성들의 낙원이 아니다. 여전히 가부장제가 강력하고 뿌리깊다. 예를 들어, 기업 이사회의 성별 할당제에 관한 법률에도 불구하고 아이슬란드 증권거래소에 상장된 기업들 중 여성 CEO는 없다. 레이캬비크의 여성 쉼터는 예약이 꽉 찬 경우가 많으며, 코로나19 기간 동안 가정폭력에 대한 신고가 증가했다. 그래서 우리가 지금까지의 성공을 칭찬할 때 "하지만"이라는 단어에서 찾을 수 있는 힘이 있다. 계속되는 난제를 인식하는 것이 그것들을 제거하는 첫 번째 단계로 그랬을 때 우리가 함께 이룩한 중요한 진전을 약화시키지 않는다. 아이슬란드 속담에 이르기를 "손님의 눈이 더 명확히 본다"고 했듯이, 이민자로서 내게 그토록 놀라웠던 점은 사회 전반에 걸쳐 성평등의 가치를 정상화했다는 것이다.

⇛ ⇚

직장에서 해고된 뒤, 이사회 회의 때 아기에게 젖을 먹이는 한 여성을 더없이 흐뭇하게 지켜보던 "손님의 눈"은 다시 긍정적인 것에 초점을 맞추는 데 애를 먹었다. 할 수 있는 한 많은 입사 원서를 작성했지만 언어를 완전히 습득하지 못했기에 정규직으로 취업하기가 어려웠다. 바쁘게 지내려고 새로이 만들어진 영자신문 「레이캬비크 그레이프바인」에 기사를 투고했다. 유로비전 송 콘테스트라든가 수도에서 머리를 손질할 수 있는 곳이라든가 나중에는 여러 레스토랑 리뷰와 같은 주제를 다루었다.(이는 고급 식당에서 무료로 먹을 수 있었기에 내가 특히 좋아하는 업무였다.) 이 일이 인연이 되어 아이슬란드에서 가장 오래된 영어 출판물인 「아이슬란드 리뷰」지에서 시간직이지만 정기적으로 일하는 전속 필자가 되었다. 이 팀은 당시 아이슬란드에어의 기내 잡지인 「아틀란티카」도 발행하고 있었다. 쉬는 날에는 주로 영어로 기사를 쓰거나 교정을 보는 것과 관련된 다양한 프리랜서 일들을 맡았다. 직업적으로 바닥을 찍는 2년여 동안, 좋아하는 프로젝트를 진행하고, 아이슬란드 국내와 아이슬란드에어의 유럽 및 북미 행선지를 여행하는 등 하고 싶은 일을 실컷 했다. 2008년 말까지는 성장 중인 사업을 하나의 회사로 통합하기로 결정했기에 그해 9월 마지막 주에 등록하느라 무척 분주하게 보냈다.

열흘 뒤, 아이슬란드의 3대 주요 은행이 무너졌고, 통화 가치는 급락했으며, 아이슬란드는 사상 최악의 경제 불황에 휘말리게 되었다. 이는 그해 세계적으로 엄청난 경기 침체를 야기하면서 무엇보다도 가시적인 피해자들을 냈는데 쉽게 말해 "붕괴"라고 불렸다. 전국의 수만 명의 다른 사람들과 마찬가지로 나는 직장을 잃긴 했지만, 회사가 필수적인 업무를 위해 정규직에서 계약직으로 전환하면서 프리랜서 일은 늘어났다.

아이슬란드는 놀라울 정도로 빠르게 경제 붕괴에서 회복했는데, 아이슬란드를 방문하는 관광객의 급격한 증가도 적지 않은 도움을 줬다. 2015년에 아이슬란드는 국제통화기금(IMF)의 긴급 대출을 완전히 상환했고, 은행의 파산으로 피해를 입은 국가들과 양국 관계를 개선했으며, 일부 은행가들을 감옥으로 보낸 것에 대해 다소 어울리지 않는 찬사를 받으며 전반적으로 거의 재앙에 가까운 상태에서 보편적인 경제 성장으로 놀라운 진전을 이루었다. 나의 직업적 회복 또한 계속되었다. 나는 아이슬란드에어가 제작하고 있는, 보다 아이슬란드에 초점을 맞추는 새로운 기내 잡지의 편집일을 맡아달라는 요청을 받았고, 몇 년 뒤에는 친구와 함께 글쓰기를 좋아하는 사람들을 위한 워크숍인 "아이슬란드 작가 워크숍"을 만들었는데, 이는 아이슬란드의 문화 달력에 실리는 연례행사가 되었다.

아이슬란드의 규범인 가족 친화적인 정책 덕에 사생활에서도 똑같이 운이 좋다고 느꼈다. 구드니와 나는 2004년에 결혼하여 레이캬비크 중심부 서쪽에 있는 거의 100년 된 작은 노란색 목조 주택으로 이사했다.

바닷가에서 엎어지면 코 닿는 거리였다. 구드니는 레이캬비크 대학에서 강의하다가 "경제 붕괴"로 직장을 잃은 뒤, 드디어 아이슬란드 대학교 역사학과에서 종신 지위를 인정받게 될 교직을 찾았으며, 같은 시기에 비평가들의 찬사를 받은 책을 여러 권 저술했다. 나는 2006년 서아프리카를 홀로 배낭여행하며 7주를 보냈고, 그 여행에 대해 지역 신문에 여러 부분으로 시리즈를 연재하며 작문 실력을 키웠다.

그 모험에서 돌아온 지 한 달도 안 되어 임신을 했다. 거의 정확히 2년 간격으로 찾아오는 네 명의 아기를 임신하거나 모유 수유하느라 거의 온통 8년을 보냈다. 구드니와 내가—심지어 프리랜서인데도—받을 수 있는 넉넉한 육아휴직 기간의 혜택과 육아휴직 기간이 만료된 시점부터 지급되는 상당히 많은 금액의 보조금 혜택이 없었더라면 그렇게 아이들을 낳고 키우는 것은 실현 가능성이 거의 없었을 뿐만 아니라 바람직하지도 않았을 것이다. 막내이자 유일한 딸이 한 살쯤 되자 보육교사 자격증을 갖춘 보모에게 오전 8시부터 오후 4시까지 보냈는데 우리는 따뜻한 식사 두 끼와 간식비를 포함하여 한 달에 400달러 정도의 비용을 지불했다. 시의 "형제 할인" 덕에 세 살배기 아들의 유치원비는 정상가에서 75퍼센트 할인되었고 거기에 보조금까지 지급받았으며, 식비를 제외하고는 다섯 살배기 아들과 당시 2학년이었던 장남의 방과 후 돌봄비는 무료였다.

행복하게, 늘 졸린 상태로, 구드니와 나는 이유식과 물빨래 가능한 기저귀와 부서진 살림들이 널브러진 가운데 초보 부모 시절을 정신없이 보냈다. 몇 년 동안 정기적이지만 안정적이지 못한 수입을 올린 뒤, 그는 꿈에 그리던 대학 교수직을 얻었고 나는 "아이슬란드 작가 워크숍"을 운영하며 정기적으로 글을 쓰고 있는 것에 신이 나 있었다. 결국 우리는 얼마 안 가 1,200제곱피트의 작은 노란색 집이 천방지축 아이들한테 다소 비좁다는 사실을 받아들여 도보로 10분 거리에 있는 좀 더 크지만 손을 많이 봐야 하는 허름한 집을 사려고 두 번째 담보대출을 받았다. 이사의 스트레스와 번거로움이 끝나고, 아이들 넷을 모두 서로 다른 유치원과 학교로 전학시키고 나서야 안정이 되었다. 우리는 노인이 될 때까지 다시는 이사하지 말자고 다짐했다.

≫ ≪

아이슬란드의 대통령 선거는 4년마다 6월 마지막 토요일에 치러진다. 2016년 당시 대통령인 73세의 올라푸르 라그나르 그림손이 기록적인 6선 임기를 노리지 않을 거라는 예상이 나오면서 후임 의사를 밝힌 인사들이 적지 않았다. 레이캬비크의 말하기 좋아하는 지식인들은 구직 지망자들의 여러 장점에 대해 거들먹거리며 논평했고 다음 경선의 참가자는 누가 될지 예측하는 데 많은 시간을 할애했다. 구드니는 아이슬란드 대통령직의 역사에 관한 책을 집필하고 있었기에 당시 진행 중인 정치 현안을 논의하기 위해 시사 프로그램에 중립적인 전문가로 출연해 달라는 요청을 자주 받았다. 어쩌면 그는 선거 당일 밤에 결과를 분석하라는 요청을 받으면 좋겠다고 생각했을 것이다.

결과적으로, 텔레비전에 출연하는 순간은 조금 더 빨리 왔다. 4월 3일, 세계의 언론 매체들이 연합하여 일명 "파나마 페이퍼스(Panama Papers)"로 알려진 역외 조세 피난처와 연루된 여러 정치인 및 재계 지도자들에 대해 보도했다. 신문에서 정체를 폭로한 사람 중 한 명으로 아이슬란드 총리 시그문두르 다비드 군뢰손이 있었는데 그는 아내와 함께 영국령 버진 아일랜드에 등록된 회사를 소유하고 있었다. 아이슬란드 법에 따르면 불법은 아니지만, 아이슬란드의 경제 붕괴에 대한 기억이 아직도 사람들의 마음속에 생생하게 남아 있었기에 시위대는 다음날 변화를 촉구하기 위하여 아이슬란드 의회인 알씽기(Alþingi) 바깥에 모였다.

현지 텔레비전 방송국들은 시위와 그 중요성을 다루기 위해 정규 방송을 중단했다. 과연 총리가 사임할 것인가? 그 스캔들에 연루된 다른 공직자들은 사임할 것인가? 아이슬란드의 법률에 따라 소송을 통해 구제받을 수 있을까? 대통령이 총리의 퇴진을 요구하는 역할을 할 수 있을까? 토론은 전문가가 한 정당이나 다른 정당의 권위에 두려워하지 않고 시청자들이 이해하기 쉽게 사안을 분석할 것을 요구했다.

4월 4일, 역사학 교수이자 다섯 아이의 아버지이자 대통령직 전문가인 구드니 요하네손은 다른 토론자들과 함께 텔레비전에 출연하여 여섯 시간 동안 현재 진행 중인 상황에 대해 논평했다.

그러자 우리 집 전화벨이 울리기 시작했다.

몇몇 쟁쟁한 인사들이 대선 출마 의사를 밝혔음에도, 대통령의 역할이 대체로 의례적이긴 하지만 헌법에 따라 특정한 권한을 갖고 있으며 이러한 권한을 잘 이해할 필요가 있다는 것이 갑자기 분명해지자 많은 사람들이 이 사려 깊고 통찰력 있는 사람을 지켜보며 바로 그 시기에 그 일에 필요한 적임자일지도 모른다고 여겼다. 며칠 만에 낯선 사람들의 이메일, 페이스북 메시지, 전화가 점차 늘어나면서 그 모든 것이 이전에는 공직에 출마하는 것을 전혀 진지하게 고려해본 적이 없었던 구드니에게 한 걸음 내딛도록 용기를 북돋워 주었다.

선거 6주 전, 내 마흔 번째 생일에 구드니는 나와 다섯 자녀를 곁에 세우고 사람들로 북적이는 콘서트홀에서 향후 아이슬란드 대통령에 이름을 올리겠다고 발표했다.

현직이 경선에 뛰어들지 않은 상황에서 그 어느 때보다 많은 사람들이 그 자리를 노렸다. 전국에서 아홉 명이 지명되는 단계를 통과하여 투표용지에 이름을 올렸다. 아홉 명 중 네 명이 남성이었는데 그 중 세 명은 유권자들의 10퍼센트 이상의 지지를 꾸준히 얻었다. 여론조사에서는 한 여성을 제외한 모든 여성의 지지율이 1퍼센트 미만이라고 주장했다. 그해 3월 말(선거는 6월 25일로 예정되어 있었다)에 출마 의사를 밝혔을 때 전국적으로 거의 알려지지 않았지만 여론조사에서 꾸준히 진척을 보이며 구드니에 이어 2위를 차지한 이름은 예외였다. 다름 아닌 할라 토마스도티르였다. 내가 아이슬란드에 온 첫 해에 일했던 회사의 전 의사회 의장이었다. 그 회의에서 젖을 먹던 아기는 이제 십 대가 되었다.

할라와 나는 그 정신없는 몇 주 동안 경쟁을 벌이고 있음에도 불구하고, 항상 우호적으로, 여러 차례 맞닥뜨렸다.(구드니와 내가 세 번째 유력 후보인 작가 안드리 스나이르 마그나손과 잘 아는 것도 도움이 되었다.) 때때로 아이슬란드에서 사는 것은 자연이 만들어낸 경이로운 마을에 뿔뿔이 흩어져 사는 것처럼 느껴질 수 있다. 나 같은 초짜조차도 몇 년 동안 알고 지내던 후보자들 곁에서 이 땅에서 최고위직을 위한 선거운동을 하는 것이 알맞아 보일 정도였다.

2016년 6월 25일, 대선에서 구드니가 39.1퍼센트의 득표율로 27.9퍼센트로 2위를 차지한 할라를 누르고 당선되어 8월 1일에 취임하면서 내 삶은 돌이킬 수 없이 바뀌었다. 선거운동 기간 동안 전국을 돌아다니며 집회를 열고 악수를 하고 크림케이크와 진한 커피를 맛보는 동안 앞으로 무슨 일이 벌어질지 감이 왔다.

선거와 취임식 사이의 5주간 많은 일들이 정신없이 휘몰아치는 동안, 우리는 텔레비전을 통해 엿보고 신문 기사로만 읽었던 미래를 위해 예전 직장(적어도 그의 직장)과 집과 익명성을 뒤로한 채 어정쩡한 상황에 처해 있었다. 우리 선거팀은 그들이 해야 할 일인 가장 많은 표를 얻는 일을 마쳤으며, 새 행정부에 계속 남아있을 대통령 집무실 직원들은 아직 우리를 위해 일하지 않고 있었다. 그 기간 동안 우리는 수십 번의 인터뷰 등등의 언론 요청을 처리하고, 집을 임대한다는 안내판을 세우고, 아이들이 다닐 새 학교를 찾고, 커다란 대통령 관저에 개인적으로 쓸 새 가구가 필요한지 결정하고, 아이들에게 다가오는 변화에 대처하도록 만반의 준비를 시켰다.

그때도 나는, 지금처럼, 내 일을 계속했다. 나는 아이슬란드어로 "포르세타프루(forsetafrú)"라고 불리는데 이는 "대통령의 부인"으로 번역된다. 내게 "대통령의 배우자"인 "포세타마키(forsetamaki)"라고 제안하는 사람은 아무도 없었다. 영어로는 일반적으로 "퍼스트레이디"라고 불리는데, 그 이유는 쉽게 알아볼 수 있는 용어이고, 그 뜻이 함축되어 있을 지라도 "…의 부인"이라는 문구를 명시적으로 사용하지 않기 때문이다.

그렇지만 진실은 "대통령의 부인"이라는 것은 직업이 아니라는 것이다. 급여도, 전담 직원도, 의복 수당도, 연금도 없다. 나는 그 직에 선출된 것이 아니다. 그렇지만 대통령실은 내가 (대통령의 부인 자격으로만)참여하는 항공편과 모임을 준비하는 데 도움을 준다. 나는 명함과 내 이름이 인쇄된 편지지를 가지고 있으며, 대통령 집무실에 있는 작은 사무실을 이용할 수 있다. 내가 그곳에서 일하기로 선택했다면 말이다. 그것은 엄청난 영광이자 특권으로 이 자격으로 나를 받아준 나라를 위해 매일 최선을 다하고 있다.

이 역할에는 기대가 따른다. 그중 많은 부분이 남성들만 스포트라이트를 받아야 하며 여성들은 "뒤에 서서" 남편의 변덕을 떠받들던 시대에 더욱 걸맞는 것이다. 나는 1944년 덴마크로부터 이 나라가 독립한 이래 여섯 번째 "대통령의 부인"이다. 1980년까지의 첫 세 명의 대통령 부인들은 모두 존경받는 여성으로, 그 시대에 걸맞게 매우 전통적인 배우자 역할을 맡았으며, 일반적으로 대중들의 시선에서 멀찌감치 떨어져 있으면서 대규모의 사교행사나 국빈 방문 시 공동 주최자 역할을 할 때만 앞에 나섰다. 지금까지 아이슬란드의 유일한 여성 대통령이 16년간 재임하는 동안 배우자는 없었다.

1996년, 올라푸르 라그나르 그림손이 대통령이 되었을 때 그의 인기 많은 아내 구드룬 카트린 토르베르그도티르는 청소년의 마약 중독과 같은 다양한 문제를 제기했으며 이를 통해 많은 찬사를 받았다. 구드룬 카트린은 남편이 취임한 지 2년 만에 암으로 쓰러졌다.

올라푸르 라그나르는 5년 뒤 두 번째 아내인 도리트 무사예프와 결혼했다. 나처럼 외국에서 태어나 자란 도리트는 천성적으로 친근한 성격으로 아이슬란드 사람들에게 인기가 많았다. 대통령의 부인으로 지내는 동안 그녀는 런던에 기반을 둔 가족의 보석 사업 일을 계속했으며, 남편의 대통령직 임기가 끝날 무렵에는 아이슬란드 바깥에서 많은 시간을 보냈다.

나 또한 이 책을 쓰고 회사를 운영하는 것을 포함하여 나만의 프로젝트를 계속해오고 있다. 아니, 남편이 대통령직에 당선되었는데 왜 내가 새 직장을 구해야 하지? 이러한 선택권은 공개 토론으로 이어졌지만 압도적인 반응은 긍정적이었다. 성평등에 대한 염원이 표준화된 진보적인 아이슬란드에서 국가원수의 배우자는 당연히 스스로 노력을 경주해야 한다.

내가 경험한 남성 주도형 분야에서 여성들이 일을 매끄럽게 운영하는 모습을 보았던 초창기 기억부터, 6년 간 아이를 넷 낳고 엄청나게 타격을 가한 경제 붕괴 직전에 사업을 창업하기까지, 나는 이론의 여지없이 세계에서 가장 성평등이 잘 실현된 나라에 사는 여성이 어떤 것인지 즐기는 특권을 누려왔다. 아주 최근에는 대통령의 부인이라는 뜻밖의 플랫폼을 사용하여 시대에 뒤떨어진 역할에 대한 기대를 근대화하는 방법과 평등 투쟁에 또 다른 이민자의 목소리와 관점을 추가하는 방법을 배웠다.

여러 면에서 이 책은 불완전하지만 매력적인 나라, 끊임없이 개선하기 위해 노력하는 사회, 논쟁은 무성하지만 위기가 발생했을 때 연대와 공감으로 뭉치는 아이슬란드에 보내는 러브레터이다. 여성들이 계속해서 평등을 추구하는 나라, 그리고 우리 대부분이 줄곧 그 염원을 응원받는다고 느끼는 나라이다. 이제 고국이라고 자랑스럽게 부르는 이 나라에서 나는 사업가로서 성장하고 운명이 내게 대통령의 부인이라는 발판을 마련해 주었을 때 목소리를 내는 법을 배웠으며, 오늘날 우리가 성취한 것이 다가올 세대에 훨씬 더 평등한 미래로 이어져 전 세계 사람들에게도 마찬가지로 영감을 주리라고 믿는다.

그러나 내 이야기만으로는 이 북대서양 섬에 존재하는 여성의 기쁨과 도전에 대한 온전한 그림을 그릴 수 없다. 나는 아이슬란드 사회가 소녀들과 여성들의 삶, 따라서 남성들, 소년들, 그리고 논바이너리(non-binary, 여성도 남성도 아닌, 이분법적인 성별에 속하지 아니하는 사람-옮긴이)의 삶 또한 향상시키는 데 무엇이 그토록 도움을 주었는지 탐구하고자 한다. 이러한 교훈은 당연히 다른 곳에 사는 사람들, 즉 밴쿠버나 버몬트, 던디나 댈러스에 사는 사람들에게 영감을 주는 데 적용될 수 있기 때문이다.

성공의 요소는 무엇일까? 영웅담으로 통칭되어 수많은 강인한 여성들이 등장하는 수백 년 된 이야기에 기록된 가정불화의 시대로 거슬러 올라가거나, 더 최근에는 1980년에 세계 최초로 민주적으로 선출된 여성 국가원수인 비그디스 핀보가도티르로 거슬러 올라가야 할까? 가령 두 부모 모두에게 막대한 육아 보조금과 육아휴직 비용을 정부가 지급하는 것과 같은, 정부가 시행한 정책을 신뢰하는 것에 대한 문제일까? 혹은 이 사회가 트랜스젠더 및 논바이너리 개개인들의 권리를 성문화하기 위한 최근의 법 개정안과 같은 새로운 법률을 제정하도록 밀어붙이는 이유를 자세히 살펴봐야 할까? 한부모와 섹슈얼리티, 또는 남성성에 대해 보다 폭넓게 정의 내리는 진보적 태도를 살펴보는 건 어떨까? 번영하는 나라를 갖기 위하여 모두가 전문적으로 여러 가지 역할을 맡을 수밖에 없는 작고 응집력 있고 가족 중심적인 사회에 그 공을 돌려야 할까? 그리고 아이슬란드에 새로운 경험과 배경을 가져다주지만 일단 이곳에서 독특한 도전에 직면하게 된 최근 유입되는 이민자들로부터 우리는 무엇을 배울 수 있을까?

수 세기에 걸쳐 이 사회에 발자취를 남긴 독립적이고 의연하고 결단력 있는 여성들은 오늘날의 후손들에게 영감을 주면서 특히 우리 각자가 공동체를 개선시키는 역할을 할 수 있다는 확신과 믿음을 주었다. 아이슬란드는 "스토리텔링" 나라이며, 오늘을 사는 많은 아이슬란드인들은 영웅담에 등장하는 여성들의 영웅적 행동, 부당한 행위에 복수하는 사람들의 진취적 기상, 원칙을 지키기 위해 역경에 맞서 싸운 사람들의 투지를 먹고 자라왔다.

이 책에서 나는 아이슬란드의 비범한 수십 명의 여성들에게 말을 건넨다. 고대 아이슬란드어에서 나온 이 "스프라카르"(비범한 여성들-옮긴이)는 모든 연령대와 사회계층과 전국을 아우르고 있다. 그들 중 많은 이들은 가시적으로 보이지는 않지만, 그들이 살아온 경험은 그럼에도 불구하고 성평등에 대한 염원을 소중히 여기고 그것을 고쳐려 노력하는 사회를 그려내는 데 도움을 준다. 그들은 여러분이나 나, 그리고 우리가 아는 여성들과 같은 여성들이다. 더불어, 그들은 성평등이—고정되지 않은 결승선에 닿을락 말락 할 정도로—손이 닿는 곳에 있지만, 또한 수시로 사기를 떨어뜨리거나 불리한 도전이 지속되는 나라의 삶의 초상을 형성한다. 대통령의 부인이든 양치기 농부이든, 이민자이든, 축구 스타이든, 코미디언이든, 시장이든, 성 상담사이든 우리 아이슬란드인은 모두 무엇이 이 나라가 그토록 많은 사람들을 평등하게 만드는지에 대한 이야기와 통찰력을 공유한다. 그리고 우리는 우리 내면에서 또 우리 공동체에서 살고 있는 "스프라카르"를 어떻게 양성하고 지지하며 고양시킬 수 있는지에 대한 비밀을 밝히고 있으며, 어디에 살든지 성평등을 성취하기 위해 저마다 할 수 있는 일을 다하고 있다.

2.
보육을 돕는 것은 우리 모두를 돕는 것

핫도그 끝의 건포도°

° Rúsínan í pylsuendanum. 깜짝 놀랄만한 즐거움을 의미하며, 이를테면 금상첨화라는 말이다.(다른 곳과 마찬가지로, 아이슬란드에서도 핫도그에 건포도가 얹어 있지 않다.)

2016년, 아이슬란드 대통령의 부인이 되자 모국인 캐나다에서 인터뷰 요청이 쇄도했다. 다른 말 보탤 것도 없이, 온타리오주 시골에서 자란 캐나다 촌뜨기가 수천 킬로미터 떨어진 나라의 국가원수의 배우자가 될 거라고는 상상도 못했었기 때문이다. 나는 그 역할을 맡게 되어 매우 흥분했고(지금도 마찬가지이다!), 대서양 건너편의 시청자들에게 제2의 조국에 대해 열성적으로 자랑하고 싶었다.

필연적으로 여러 인터뷰에서 비슷한 주제가 나왔다. 그러나 놀라울 정도로 줄곧 받았던 이상한 질문은 "오타와 계곡의 취미농장에서 자라면서 언젠가 아이슬란드의 영부인이 될 거라는 상상을 해 본 적이 있나요?"였다. 몇 번의 인터뷰를 한 뒤에야 질문자들이 뻔히 던지는 의례적인 질문이 아니라는 것을 깨달았다.

어렸을 때 나는 장기적인 계획 자체가 없었고, 하물며 내가 잘 모르는 나라의 미래의 국가원수와 결혼한다든가 하는 계획 같은 것은 갖고 있지도 않았다. 대학에 가서 사회과학이나 인문학과 관련된 공부를 하고, 좀 더 넓은 세상을 보고, 재미있는 직업을 갖고, 그 과정을 즐겨야겠다는 생각 정도였다. 결혼과 자녀는 내 인생의 포부에서 필수적인 부분이 아니었다.

가정을 꾸려야 한다는 생각에 반대하는 것은 아니었지만, 결혼은 평생을 함께하고 싶은 사람을 실제로 만날 수 있는지에 달려 있다고 느꼈으며, 자식을 낳는 문제는 상대가 같은 마음인지, 또 모든 제도가 따라주는지에 달려 있다고 생각했다.

　대통령의 부인이 되고 아이슬란드로 이주한 것과 똑같이, 나는 6년도 안 되어 네 아이를 낳고 또 다른 한 아이의 계모가 될 줄은 꿈에도 몰랐다. 그러한 것이 인생의 아름다운 예측 불가능성이리라.

　캐나다에 계속 있었더라면 과연 자식을 그렇게 많이 낳았을지 의문이다. 그러나 아이슬란드에서는 왠지 아이를 낳는 것이 무척 쉬워 보였다. 그래서 아이를 낳고, 낳고, 낳고, 또 낳았다. 이곳에서는 조산사가 주도하는 종합적인 출산 전 임산부 돌봄이 무료이다. 진료 예약 및 각종 절차에 일반적으로 들어가는 명목상의 적은 비용도 면제된다. 남편과 나는 각기 몇 달씩 육아휴직을 썼고 그 기간 동안 정부로부터 급여를 받았다. 우리가 다시 전일제 근무로 복귀했을 때, 아이들은 처음에는 자격증을 갖춘 보모가 보살펴주다가 나중에는 우리 집에서 도보로 5분 거리에 있는 유치원에 다녔는데, 두 경우 모두 레이캬비크시에서 보조금을 상당히 많이 받았다. 이러한 지원 시스템이 가동 중이기 때문에 가족의 규모를 결정할 때 재정적 고려를 우선시할 필요가 없었다.

　따라서 아이슬란드의 출산율이 여성 1인당 자녀 수 1.97명으로 유럽에서 최고 수준인 것은 전혀 놀랄 만한 일이 아니다. 이 수치는 최근에서야 2명 미만으로 떨어졌다. 산아 제한의 부재, 1세 미만의 높은 유아 사망률, 땅에서 농업을 하고 바다에서 어업 활동을 하기 위해 새로운 세대로 나라의 인구를 채워야 할 필요성 등이 복합적으로 작용해 이전 세대에는 출산율이 훨씬 더 높았다. 실제로 아이슬란드 사람들은 누군가를 보고 "부자"라고 칭할 때 금전이 아닌 자손을 지칭하는 경우가 많다. 생활수준과 부(富)가 증가함에 따라 가족의 규모는 줄어들었지만 아이들은 여전히 인생의 가장 큰 기쁨 중 하나로 여겨지고 있고 나는 네 명의 아이를 낳은 것에 대해 전혀 이례적이라는 생각이 들지 않는다.

우리나라가 사람들의 생활 방식에 관대하다는 평판에도 불구하고 여성들은 꼭 1950년대의 「비버는 해결사」(1957년부터 1963년까지 방영된 미국의 텔레비전 시트콤으로 주인공 이름이 비버이다. 아들 둘에 부모로 구성된 핵가족의 전형을 상징한다-옮긴이) 스타일의 핵가족의 일환만은 아닐지라도 여전히 아이를 낳아야 한다는 강한 사회적 압박에 직면해 있다. 이러한 관습에 저항하기로 선택한 사람들에게는 거의 학술적 호기심을 가지고 접근하지 항상 이해심을 가지고 접근하는 것은 아니다. 20대 후반에 아이슬란드로 이주했을 때 구드니와 나는 5년 동안 연인 사이였다. 선의를 가진 구드니의 식구들과 새로 사귄 아이슬란드 친구들은 언제 아이를 낳을 것인지에 대해 처음부터 찔러보거나 눈짓하거나 때로는 노골적으로 물어보곤 했다.(구드니에게는 이미 딸이 있었기에 그들이 볼 때 우리가 출산을 늦추는 것은 전적으로 내 탓 때문인 게 명백했다.) 1년 뒤 결혼했을 때 압박감은 더욱 커져만 갔다. 아이슬란드에서는 대부분의 첫아기는 미혼 부모에게서 태어난다.(결혼식 비용이 비싼 데다 "결혼하지 않고 동거하는" 사람들에 대해 도덕적 잣대를 들이대는 일이 없다.) 하지만 내가 외국인이기 때문에 어떤 사람들은 우리가 구식이고 싶어 하는 것 같다고 생각했다. 그러나 결혼식을 올린 뒤 그 구실은 사라졌다. 누군가가 나에게 단지 아이를 갖는 게 두려운 거 아니냐고 물었다.

아이슬란드에서는 자녀의 보육비와 대학비 등 고액 지출이 상대적으로 적게 들어가기 때문에 부모들이 향후 교육을 위해 따로 별도의 통장을 만들거나 값비싼 여름 캠프를 연간 예산에 편성하는 데 대한 부담이 없다. 또한 기저귀라든가 비싸지만 필요한 기타 수입품들을 아마존에서 광고하는 것보다 두 배 가격으로 사는 고충을 다소 덜어준다. 정부는 주

양육자인 한부모(대개 엄마)에게 최소 양육비를 지급하고 비양육자에게서 그 지급액을 받는다. 이는 금전문제에 대해 전 배우자와 서로 감정적으로 격앙될 수 있는 소지와 다음 달에 받기로 되어 있는 수표가 제대로 지급될 수 있을까 미심쩍어하는 스트레스를 피할 수 있도록 해준다.[5]

이 정책은 정신적 부담을 일부 없애주는 데 도움을 주지만 한 가정을 꾸려가는 데 대한 세부적인 문제는 여전히 부담으로 남아 있다. 대부분의 날들은 유급 근무와 무급 근무 및 부모가 되면서 요구되는 일상적인 일들 사이에서 끝없이 균형을 이루는 행위인 것으로 보인다. 방과 후 활동에 아이들을 데려다주고, 숙제를 끝내라고 일러주거나, 수영을 하는 날이면 수영복을 챙겨주고, 콧물을 닦아주고, 넘어져서 다친 무릎에 붕대를 감아주는 등등 온갖 자질구레한 일까지 챙겨야 한다. 강력한 사회적 지원 시스템조차도 동시에 여러 일을 하고 있다는 느낌을 완화시킬 수는 없다.

↠ ↞

나는 일단 임신해야겠다고 결정했을 때 빨리 임신할 수 있었던 행운아 중 한 명이다. 2006년 12월 어느 어두컴컴한 날 아침, 임신 테스트기에 파란색 선이 희미하게 나타났을 때도 별반 다른 느낌이 들지 않았으며 임박한 모성애에 대한 육감도 없었다. 하지만 구글 검색은 많이 했다. 결정적으로, 영어 검색은 필연적으로 미국, 영국, 캐나다(때로는 더 멀리 떨어진 곳)에 기반을 둔 웹사이트로 이어졌고, 따라서 해당 국가의 출산 전 돌봄 프로그램을 검색하게 되었다. 나는 웹사이트에 표시된 지역 의료시설에 전화를 걸어 임신했다고 설명하고 의사와 예약을 잡았다. 그곳에서 임신을 확인하기 위해 채혈을 하고 다음 진료에 대한 자세한 일정과 조언을 듣게 될 거라고 짐작했다.

며칠 후 시간에 맞춰 병원에 가서 진료비로 700크로나(미화로 약 5달러)를 지불하고 내 상황을 설명했다. 그 얼마 안 되는 명목상의 금액이 내가 방문하는 의료시스템에 대한 실제 비용은 분명 아니지만, 나는 캐나다인으로서 마지못해 소액의 진료비를 내는 것이 여전히 이상하다고 느꼈다.(사회적 혜택을 받고 있지 않은 18세에서 67세 사이의 성인만이 그러한 비용을 스스로 지불해야 하며, 연간 최대 금액까지만 지불해야 한다.) 그러나 임신과 출산과 직접적으로 관련된 모든 비용이 그렇듯 정기적으로 조산사를 방문하는 것은 무료이며, 그 비용은 아이슬란드의 보편적 의료 시스템에 내가 낸 세금으로 충당된다.

"축하드립니다!" 임신했다는 소식을 알리며 의사는 미소 지었다. "산전 비타민 섭취하는 거 잊지 마세요."

그리고 그게 전부였다. 건강상태를 증명하기 위한 검사는커녕 리스테리아균(식중독 원인균의 하나-옮긴이)에 대한 경고라든가, 고양이 배설물 치우기, 헬스장에서 특정 운동을 피하라는 경고 따위는 전혀 없었다. 당시에는 잘 몰랐지만, 아이슬란드의 모든 산전 돌봄은 의사가 아닌 조산사에 의해 관리된다. 그 첫 번째 의사 방문은 불필요한 것으로 지역 조산사에게 전화하라는 지시를 받고 병원 문을 나섰다.

조산사 기야 스베인스도티르와의 첫 통화가 길고 친밀한 관계의 시작이 될 줄은 몰랐다. 기야는 산전 비타민에 대한 의사의 조언을 되풀이하며, 거기에 엽산을 보충하라고 권했으며, 내가 대체로 몸이 괜찮다고 느껴지고 기저 질환이 없다는 말을 들은 뒤, 임신 3개월 정도 되면 다시 찾아오라고 했다.

그리하여 임신과 출산에 대한 북유럽의 본질적으로 "두 손 놓고 지켜보는 접근법"에 대해 소개받았는데, 처음에는 적응이 필요했지만 궁극적으로 대단히 긍정적인 접근법이라는 것을 알게 되었다. 결국 임신은 정상적이고 자연스러운 상태이며, 광범위한 연구에 따르면 위험도가 낮은 임신의 경우 의사가 총괄하는 것보다 조산사의 주도하에 이뤄지는 출산이 의학적 개입이 더 적다는 것을 보여준다. 아이슬란드는 또한 전체 출생아의 약 16퍼센트(미국과 비교했을 때 거의 3분의 1)가 제왕절개 수술을 하는데, 고소득 국가 중 가장 낮은 제왕절개 수술률과 세계에서 가장 높은 출산율을 보이고 있다.[6]

임신 중에 구드니와 나는 출산을 앞둔 다른 많은 부모들이 하는 일을 했다. 아기방에 페인트칠을 하고, 아기 옷도 사고, 산전 수영교실도 신청했다. 구드니와 나는 영어로 가르치는 출산교실에 유일하게 참석한 부부였다. 수업은 주로 병원 외부에 주차할 수 있는 곳에 대한 실용적인 정보들과 "리나와 라스"의 출생 여정을 스웨덴어로 녹음해서 그래픽으로 그려낸 것들로 구성되어 있었다. 출산 준비에는 호흡법은 포함되지 않았다. 베이비 샤워(출산을 앞둔 임신부에게 아기용 선물을 주는 파티-옮긴이) 같은 것도 없었다. 아이슬란드에는 그러한 전통이 없으며, 보통 신생아를 보러 처음 갔을 때 아기를 위한 선물을 갖고 간다.

기야의 조언은 실용적이면서도 무난한 것이었다. 나는 스시와 같은 익히지 않은 음식은 피했지만, 이곳은 물로 가득한 멋진 나라이기 때문에 출산을 앞둔 임산부들에게 어디에서나 볼 수 있는 온천욕을 피하라고 조언하는 것이 무의미하다는 것을 알고 있었다. 그녀는 "44도 이상의 온도에는 들어가지 마세요"라고 조언했다.

회사에서 「아틀란티카」 잡지의 여행 특집기사를 쓰려고 계속 해외로 날아갔을 때 허리가 아프거나 입덧이 나면 과장된 자기 연민에 빠지기도 했다. 놀랍게도 뱃속에 잉태하고 있던 경이로운 기적은 내가 마땅히 받아야 한다고 느꼈던 경외심이나 동정심 같은 것을 불러일으키지 않았다! 임신한 몸 상태에 대해 추가로 당연히 받으리라고 여겼던 것들을 받지 못한 것이었다. 무거운 물건을 들어 올리는 것과 같은 특정한 일에 도움을 요청했을 때는 쉽게 도움을 받긴 했지만 말이다.

아이슬란드는 기사도 정신이 지표가 되는 나라가 아니다. 모유 수유에 관한 수업에서는 대기실의 온 좌석을 일부 만삭 임산부들과 그들의 배우자들이 차지해서 다른 수많은 예비 엄마들은 서 있어야 했다. 나는 구드니에게 우리가 살았던 영국에서는 이런 모습을 볼 수 없을 거라고 했지만, 구드니는 영국에서는 애초에 그런 수업에 참석하는 예비 아빠들이 그렇게 많지 않을 거라고 반박했다.

그 첫 임신은 태어날 아기에 대한 기대와 설렘으로 가득 찬, 수월하고 근심 걱정 없는 여정이었다.

그러다 실제로 출산하게 되었다.

"진통에 들어가자 아기를 하나 이상 낳은 여성들은 모두 미쳤다는 생각이 들었어요. 그리고 출산하고 나서 한동안 모든 남자들에게 화가 났었죠. 우리 여성들이 어디를 갈 때마다 왜 황금 의자에 타고 다니지 않는지 이해가 안 되었어요." 코미디언 사가 가르다르스도티르가 농담조로 고백했다. 아이슬란드에서 몇 안 되는 여성 스탠드업 코미디언 중 한 명인 33세의 사가는 살면서 가장 흔하고 고통스럽고 즐거운 경험들 이면의 유머에 대해 목소리를 내왔다.

사가와 나는 수도권에 있는 17개의 야외 온천 중 하나인 우리 동네의 온천 수영장에서 염소 처리가 거의 되지 않은 물에 몸을 담그고 있는 동안 임신과 분만, 엄마라는 것에 대해 얘기를 나누었다. 지하 깊은 곳에서 흘러나와 다공성 용암석을 통해 여과된 풍부한 천연 온수 덕분에 아이슬란드는 아마도 다른 어느 나라보다 (당연히)1인당 야외 수영장이 더 많을 것이다. 현지인을 만나는 방법을 비유하자면, 영국에서는 펍을 방문하거나 프랑스에서는 카페를 방문하는 것이라면 아이슬란드에서는 거주민들과 뜻깊은 만남을 가질 수 있는 가장 좋은 기회는 ("핫 팟hot pot"이라고 알려진)야외 온천탕에 앉아 있는 것이다. 옷을 거의 입지 않은 채 물에 몸을 담그고 있는 것은 삶의 계급이 지워지고 아이슬란드 사회가 유지하기 위해 최선을 다하는 평등주의를 전형적으로 보여준다. 온천탕에서는 배관공과 정치인(또는 대통령의 부인과 코미디언)의 차이를 분간할 수 없지만, 오랜 시간 동안 몸을 담그고 있기에 날씨라든가 지역 스포츠 팀의 우울한 결과만이 아니라 훨씬 더 많은 얘기를 나눌 수 있는 기회가 된다.

따라서 다른 사람들이 우리의 대화를 바로 옆에서 엿들을 수 있는 그 곳은 사가와 나의 인생에서 아주 사적인 순간들을 떠올리는 데 대단히 적절한 곳이었다. 그리고 출산을 한 많은 여성들은 다른 여성들의 분만과 출산에 대한 고통스런 얘기를 들으면서 소름 끼치지만 묘한 흥미 같은 것을 느낀다. 어쨌든 나는 그녀가 얼마나 솔직한지 잘 알고 있었다. 온천수에 몸을 담그기 전에 의무적으로 알몸으로 샤워하기 위해 탈의실에서 옷을 벗는 동안 사가는 내게 한 가지가 조금 특이하게 보일지도 모르겠다고 경고했다. "젖꼭지에 접착테이프를 붙였어요." 그녀가 고백했다. "딸이 젖을 먹지 못하도록 막는 최후의 수단이에요."

사가의 딸 에다 크리스틴은 2년 반 전에 태어났다. "삶이란 게 얼마나 덧없는가에 천착하는 모든 여성들처럼 나도 아이를 낳지 않을 거라고 확신했었어요." 사가는 어떻게 우연히 임신하게 되었는지와 즉흥적인 친구들과 함께 뉴욕에서 하룻밤을 보낸 뒤 알게 된 것에 대해 농담했다. "부주의와 될 대로 돼라는 심정으로 벌어진 일이에요."

계획에 없던 사건이었을지 모르지만 (당연히)온천 수영장에서 몇 년 전에 만난 그녀의 파트너 스노리 헬가손은 감격스러워 했다. 우리가 수다를 떨던 날, 사가는 현재 남편인 스노리와 불빛이 어둑어둑한 레스토랑에서 낭만적인 저녁 식사를 하며 막 6주년을 축하했던 참이었다고 했다. 이제 막 2년을 넘은 두 사람의 결혼기념일이 아니라 "처음 같이 집에 갔을 때"의 기념일이다.

아이슬란드의 데이트 규범에 대해 조금 얘기하고 난 다음 사가와 나는 분만의 고통과 시련을 비교했다.

아이슬란드는 출산과 관련한 여러 일을 잘한다. 분만실의 은은한 조명에서부터 무통주사를 (때로는 마지못해)승인하기 전에 다양한 통증 완화 옵션에 이르기까지 자연스러운 출산 과정에 중점을 둔다.

내가 아기를 낳을 때만 해도 아이슬란드에서 최적의 출산 장소는 "네스트(Nest)"°였다. 레이캬비크에 있는 병원의 별도 동으로, 킹사이즈 침대와 레이지보이 브랜드의 편안한 의자, 분만하는 산모들을 위한 온수 욕조, 분만과 산후 회복을 위한 개인실이 구비되어 있다. 새로이 엄마가 된 사람들은 "네스트"가 그 막중한 거사를 치르기 위한 가장 쾌적하고 조용하고 편안한 곳이라고 입을 모아 칭찬한다. 위험성이 크다고 판단되는 임신은 "네스트"에서 분만할 수 없으며, 합병증이 있는 신생아나 산모는 그곳에서 회복기를 보낼 수 없다. 그 외의 모든 산모들은 그곳에 가기를 간

° 네스트는 2014년 예산 삭감으로 인해 문을 닫았다. 그렇지만 현재 레이캬비크에 조산사가 주도하는 작은 분만센터가 문을 연 이래, 그곳은 여성들이 지속적으로 돌봄을 받고 조산사들도 잘 알기 때문에 매우 인기가 있는 것으로 입증되었다.

절히 바랐는데 그것은 지극히 받을 만한 보상이었다.

사가는 진통이 시작되자 포크 뮤지션인 남자친구 스노리가 기타를 들고 나타났다고 했다. "우린 그러면 심신이 안정될 거라고 생각했어요. 그는 차분하게 마음을 진정시켜주는 곡을 연주하기로 되어 있었는데, 그만 닉 드레이크(마약과 우울증에 시달리며 명곡을 완성하나 당시엔 인정받지 못하고 항우울제 과용으로 26세에 요절한 가수-옮긴이)의 곡을 연주하기 시작했지 뭐예요. 그가 스스로를 애처롭게 여기는 남자의 노래를 부르고 있다는 생각이 들자 짜증이 확 치밀었죠."

사가는 38도의 온천탕에 앉아 있는 동안 계속 말을 이어갔다. "여섯 시간 동안 진통을 했는데 비교적 쉽게 출산한 편이에요. 하지만 당시에는 내가 남들보다 특히 심한게 틀림없다고 생각했던 기억이 나네요. 그렇게 고통스럽고 힘든 걸 흔히 겪는 건 아니잖아요?"

그렇지만 무통주사는 그녀의 선택지에 없었다.

사가는 "알고 봤더니, 당일날 근무 중인 마취과 의사가 7년 동안 사귄 전 남자친구였던 거예요"라고 인정했다. "많은 여성들의 고통을 달래주는 훌륭한 남자임에는 틀림없지만, 땀에 흠뻑 젖은 벌거벗은 상태에서 공손하게 대화를 나누고 싶은 사람은 아니었죠."

다행히도 나는 그렇듯 어색한 상황에서 맞닥뜨릴 수도 있는 아이슬란드인 전 남자친구가 없었다.

첫 아이를 임신한 지 8개월 정도 되었을 때 출산과 회복을 위해 "네스트"에 가게 될 거라고 확신했다. 임신이 아무 문제없이 진행되고 있었고 위험도가 낮다고 판단되었으며, 더 중요하게는 "삶에 대한 긍정적인 태도와 관점"을 가지고 있었다. 분만 중에 비명 지르고 신음하고 소리 지르고 욕하는 등 텔레비전에 나오는 여성들은? 그들은 매사에 너무 부정적인 사람들이 틀림없다고, 나는 생각했다. 그들은 매일 비타민을 섭취하지도 않았거나 케겔운동(1948년, 미국의 산부인과 의사 아놀드 케겔(Arnold Kegel)이 최초로 개발한 골반저근 부위의 운동 방법-옮긴이)을 부지런히 하지도 않았을 거라고, 생각했다.

처음으로 부모가 된 다른 많은 사람들처럼, 나도 한두 주 지나면서 내 아이가 살구 크기인지 자몽 크기인지 열심히 온라인 사이트와 임신 관련 책자들을 뒤졌다. 나는 출산 계획과 관련된 부문에 특히 주의를 기울였으며, 진통 중에 먹고 마실 수 있고, 수중 출산에 대한 생각에 열려 있고, 포대기로 단단히 싸기 전에 아기를 곧장 품에 안아보고 싶다는 취지의 글을 기록해 두었다.

란드스피탈리 국립병원의 산부인과 병동에서 세 번째 프로스타글란딘을 투여한 지 45분쯤 뒤 현실을 깨달았다. "네스트"에서는 중점을 두지 않았던 것으로, 임신 후 분만이 예정일보다 2주나 지났는데도 아들이 태어날 어떤 자연적인 기미도 안 보였기에 분만을 유도하기 위해 투여한 것이었다.

어쨌든 내가 꼼꼼하게 준비한 계획에는 아이슬란드에서 기본적으로 치료의 기준이 되는 것을 아우르고 있었는데, 이 나라에서는 바늘을 꽂아야 하는 경우 무통주사보다는 침술요법을 권하는 편이다.(산전 수업을 받는 동안, 조산사 강사는 아마 다른 국부적인 통증완화 요법이 많기 때문에 아이슬란드의 여성들 중 20퍼센트만이 무통주사를 맞는 반면 자신의 아이들이 태어난 캐나다에서는 그 비율이 85퍼센트라고 주장했다.) 병동의 조산사 중 일부는 자연요법인 아로마테라피 교육과정을 수료했으며, "네스트"에서 뿐만 아니라 다른 여러 병원의 분만실에도 전용 온수 욕조가 있다. 그리고 나중에 알고 보니, 포대기로 아기를 감싸는 것은 아이슬란드에서 전혀 흔한 일이 아니었다. 비교적 쉽게 출산하는 경우, 아기의 키나 몸무게와 같은 세부 사항을 기록하기 위해 서둘러 데려가지 않고 대신 엄마의 품에 폭 안겨 있도록 내버려둔다.

나는 네 번을 분만하는 동안 네 번 다 대놓고 무통주사를 놔달라고 간청한 20퍼센트 중 한 명이었다. 그 통증완화 요법은 두 번만 효과가 있긴 했지만 말이다. 출생 시 의사가 의학적으로 개입해야 했던 첫 아이를 제외하고, 다른 아이들은 모두—내가 정기적으로 방문했던 믿음직한 기야는 아니었지만—조산사들이 분만을 도왔다. 의료 서비스는 산전 돌봄을 담당하는 기야와 같은 조산사와 병원에서 교대 근무를 하는 조산사들로 나뉘어진다. 우리 아기들을 분만하는 데 도와준 조산사들은 전에 한 번도 본 적이 없는 데다 마침 그때 당직을 서게 된 여성들이었다.

네 번의 출산 중 두 번의 출산 후, 나는 "비공식 비즈니스 클래스 병동"이라고 즐겨 부르는 "네스트"에서 회복 기간을 보냈다. 조산사는 나와 신생아를 푹신한 킹사이즈 침대에 눕히고 모유 수유에 관한 팸플릿을 몇 장 주고는 필요한 게 있으면 누르라며 버저를 남겨두고 갔다. 그 덕에 누구의 방해받지 않고 갓 태어난 작은 아기를 애정 어린 눈길로 바라보며 잠깐씩 눈을 붙일 수 있었다.

아기를—아이슬란드에서는 세례을 받을 때까지는 아기의 이름을 말하는 일이 드물고, 최근 출산 때문에 몸이 한창 힘든 시기에는 세례를 하지 않기 때문에 아기는 이름이 없었다—집에 데려온 후, 마음 든든한 기야가 일주일 동안 거의 매일 찾아와 조그만 아기를 지탱할 수 있는 손저울과 작은 찻수건을 써서 아기의 몸무게를 쟀는데 아마도 우리집의 상황이 나쁘지 않다는 것을 확인하려 그랬을 것이다. 병원에서 생후 5일 된 아기의 간단한 건강검진을 제외하고는 산모와 아기 둘 다 6주가 될 때까지 병원을 찾아갈 필요가 없었다.

✦ ✦

엄마가 된다는 것은 예상했던 것보다 내 생활방식에 크게 충격을 주었다. 걸음마 단계를 훌쩍 넘긴 딸아이를 격주로 만났던 계모로서의 경험과 임신과 신생아에 관한 책을 방대하게 읽었고 힘든 진통도 긍정적인 태도로 이겨냈으니 충분하다고 생각했다. 그런데 수면 부족과 모유 수유를 배우는 것의 어려움(결과적으로 아무리 긍정적인 태도를 유지해도 유두가 갈라지는 것과 수유관 감염에 대한 걱정이 사라지지 않았다)과 이제 변화된 세계에서 일상을 되찾는 도전은 모두 예상보다 훨씬 어려웠다. 정오가 되어서야 겨우 잠옷을 벗을 수 있었지만 계속 멍하니 볼 수밖에 없었던 아들 던칸은 흔히 어머니가 된 사람들이 예상하듯 완벽했다. 다른 많은 여성들과 마찬가지로 나 역시 엄마로서의 자신감을 키우는 데 시간이 걸렸지만(이후에 태어난 세 아기들을 키울 때는 훨씬 더 쉬워졌다) 다행히 아이슬란드의 후한 육아휴직 프로그램 덕분에 기간은 넉넉했다.

던칸이 태어나기 전, 근무일의 절반은 잡지사에서, 절반은 다양한 프로젝트를 하느라 보냈다. 후자의 업무에서 나는 자영업자였기에 일반적으로 고용주가 감당해야 하는 사회보장제도에 세금을 추가로 납부할 의무가 있었지만, 이는 또한 회사에 정규직으로 고용되지 않았음에도 육아휴직을 온전히 받을 자격이 있다는 것을 의미하기도 했다.

2003년에 시작된 아이슬란드의 육아휴직 프로그램은 평등으로 나아가는 국가의 초석 중 하나이다. 그 중대한 규정 중 하나는 "이용하지 않으면 소멸된다"라는 조항이다. 내가 출산 휴가를 쓸 당시 한쪽 부모에게는 3개월의 유급 휴가가 주어졌고 또 다른 한쪽 부모에게도 3개월의 유급 휴가가 주어졌으며, 세 번째로 주어지는 3개월간의 유급 휴가는 부모 중 한 명이 쓰거나 부모 간에 나누어 쓸 수 있었다.° 이러한 할당은 두 부모 모두 직장에서 휴가를 내지 않으면 육아휴직 기간이 "소멸될" 위험이 있다는 것을 부추겼는데, 당시에는 거의 전적으로 대다수의 엄마들이 사용하는 유급 휴가의 표준 관행에 대한 참신한 혁신이었다.

사가와 나는 14도의 선선한 8월 여름 저녁 날씨에 온몸을 온천에 흠뻑 담근 채 "엄마"로의 전환에 대한 자세한 사항을 계속해서 비교했다. 그녀가 회사에 고용되지 않고 독자적으로 일을 한다고 해서 법적으로 규정된 출산 지원금을 받지 못한 것은 당연히 아니었다. 그리고 육아휴직 기간이 끝났을 때, 그녀는 일상에서 얻은 새로운 소재를 풍성하게 가지고 스탠드업 코미디 업계로 돌아갔다.

"나는 남자들이 많이 모인 곳에서 자주 공연을 했었는데 남자들은 음담패설을 던지면 환호했었죠. 다시 일하러 돌아가서는 이제 "부모"에 대한 농담을 하자 눈빛이 풀리더니 금세 흥미를 잃더라고요. 반면, 남자들에게 했던 농담을 여자들에게 하자 동질감을 가진 여자들로부터는 큰 호응을 받았어요. 스탠드업 코미디의 주제는 대개 "남성적인" 것이에요. 우리는 그런 게 흥미롭거나 재미있는 거라고 훈련받았기 때문이죠. 그런데 여성들에게 좀 더 "여성적인" 것을 얘기하면 무척 고마워해요."

사가가 던지는 농담 중에서 아주 인기 있는 것들이 국가가 제공하는 온갖 사회적 지원에도 불구하고 새로이 엄마가 된 아주 많은 여성들이—하지만 새로이 아빠가 된 남성들은 더 적게—느끼는 자기 회의와 죄책감에서 나온다. 가령 이런 식이다. "내가 텔레비전만 보고 있으면 딸아이는 피

° 이후 이 프로그램은 총 12개월로 확장되어 각 부모는 5개월씩 휴직 기간을 가지며 나머지 2개월은 원하는 대로 쪼개 쓸 수 있게 되었다.

세계 성평등 1위 아이슬란드의 비밀—스프라카르

자 상자에 똥을 싸는 비디오 게임 중독자가 될까요, 아니면 텔레비전 시청을 금지하면 불운한 시인이 되고 말까요?" 또는 "딸아이가 지금 두 살 반인데 정신과 의사에게 보내기에는 너무 늦었나요?"

나는 사가에게 이렇듯 자신을 이용한 자학개그를 딸이 15년이나 20년 뒤에 어떻게 생각할지 물었다.

그녀가 미소 지으며 말했다. "음, 계속해서 그 정신과 의사에게 진료비를 지불하고 있겠죠."

→→ ←←

아이슬란드의 획기적인 육아휴직 프로그램에는 명백한 이점이 있다. 젊은 남성들도 육아휴직을 할 가능성이 높고, 민간 기업이 아닌 정부가 비용을 부담하기 때문에 여성들이 직장에서 편견에 덜 직면한다. 더 나아가 아빠들이 애초부터 일상적으로 육아에 더 많이 참여하게 된다.

레이캬비크에서는 시내 곳곳에서 아빠들이 잠든 아기들을 태우고 유모차를 밀고 가는 모습이 종종 목격된다. 그 유모차들은 침대 역할을 하기도 한다. 신선한 공기가 아기의 발육에 필수적이라는 지식이 널리 퍼져 있기 때문이다. 아기가 낮잠을 잘 준비가 되면 옷으로 꽁꽁 싸매고 (아이슬란드는 여름철에도 별로 덥지 않기에)침낭에 폭 파묻히게 한 다음 유모차에 신고는 아기가 깨어났을 때 부모에게 알리기 위한 일종의 "육아 이모님"인 베이비 모니터와 함께 발코니나 뒷 베란다 혹은 마당에 남겨둔다. 이를테면, 아파트 4층에 사는 부모가 아기를 아파트 앞 잔디밭에 두거나, 유모차와 그 귀중한 아기를 바깥의 인도에 세워놓은 채 동네 카페에 들어가 잠깐 차 한 잔하는 것은 드문 일이 아니다. 잠들었던 아기가 깨어나면 지나가던 사람이 보통 인간 베이비 모니터 역할을 하며 카페 안에 불쑥 들어와 "아기가 울고 있어요!"라고 외친다.

구드니는 우리 아이들이 각기 태어날 때마다 4개월 동안 육아휴직을 했는데 오늘날까지 존재하는 강한 유대감을 형성하는 데 도움을 주었다. 그가 특히 자주 가는 곳 중 하나인 국립기록보관소에서 온갖 문서들에 푹 빠져 있는 동안 아기들은 바깥에 세워둔 유모차에서 잤다. 그는 동네 교회에서 매주 열리는 부모 모임에 참석하고는 집으로 돌아와서 나에게 엄마가 된다는 게 어떤 것인지 자세히 물어보았기에 대다수가 여성인 참석자들과 토론에 참여할 수 있었다.(그런 모임에 참여한 뒤 한번은 내게 진지하게 물었다. "당신도 지금 머리카락 빠지고 있어?") 그는 많은 남성들 또한 육아휴직을 했음에도 불구하고 그 모임에 같은 성별의 다른 남성들은 어디 있는지 전혀 의문을 갖지 않는 것처럼 보였다. 그들은 분명히 국립기록보관소에도 없었다.

많은 아이슬란드 사람들과 마찬가지로, 구드니도 부모가 되는 데 자신만의 태평한 접근방식을 가지고 있었다. 어느 날 나는 그가 도서관에 갔다가, 교회 부모 모임에 갔다가, 아마 친구들 모임에도 들를 거 같다며 하루 종일 걸릴 것에 대비하는 모습을 보았다. 구드니는 아기 외에는 아무것도 챙기지 않았다. 기저귀 가방, 깨끗한 기저귀, 음식, 음료수, 물티슈, 옷 등등 나라면 챙기지 않고서는 도저히 집을 나설 수 없는 자질구레한 물품 같은 게 전혀 없었다. 뭐라고 말하고 싶은 충동을 참지 못하고―결국 그는 나보다 먼저 부모로서의 여정을 시작했다―하루 종일 필요한 게 정말 아무것도 없는지 물었다.

"아, 맞다." 그가 무심하게 답했다. "가는 길에 가게에 들러 바나나 사야겠구나."

만약 역할이 서로 바뀌었다면 아기가 토하거나, 기저귀에 똥오줌이

새거나, 바나나를 안 먹는다든가, 옷이 더럽혀진다든가 하는 등등을 대비하는 선견지명이 있어야 했다는 식의 눈빛을 주고받으며 내 등 뒤에서 수군거리는 소리가 들렸을 것이다. 세상을 지배할 만반의 준비가 된 아무런 근심걱정 없는 두 남자—남편과 아들—가 함께 시내로 나가는 것은 기막힐 정도로 사차원적인 것이었다! 기저귀 교환 금지! 점심으로 바나나! 공중화장실 수도꼭지를 틀면 나오는 물 마시기! 엄마 아빠의 젠더 기반 역할에 대한 오래된 고정관념은 아이슬란드에서조차도 없애버리기 어려운 게 사실이다.

하지만 자식이 늘어나고 조금씩 나이를 먹어가면서 나의 강박적인 계획과 대조되는 구드니의 천하태평인 양육 방식은 아이들이 의지할 수 있는 또 다른 어른과의 행복한 모습을 보여주었다. 더 중요한 것은 그가 육아휴직을 한 덕에 공동으로 키울 수 있었다는 것이다. 그는 아이들이 특히 좋아하는 음식이라든가 어떤 유아용 우주복이 가장 잘 맞는다든가 어떤 아이슬란드 민요가 아이들을 까르르 웃게 만드는지를 알고 있었다.

여러 연구, 조사를 보면 구드니의 양육을 지켜보면서 받은 인상을 뒷받침한다. 육아휴직을 쓰는 아빠들은 집안일을 포함하여 나중에 자녀들을 돌보는 일에 참여할 가능성이 더 크다. 그들은 배우자와 헤어질 가능성이 더 적다. 아빠가 적극적으로 또 정기적으로 양육에 참여했던 아들들은 행동장애 문제가 더 적고 딸들은 심리적 문제가 더 적다. 실제로 여러 연구에 따르면 아이슬란드에서 아빠와 자녀의 관계는 다른 여러 나라보다 더 강력하고 건강하다. 육아휴직을 쓸 수 없는 나라에서도 강한 유대감을 형성하는 건 분명 가능할 것이다. 하지만 넉넉하게 쓸 수 있는 육아휴직을 이용해 어린 자식들과 보낼 수 있는 시간은 귀중한 것으로 우리에게 다시는 돌아오지 않을 순간들을 경험할 수 있도록 도와준다.[7]

어느 봄날 저녁, 연못가에서 어른 오리를 찾아 애절하게 우는 새끼 오리를 보았을 때 셋째 아들이 외쳤다. "저 새끼 오리가 아빠가 보고 싶은가 봐요!"

‹‹ ‹‹

운누르 브라 콘라드스도티르는 아이슬란드의 수만 명의 워킹맘 중 한 명으로, 일, 엄마, 사회생활, 그리고 개인적인 시간의 균형을 맞추려고 분투하고 있는데, 이를 장려하기 위한 사회적, 공식적 지원에도 불구하고 여전히 그러한 균형을 달성하기가 힘들다. 운누르 브라는 농장에서 9남매 중 막내로 자랐고 변호사 교육을 받았으며 베스트피오르즈 오지와 남부의 지방자치단체에서 일했으며 2009년에 처음으로 국회의원에 선출되었다.

2016년 말, 예상치 못한 조기 총선으로 선거운동에 적극적으로 뛰어들어야 했던 운누르 브라는 막내인 헤르보르 얼프디스 그나가 태어난 지 6주 만에 직무에 복귀해야 했다. 하지만 아이 친화적인 아이슬란드였기에 유연할 수 있었다. 그녀가 헤르보르를 총회 회의에 데려갔을 때 아무도 눈 하나 깜짝하지 않았으며, 운누르 브라 의장이 계속 회의를 주재하는 동안 아기는 회의실의 유모차에서 자고 있었다.

회의, 선거운동, 당시 여덟 살과 열두 살이었던 다른 두 자녀를 챙겨야 하는 일 등 여러 가지를 최대한 효율적으로 병행해야 하는 일이 잦았지만 운누르 브라는 정치적으로 총회에 참석하지 않을 수 없었다. 그녀는 총선 전 예비선거 기간° 동안 원하는 만큼 선거운동을 할 기회를 얻지 못했다. 출산이 얼마 안 남은 상태에서 예상보다 더 일찍 선거를 치르게 되었기 때문이다. 의회가 다시 개회되면서 그녀는 가능한 한 아기가 눈앞에 보이기를 바랐다. "다른 선택지가 없다고 생각했어요."

여느 때와 마찬가지로 시작된 운명의 10월 어느 날, 의회에서 누군가가 운누르 브라가 속한 위원회가 다루고 있는 법안에 대해 의사 진행 규칙을 설명해야 했다. 63명으로 구성된 아이슬란드의 의회인 "알씽기"는 각 회기가 시작될 때 좌석을 무작위로 배치하고, 각 연사는 회의실 정면의 강단에 서서 연설과 발언을 하며 이 모든 것은 텔레비전으로 중계된다.

부모들은 머피의 법칙에 익숙하다. 자식의 일과를 잘 알고 있어 마음 푹 놓고 있는데, 하필이면 꼭 부모의 일정을 따라야 할 필요가 있는 순간에 따르지 않는다는 것이 그것이다. 그 10월 의회에서 운누르 브라에게 일어난 일이 바로 그렇다. 그녀가 자리에서 일어나 의제에 대한 의사 진행 규칙을 설명해야 하는 바로 그 순간 헤르보르는 평소의 일과대로 유모차에서 곤히 잠을 자지 않고 대신 조용히 엄마의 젖을 빨고 있었다.

운누르 브라가 말했다. "아이를 내 품에서 떼어내 우는 아이를 달래달라며 동료 의원에게 잠시 봐달라고 해야 할지, 아니면 그냥 안고 있어야 할지 결정해야 했어요." 그녀는 순간적으로 결정을 내려야 했는데 아마도 모성 본능이 후자를 선택하라고 가리켰을 것이다.

텔레비전으로 중계된 과정에서 알 수 있듯이, 회의실에 있던 그 누구도 놀라는 것 같아 보이지 않았다. 운누르 브라는 48초 동안 연설했고, 헤르보르는 행복한 얼굴로 조용히 가슴에 찰싹 달라붙어 있었다. 설명을 마치자 운누르 브라는 좌석에 앉았다.

°아이슬란드의 선거는 정당명부제로 치러진다. 국가는 6개의 선거구로 나뉘며, 각 선거구는 그 지역의 인구를 기반으로 하는 하원의원들로 구성되어 있다. 여러 정당은 해당 선거구에서 의원 선거에 출마하는 사람들의 순번을 매기는 명부를 제출하는데, 이 명부는 일반적으로 총선보다 훨씬 더 경쟁적일 수 있는 예비선거에서 결정된다. 각 선거마다 유권자들은 일반적으로 정당을 대표하는 개인이 아닌 특정 정당에 투표한다.(그들이 특히 싫어하는 후보자의 이름을 표시하고자 할 때는 이름에 줄을 그어 지우면 된다.) 개표 시 의석은 정당이 받은 득표율에 따라 정당에 비례해 할당된다. 예를 들어, 진보당이 10석의 선거구에서 30퍼센트의 득표를 얻으면 명부에 오른 첫 세 사람이 의원이 된다.

"완전 미친 거였죠." 그녀가 말했다.

아이슬란드에서 의회에서 누군가가 아기에게 젖을 먹인 것은 그때가 처음이었다. 많은 사람들이 이를 주목했고, 운누르 브라는 자신도 모르는 사이에 한 획을 긋는 취지의 메시지를 보낸 것이었다. 현지 뉴스가 그 이야기를 보도하자 한 영어권 매체는 운누르 브라를 인터넷에서 순식간에 유명세를 타게 만들었다.

운누르 브라에게 그 순간은 특별한 것이 아니었다. "아기가 배고파하면 당연히 젖이든 샌드위치든 먹여야 하죠. 하지만 다른 사람들이 그것이 얼마나 주목할 만한 일이라고 여기는지를 경험하는 것은 흥미로웠어요"라는 점을 인정했다. "조금 놀라긴 했지만, 그 후에 그게 얼마나 멋진 일이었는지 되돌아볼 기회를 가졌죠."

운누르 브라가 한 일은 잠깐 동안이기는 했지만 세계적으로 관심을 끌었는데, 아이슬란드의 광범위한 복지 정책은 아이슬란드의 모든 부모들에게 다시 일터로 수월하게 복귀하는 것을 촉진하고 용이하게 하는 데 도움을 준다. 이것이 아마도 아이슬란드가 세계 어느 나라보다 집 밖에서 일하는 여성들의 비율이 가장 높은 나라 중 하나인 이유일 것이다.[*]

엄마들이 일터로 돌아가도록 장려하고, 또 그러한 이행을 용이하게 하기 위한 많은 요소들이 이미 마련되어 있다. 2020년 연설에서 미국 상원의원 엘리자베스 워렌은 부담 없는 비용의 보육을 "가족을 위한 인프라"라고 묘사했다. 이는 분명 성평등을 위한 극히 중대한 요소 중 하나이다.

아이슬란드 정부는 이를 잘 알고 있다. 자녀가 생후 1년쯤 되거나 부모가 육아휴직을 모두 소진할 때마다 육아휴직 급여에서 보조금을 받는 보육비로 대체된다.[*] 보육비는 금액을 결정하는 지방자치단체에서 관리하고 재정을 지원하는데, 일반적으로 한부모라든가 학업 중인 부모, 혹은 장애가 있는 부모에게는 추가 할인 혜택이 주어진다. 형제자매가 여럿인 경우도 보통 각 지방자치단체에서 결정한 요율로 할인된다.

보육 자체도 대체로 훌륭하다. 우리 보육교사는 우리 집에서 도보로 5분 거리에 살았는데 원래 콜롬비아 출신이었다. 그녀와 그녀의 어머니는 아이들을 위해 군침이 도는 콜롬비아 음식을 요리하고 노래를 자주 불러 주어서 아이들이 아이슬란드어나 영어로 배우기 전에 스페인어로 많은 단어를 알 수 있었다. 의무교육인 초등학교 1학년이 시작될 때까지 다녔던 유치원에서는 학업이 아니라 놀이와 사회적 상호작용에 역점을 두었다.

넷째 아이이자 첫 딸을 낳았을 때쯤, 다른 아이들은 다섯 살, 세 살, 두 살이었는데, 더는 정오까지 잠옷을 입고 있지 않아도 되었다. 위의 세 아들들은 유치원에서 보육교사와 함께 있어서 나는 한 아이에게만 집중할 수 있는 출산 휴가를 즐겼다. 세 아이를 키운 데서 나오는 자신감으로 똘똘 뭉쳐 있었기 때문이다.

운누르 브라가 말했다. "나는 우리나라의 육아휴직 제도가 정말 자랑스러워요. 당연히 우리는 개선해야 할 것도 많고 또 개선하고 있기도 하지만요. 온갖 일을 감당하는 게 쉽지는 않지만 인생이란 게 항상 쉽지만은 않잖아요. 아이들이 우리가 변화를 가져오는 무언가를 하고 있다는 사실을 알게 되는 것만으로도 아이들에게는 변화를 가져오는 거예요. 물론 꼭 가족과 함께 귀중한 시간을 보내야겠지만요."

그녀가 계속했다. "나는 이런 포괄적인 육아휴직이 중요하다고 생각하지 않는 사회가 있다는 게 굉장히 신기해요. 그런 나라들은 국민의 절반이 일을 하지 않고 있다는 것을 알 수 있는 방법이라도 있나요? 그들이 경제에 기여하지 않는다고요? 아이디어를 개발하지 않는다고요? 회사를 창업하지 않는다고요? 이해가 안 되네요. 아이슬란드의 모든 남자들이 집에서만 일한다고 상상해 보세요. 사회적 손실이 얼마나 크겠어요."

이제 헤르보르는 네 살로 행복하고 활달하다. 운누르 브라가 말했다. "내 딸은 아침에 친구들과 놀려고 유치원에 가는 걸 무척이나 좋아하죠. 아, 물론 오후에 데리러 갔을 때 나를 봐도 아주 좋아하긴 하지만요. 그 아이는 사회생활을 하는 법을 배우고 있어요."

➤➤ ⬿⬿

2014년 2월.

아이들은 여섯 살, 네 살, 두 살, 6개월이다. 나는 일기에 "보통" 밤을 적어내려갔다.

오후 7시 30분: 에다(6개월) 취침.

오후 7시 50분: 사이토르(두 살) 취침.

오후 8시 30분: 던칸(여섯 살)과 도니(네 살) 취침.

오후 11시: "나" 취침.

오후 11시 40분: 에다 깨어남.

오후 11시 40분~오전 12시 10분: 고무젖꼭지, 걸음마 등으로 어르고 달래기.

오전 12시 10분~오전 12시 40분: 에다에게 젖을 먹이고 다시 재우기.

오전 1시 45분: 사이토르 깨어남. 구드니가 달래러 감.

오전 2시 15분: 에다 깨어남. 다시 젖 먹다가 잠듦.

오전 3시: 잠자는 에다 방향 바꿔줌.

오전 3시 20분: 에다를 다시 아기 침대에 눕힘.

오전 3시 30분: 사이토르 깨어남. 구드니가 달래러 감.

오전 3시 35분: 그 소리 때문에 에다 잠에서 깸.

오전 3시 35분~오전 3시 55분: 에다가 혼자(또 우리에게도) 옹알이함.

오전 4시 45분: 도니 잠에서 깸. 우리 침대로 들어옴.

오전 5시 30분: 에다 잠에서 깸. 아기 침대로 옮겨 젖을 먹임.

오전 5시 45분: 사이토르 잠에서 깸. 구드니가 같이 자러 감.

오전 6시: 잠자는 에다 방향 바꿔줌.

오전 6시 45분: 도니 기상.

오전 6시 45분: 에다를 아기 침대로 옮김.

오전 6시 50분: 에다 기상.

오전 7:00: 사이토르 기상.

여하튼 이 일과는 몇 년 동안 지속되었는데 이러한 수면 부족에 대한 주제는 정도의 차이는 있을지언정 전 세계적으로 전개되는 보편적인 상황일 것이다. 부부 중 다른 한 사람, 근무 시간의 유연성, 많은 양의 커피, 그리고 내 삶의 다른 여러 면이 얼마나 허술해졌는지에 대한 자기 관용이 없었다면 가능했을지 의문이다.

평등에 초점을 맞춘 아이슬란드에서 여성들이 "전천후"라는 이상이 가능할 수 있을까 묻자 운누르 브라는 이렇게 고백했다. "말도 마세요. 아주 죽을 지경이었어요. 날마다 유모차라든가 기저귀 등 온갖 애기 용품을 차에 실어서는 제시간에 도착해서 아기가 제때에 젖을 먹고 제때에 자도록 해야 했죠. 위원회 의장을 맡고 투표를 한 다음 다시 그 모든 짐을 꾸려 집으로 돌아가 저녁을 준비하고 집을 청소하고 다른 두 아이들을 위한 아침 식사를 미리 준비하고 아이들이 다음날 학교에 가져갈 간식을 마련하고 세탁기를 돌렸죠. 쓰러질 지경이었어요."

운누르 브라는 아이슬란드의 여성들이 여전히 정신적 부담으로 큰 타격을 받고 있으며, 가정 내에서 또 식구들 사이에서 일어나는 모든 일을 놓치지 않는 "가정의 최고경영자" 역할을 하고 있다는 데 동의했다. "체육 수업이 화요일과 목요일에 있어서 아이들이 그날은 학교에 운동복을 챙겨가야 한다는 사실을 학년말인데도 남편이 여전히 기억하지 못한다고 말하는 친구들이 있어요. 그런 것들이 개선되기 전까지 우리는 평등하지 않을 거예요."

아이슬란드의 성평등에 대한 보편적인 사회적 신념에도 불구하고, 연구에 따르면 다른 여러 나라와 마찬가지로 이성애 관계에서 가사 책임은 여전히 여성의 몫으로 불균형하게 돌아간다는 것을 보여준다.[10]

그리고 그것은 양방향으로 작동한다. "남편은 차 오일을 언제 교환해야 할지 늘 기억해요. 난 그런 생각은 한 번도 해본 적이 없어요." 운누르 브라가 말을 이어갔다. "하지만 내가 혼자일 때 차가 고장 나면 나는 그 서비스에 대한 비용을 지불하겠죠. 그런데 가정을 꾸려나가는 서비스는 돈 주고 살 수 없는 구조예요. 혹 아이들을 돕는 서비스를 산다고 하면 비난받겠죠. 그러면 내가 가정을 제대로 꾸리지 못하고 있다는 죄책감이 들 테고요."

운누르 브라는 자녀들이 어렸을 때 근무 시간이 불규칙해서 오페어(외국인 가정에서 일정한 시간 동안 아이들을 돌봐주는 대가로 숙식과 급여를 받는 사람-옮긴이)를 고용한 비교적 소수의 엄마들 중 한 명이었다.

""음, 나는 내 아이들을 직접 키우기로 결정했어요"라고 말하는 여성들을 만난 적이 있어요. 그건 고된 일이에요. 내 전남편은 당연히 그런 말을 한 적이 없었죠."

가족은 기능하는 사회, 번영하는 사회의 근간을 이룬다. 모든 것이 제대로 작동하기 위해서는 우리 모두 도움이 필요하다. 조산사가 주도하는 정기적인 무료 산전 관리, 모든 사람에게 지급되는 넉넉한 유급 육아휴직, 보조금을 받는 양질의 보육 시스템은 가족 모두 함께 헤쳐 나갈 수 있는 사회적 뼈대를 제공할 뿐만 아니라 배경과 상황이 서로 다른 사람들 모두가 더욱 평등한 기회를 가질 수 있도록 기울어진 운동장을 평평하게 만들어준다.

이중 어떤 것도 "일과 가정이라는 두 마리 토끼를 모두 잡는" 워킹맘을 보장하지 않는다. 게다가 아이슬란드에는 개선해야 할 것이 많다. 핀란드의 어린이집은 생후 8개월부터 무료이다. 스웨덴의 어린이집은 평일에 최소 12시간 동안 개방하며 경우에 따라서는 24시간 이용할 수도 있다. 그리고 여성들은 직장에서 더 많은 책임을 떠맡는 한편, 시간을 많이 차지하는 "정신적 부담"을 포함하여 가사 일이 여전히 제일 큰 비중을 차지한다.

하지만 요점은 "완벽한 워킹맘"이 되고자 하는 것에 있지 않다. 요점은 타협의 기술을 이해하는 것이고, 우리가 가진 시간을 우선시할 필요성을 인정함으로써 더 많은 만족을 얻을 수 있다는 것이다. 나는 완벽한 워킹맘은 아니었지만, 완벽해지지 않는 것을 선택함으로써 만족했다. 가령 헬스장에서 규칙적으로 운동하고, 먼지 한 톨도 없이 집을 깨끗이 청소하고, 청바지와 오래된 임산부용 상의들 외에 여러 벌의 옷을 소유하는 것과 같은 것들에 우선순위를 매기지 않기로 선택했는데 그중 많은 옷들이 애처롭게도 여전히 잘 맞는다.

여하튼 아이슬란드는 여러 수단을 제공함으로써 잠재력을 극대화할 수 있는 인프라를 갖추었다. 사가는 육아휴직 급여에 의존함으로써 남들 눈치 보며 직장에 다니지 않고 프리랜서로 활동하며 딸과 귀중한 시간을 보낼 수 있었다. 운누르 브라는 의회에서 젖을 먹인다든가 하는 엄마에게 자연스럽게 닥쳐오는 일을 하게 되는 것에 대해 기분 나쁜 시선을 받지 않았다. 나는 아기를 낳아 출산휴가를 받았을 때를 포함하여 근무 시간에 아이들을 훌륭한 보육시설에 맡김으로써 제정신을 유지할 수 있었다.

금전적인 문제가 자녀를 더 많이 낳아야 할지 여부에 대한 주요 동인이 되지 않는 자유. 자궁에서부터 아동기에 이르기까지 언제나 가동 중인 의료지원 시스템이 있다는 것을 아는 것에 대한 확신. 취학 전 연령의 아동 발달에 있어서 표준화된 시험 성적보다 사회화에 방점을 찍는 교육 시스템. 나에게 이러한 것들은 이곳 아이슬란드에서 사람들이 비논리적으로 말하듯 "핫도그 끝의 건포도", 즉 금상첨화이며, 아마도 아이슬란드 사람들이 손에 잡힐 듯 가깝게 성평등을 성취한 가장 큰 이유일 것이다.

그렇지만 이와 같은 "가족을 위한 인프라"에 의존할 수 없는 이들에게도 희망은 사라지지 않는다. 나는 운이 좋아서 아이슬란드의 부모를 위한 재정적, 실질적 지원에 크게 의존해왔지만 어떻게 훨씬 더 최대한 효율적으로 조직할 수 있는지에 대해 전도할 수 있는 위치에 있는 것은 아니다. 온갖 특권, 단단한 조직화 기술, 건강한 커피 습관을 가지고 있는 지금 이 순간조차도 나는 공을 떨어뜨리는 많은 실수를 저지른다. 하지만 다른 중요한 것을 하늘 높이 올리는 데 집중하는 동안 잠시 굴러떨어지도록 내버려두기로 선택한 것을 편안하게 느끼기 때문에 정신을 온전하게 유지할 수 있다. 모든 사람은 자신의 우선순위를 만들어내고 주어진 날에 제한된 에너지를 어디에 집중할지를 선택해야 한다. 떨어진 공들을 쳐다보며 잘못 떨어뜨렸다고 걱정하는 것은 에너지 소모일 뿐이다. 불완전함을 받아들여야 한다. 도움을 청해야 한다. 제안해야 한다. 어떤 사람도 혼자가 아니다. 우리를 잡아줄 안전망이 더 작거나 없다면 비행할 때마다 스피커 너머로 들려오는 조언에 귀를 기울이는 것이 무엇보다 중요하다. 다른 사람들을 돕기에 앞서 산소마스크부터 착용해야 한다. 그리고 심호흡을 해야 한다.

─ 관습에 대항한 영웅시대 스프라키

하스게르두르 호스쿨드스도티르는 구혼자인 히다렌디의 군나르가 만나자마자 바로 그날 청혼했을 때 "나는 남자에 관한 한 요구사항이 아주 많아요"라고 말했다."

과장이 아니었다. 의지가 강하고 복수심에 불타는 하스게르두르는 세 번 결혼했다. 그녀의 마지막 남편 군나르의 가장 친한 친구의 아내인 베르그토라와 점점 더 갈등이 심해지면서 두 여자의 명령을 받은 여러 남자가 죽임을 당했다. 그렇다면 그 마지막 남편은? 하스게르두르는 그의 죽음에도 직접적인 책임이 있었다.

하스게르두르는 허리까지 내려오는 비단결처럼 부드러운 긴 머리칼과 큰 키로 인해 "키다리"라는 별명으로 알려졌다.

그 아름다운 여인은 10세기 후반에 살았다. 우리는 오늘날 많은 아이슬란드 영웅담 중 가장 길면서도 논쟁의 여지가 없이 가장 위대한 『날스 영웅담』을 통해 그녀의 이야기를 알고 있다. 자존심이 강하고 고결한 그녀는 남편의 행동이나 자신이 겪었던 수모에 대해 거침없이 불쾌감을 표현하곤 했다.

기근으로 땅이 황폐해지자 하스게르두르는 하인 말콤에게 이웃 농장에서 식량을 훔치라고 지시했다. 도둑질은 영웅담에서 저지를 수 있는 최악의 죄악 중 하나라는 점에 유념해야 한다. 집에 돌아온 군나르는 잔치가 벌어진 것을 보고 하스게르두르의 지시가 집안에 불명예를 야기했다는 것을 깨닫고 그녀의 얼굴을 후려쳤다.

하스게르두르는 불의를 기억하며 나중에 반드시 되갚겠다고 말하는 것 외에는 아무런 반응도 하지 않았다.

몇 년 뒤, 하스게르두르는 기회를 찾았다.

적들이 군나르의 집 주위에서 매복하며 포위했다. 그는 활시위가 끊어질 때까지 활을 당기며 적들의 공격을 가까스로 막고 있었다. 어쩔 수 없이 해결책을 찾아야 했던 그는 아내에게 무기를 수리하고 전투에 복귀할 수 있도록 그 유명한 머리칼 두 타래를 달라고 요청했다.

하스게르두르는 머리칼에 뭐가 달려 있는지 물었다.

"내 목숨이 달려 있소." 군나르가 솔직히 대답했다.

"그럼 예전에 나를 사정없이 후려쳤던 것을 떠올리게 해주지요. 당신이 목숨을 오래 버티든 짧게 버티든 내 알 바 아니에요."

그녀는 요구를 거부했으며, 군나르는 공격자들에 의해 쓰러졌다. 이 행위로 인해 하스게르두르는 잔인하고 비정한 인물로 그려졌다. 영웅담에서 하스게르두르에 대한 마지막 말은 냘트의 아들인 스카르피어딘이 그녀를 "버림받은 마귀할멈 혹은 창녀"라고 부른 것이었다.

그렇지만 그녀는 자신만의 전투에 쓸 수 있는 도구를 이용하고 있던 것이었다. 하스게르두르가 영웅담의 가장 "훌륭한" 남자들 중 한 명으로 칭송받는 남편 군나르를 거역했을 때 그녀는 관습에 대항했다는 이유로 온갖 욕을 들었지만 현대적인 관점에서 보면 아이슬란드의 초기 페미니스트 중 한 명이다.[12]

3.

자매애의 힘

버터를 계속 저어라!°

° Áfram með smjörið! 계속 전진한다, 꾸물거리지 말고 서두른다라는 뜻.

아이슬란드를 둘러싸고 수시로 걷잡을 수 없이 몰아치는 혹한의 북대서양의 파도는 달갑지 않다. 극심한 추위에 위협적인 데다 종종 위험하다. 따라서 실제로 바다에서 수영하는 것—짠맛이 나는 으슬으슬한 파도를 헤치며 손발을 놀리는 것—이 어떤 것인지 아는 내게는 놀랄 만한 일이었다.

1월에 처음 잠깐 수영을 했는데 이 나라로 이주한 지 불과 몇 달되지 않은 때였다. 나의 "외국인을 위한 아이슬란드어" 수업은 멕시코에서 온 건설노동자 셋을 포함하여 다양한 연령과 국적의 사람들로 구성되어 있었다. 적어도 한 명은 바하반도에서 조금 떨어진 태평양의 아열대 해안가에서 자란 이 삼인조는 일요일이면 시내 바로 외곽의 모래로 뒤덮인 그로타반도 끝에서 경험이 일천한 다른 이민자들을 모아놓고 한 겨울의 태양이 수평선 너머로 느릿느릿 보이기 시작하면 허겁지겁 보드카를 한입 가득 털어 넣고 옷을 벗어던지고 몸에 딱 붙는 수영복을 입고는 파도 속으로 쏜살같이 들어갔다. 몇 분 동안 즐겁게 장난치며 놀거나 기운이 넘쳐흐르는 사람들은 왕복 수영을 한 뒤에 서둘러 나와 수건으로 물기를 닦고는 다시 몸을 덥히려고 제일 가까운 온천 수영장으로 2분간 차를 몰고 간 다음 마을의 작고 값싼 식당에서 브런치로 배를 채우곤 했다.

친구들이 내게 같이 놀면 재미있지 않겠냐고 물었을 때 순전히 새로운 경험이라는 이유로 거절하는 것은 불가능해 보였다. 그래서 어느 날 아침 기온이 영하권을 맴돌 때 나는 구드니를 침대에서 힘들게 일으켜 그 모든 것을 시도해봤다. 우리는 해변에서 옷 갈아입기, 보드카 털어 넣기, "수영하기", 온천 수영장에 가기, 브런치 먹기를 했다. 외국인들이 바다에서 하는 이런 일에 놀라움과 짜릿함을 느낀 구드니는 실제로 그들과 함께 수시로 수영을 하기 시작했다. 반면에 나는 삶의 목표 목록에서 존재하지 않았던 칸에 체크 표시를 할 수 있어 기뻤으며, 그 마조히즘적인 "쾌락"을 다시는 참지 않겠노라고 속으로 메모를 남겼다.

이민자들에게 이민자 친구들은 새로운 조국에 사는 국제 가족이다. 제2의 조국에서 가까운 친구나 가족이 없을 때 생일이나 명절 등 중요한 기념일을 함께 축하하고, 문화 충격으로 힘들어할 때 서로에게 도움을 청하거나, 단순히 실질적인 조언을 구하고 싶을 때 우리는 그들을 찾는다.

아이슬란드에서 태어나고 자란 사람들에게는 일가친척이 이런 목적을 수행하는 경우가 많은데, 현재 인구가 캘리포니아주 애너하임과 거의 같다는 점을 감안하면 지난 수십 년간 이민 온 사람들의 후손이 아닌 모든 아이슬란드인들은 6~7세대 전으로 거슬러 올라가면 사실상 혈연관계이다. 두어 명의 자녀가 있는 한부모—혹은 두 부모—의 소가족은 종종 비교적 젊은 조부모들이라든가 이모들과 삼촌들, 다양한 연령대의 사촌들, 앞서 언급한 온갖 의붓 형태의 가족들이 도와준다. 핵가족은 보통 거품처럼 따로 존재하는 독립된 단위가 아니다. 그리고 아이슬란드인들에게는 성이라는 개념이 없기에° 욘스(Jonese)와 욘손(Jónsson)을 구분하는 데 별로 중점을 두지 않는다. 모든 사람은 엄마, 아빠, 아이들 또는 이들이 조합된 고유의 이름을 가지고 있으며, 아이슬란드의 친인척 관계를 상세히 보여주는 공개 데이터베이스의 도움으로 어떻게 모두가 가족인지 아는 게 어렵지 않다.

아이슬란드는 집 밖에서 일하는 여성들의 비율이 세계에서 가장 높은 나라 중 하나로 "한 아이를 키우는 데는 온 마을이 나서야 한다"는 사고방식이 이러한 성과의 결정적 요소이다. 아이들을 유치원이나 어린이집에 보내는 대신 한쪽 부모가 집에 함께 있기를 바랄 수도 있다는 논쟁은 거의 없다. 일반화하자면, 대부분의 아이슬란드 사람들은 왜 누군가가 보수를 받는 직업을 가지지 않기로 선택하는지 의문을 가질 것이다. 집에서 지내는 길을 택하는 극소수 부모들의 경우, 걸음마를 배우는 유아들 또래 대부분이 어린이집에 있기 때문에 낮 시간 활동이나 자녀들과 함께 방문할 장소를 찾는 것조차 어려울 수 있다. 수요가 없기 때문이다. 대부분 취학 전 아동을 위한 "엄마와 나" 수업은 수입된 TV 프로그램에서나 볼 수 있는 생경한 개념이다.

아이슬란드의 아이들은 비-북유럽 여러 나라의 부모들이 수십 년 전의 애틋한 향수로만 떠올릴 수 있는 수준의 자유를 누리고 있다. 이 관습은 어느 정도 필요성에서 비롯된다. 두 부모 모두 집 밖에서 일하는 경우가 많기 때문인데 그리하면 어린 아이들을 최대한 쉽고 효율적으로 관리하는 데 도움을 준다. 그러나 사회가 거의 편집증에 가까운 극성 부모가 생기지 않도록 했기 때문에 아이들이 각자 고유한 방식으로, 그러니까 아이들답게 탐험하고 배우도록 내버려두는 게 결코 평범한 일은 아니

° 대부분의 아이슬란드 이름은 성 그 자체가 없지만, 아버지의 이름 대신 속격조사로 (아들인 경우)-son 또는 (딸인 경우)-dóttir를 뒤에 붙여 사용한다. (어머니의 이름을 같은 목적으로 사용하거나 양쪽 성을 모두 쓰는 양성쓰기 이름이 점점 많아지고 있긴 하지만 여전히 소수에 불과하다.) 그래서 안나 마그누스도티르(Magnúsdóttir)의 아버지는 마그누스라고 불린다. 안나와 시그푸스(Sigfús) 마티아손 사이에 자식을 낳으면 그 딸은 카틀라 시그푸스도티르(Sigfúsdóttir)라고 불릴 수 있으며, 동일한 가족의 세 식구 모두에게 서로 다른 "성"을 부여할 수 있다. 구드니(Gudni)와 나 사이의 세 아들은 모두 아버지의 이름을 따서 (구드니의 아들인) 구드나손(Gudnason)이라고 불리는 반면, 딸은 내 성인 리드를 쓰고 있다. 이러한 관습은 아이슬란드 여성들이 결혼 후에 이름을 바꾸지 않는 이유이기도 하다. 결혼하면 당신을 시아버지의 아들로 만들 수도 있지 않겠는가?

었을 것이다. 거리와 날씨가 허락한다면 6세 또는 그 이전부터 대부분의 아이들은 혼자 또는 형제와 함께 초등학교를 오간다. 몇 년이 지나지 않아, 8세—또는 9세—아이들은 대중교통 버스를 타고 혼자서 학교를 오가거나 방과 후 활동을 하러 다닌다. 실상 아이슬란드 사회는 승마와 양궁에서부터 연극 동아리, 심지어 서커스 강습에 이르기까지 여러 활동에 보조금을 지급함으로써 초등학생들이 방과 후 프로그램에 적극 참여하도록 권장하고 있다. 어쨌든 아이들이 공중그네를 타고 있다면 담배를 피우거나 술을 마시고 있는 게 아니니 말이다. 이러한 취미활동 보조금이 시행된 이후 아이슬란드 청소년들의 약물 남용 및 공공기물 파손 비율이 급감했다.[13]

어린아이들 사이에서 일곱 살짜리 아이가 심부름으로 빵을 사러 슈퍼마켓에 가거나 축구 연습장에서 동생을 데려가는 것을 보는 것은 드문 일이 아니다. 열 살이 되면 성인 없이도 공공 수영장을 이용할 수 있다. 3학년 이상의 많은 아이들은 오후 두 시경에 수업이 끝난 뒤 혼자 집으로 가서 부모(들)가 직장에서 돌아올 때까지 혼자 있다. 큰아들은 여섯 살 때 학교에 입학했는데 어느 날 오후 다른 아이의 어머니가 같은 나이인 아들이 우리 집에서 놀고 있는지 물어보려고 전화를 걸어왔을 때 충격 받았던 기억이 난다. 그녀는 아들이 몇 시간 전에 학교가 파했는데도 집으로 돌아오지 않았다고 차분하게 설명했다. 그래서 그녀는 몇 집에 전화를 걸어 아들이 어디로 갔는지 물어보았다. 아니나 다를까, 아이는 그녀가 전화 건 세 번째 집에 있었다.

거리가 멀고 대중교통 접근성이 떨어지는 지역, 또는 한겨울이나 드물지 않은 악천후에서는 일가친척들이 일하는 부모를 대신한다. 조부모가 이미 은퇴했다면 아이들이 하는 여러 활동을 조부모가 오가거나, 방과 후

간식으로 팬케이크나 빵에 퍼 발라 먹는 파테를 만들어준다. 좀 젊은 아직 일하는 조부모들—아이슬란드에서는 40대에 조부모가 되는 것이 드물지 않은데—은 종종 하룻밤 재우거나 며칠 동안 지내게 할 정도로 기운이 넘친다. 가족은 체계적이지는 않지만 혼란스럽지 않은 방식으로 어떻게든 서로 도우며, 부담 없는 보육비와 같은 제도적 도움과 매우 낮은 범죄율은 대부분의 사람들에게 대부분 좋은 결과를 가져다준다. 그렇다고 해서 모든 가정이 무급 오페어라든가 운전기사, 심부름꾼으로 구성된 확대된 가족 네트워크를 갖고 있다는 것은 아니다. 일부는 다른 공동체에서 살거나 가족이 다른 나라에 있는 경우도 있다. 그렇지만 이러한 집단 책임의식이 가족에 영향을 미치는 것은 흔한 일이며, 보통 이러한 전통적인 네트워크가 이런 저런 이유로 실현 가능하지 않을 때 고용주들이라든가 교사들 및 학교들은 더욱 유연해진다. 만약 아들이 수업 시간에 댄스 발표회를 한다면 반차를 예약할 필요가 없다. 한 시간 정도만 책상에서 사라지면 된다. 그리고 그 아들이 학교에 가지 않는 날이면 직장에 놀이방이 있어서 아들을 데리고 출근할 수 있다.

아이슬란드 사람들이 흔히 말하듯, 우리 모두는 여러 세계 사이를 이동하는 것을 더욱 수월하게 하기 위하여 사회 규범의 레일에 윤활유를 발라 "꾸물거리지 않고 계속 전진"할 뿐이다. 직장에서 일하는 여성이 더 많아지든 카풀을 하는 남성이 더 많아지든 간에 말이다. 이는 더 많은 사람들에게 집 밖에서 일할 수 있는 유연성을 제공하고 직업적으로든 개인적으로든 더 많은 도전과 책임을 떠맡을 수 있는 신뢰와 의존 관계를 구축한다.

사랑을 위해 이 나라로 이주한 이민자로서 나는 이곳에 도착해 우리 아이들이 태어난 뒤 든든한 보금자리를 마련해 줄 "붙박이" 일가친척을 찾았다. 처음에는 이 네트워크 사용법을 배우는 게 자연스럽게 다가오지 않았다. 나는 열여덟 살에 어린 시절을 보낸 집에서 수백 킬로미터 떨어진 곳으로 옮겨가서는 다시 돌아가지 않았다. 혼자라고 생각하기 쉬웠다. 그러나 얼마 가지 않아 이러한 긴밀한 접촉에 대한 의존과 어린 자녀를 둔 가족의 상호 의존이 사회적 차원에서 확장된 지원 네트워크를 발전시켰다는 사실을 알게 되었다. 아이들은 자라면서 방과 후에 간식을 먹으러 버스를 타고 암마(할머니)한테 갔고, 정기적으로 사촌들의 생일 파티에 참석하는 것은 물론, 일가친척이 멀리 떨어져 있는 다른 이민자들의 아이들과 놀이 약속을 잡았다.

✧ ✧

영국에서 구드니를 처음 만났을 때 레이캬비크 출신인지 물어본 다음 내가 아이슬란드 지리에 대해 얼마나 방대한 지식을 갖고 있는지를 줄줄 꿰며 뽐낸 적이 있었다. "아뇨." 그가 단호하게 바로잡았다. "나는 가르다바이르 출신입니다. 레이캬비크 근처에 있는 도시예요."

가르다바이르의 중심가는 레이캬비크 시청에서 9킬로미터 떨어져 있다. 가는 도중 빨간 신호등에 다 걸려도 차로 10분이면 갈 수 있다. 자전거를 타도 쉽게 통근할 수 있다. 아직 십 대가 안 된 우리 아이들은 그 길을 걸어 다녔다.

그러나 아이슬란드 사람이 다른 유럽 대륙에서 온 누군가에게 설명할 기회가 있다 치면 가르다바이르는 수도의 교외(어림도 없는 소리!)가 아니라 단연코 독립된 자치 도시이다. 아이러니하게도 작은 사회에서 짧은 거리는 정체성 측면에서는 어마어마하게 먼 거리일 수 있다.

우리가 아이슬란드에서 처음으로 살았던 곳은 아이슬란드 대학교와 아주 가까운 곳에 있는 가구가 비치된 방 한 칸짜리 작은 임대 아파트였다. 시내의 식당과 술집, 내가 가고 싶은 대부분의 장소를 걸어갈 수 있는 거리에 있었다. 아이슬란드에 도착한 지 몇 주 지난 어느 날 저녁, 시가에서 저녁 식사를 마친 뒤 시어머니는 나를 아파트로 태워다 주었다. 시어머니는 구드니가 드디어 아이슬란드로 돌아와서 우리가 이곳에 정착하게 되어 무척 기쁘다고 했다. 그러면서 내가 아이슬란드에 생소하기 때문에 여러 곳을 쉽게 오갈 수 있고 통근도 용이한 도심에서 살고 싶어 한다는 것을 전적으로 이해했다고 덧붙였다.

"하지만 좀 더 익숙해지면 집에 좀 더 가까운 곳으로 이사하는 게 어떤지 생각해보렴." 시어머니가 결론지었다.

"집"은 구드니가 가끔 한가한 토요일 아침에 조깅을 하던 가르다바이르를 말한다. 알다시피 내가 자란 4,000킬로미터 떨어진 곳이 아니다.

나는 거리에 대한 인식을 조정할 필요가 있음을 깨달았다. 시어머니는 아이슬란드 특유의 공동체에 대한 감각을 표현하고 있었을 뿐으로, 이는 아이슬란드에 세상의 다른 어떤 수도에서도 재현하기 어려울 것으로 여겨지는 친밀감을 준다. 각 공동체는 저마다 고유한 지역으로서 재정이 탄탄하고 지원을 아끼지 않으면서도, 러시아 인형인 마트료시카처럼, 더 큰 지역 안에 저마다 동등하게 속해 있기도 하다. 이러한 공동체들은 모든 수준에서 가족지원 망의 일부를 형성하지만 흔히 어머니가 아들이 돌아오기를 기대하는 가장 작고 가장 긴밀히 맺어진 공동체이다. 수도권에서조차도 시가 식구들이 가족에게 걸어서 갈 수 있는 거리에 사는 경우가 드물지 않다.

정기적인 가족 모임은 아이슬란드 사회에 구조적으로 짜여져 있다. 그들은 세례로 시작한다. 아이슬란드는 매우 비종교적인 곳임에도 공식 종교인 루터교가 있으며 대다수의 아기들이 성직자들에게 세례를 받는다. 자택에서 받는 일도 자주 볼 수 있거나 정기적으로 예정된 종교 행사의 일부로 드물게 받는 경우도 있기는 하지만 말이다. 그 행사의 증인으로 일가친척과 친구들이 초대되는데 행사가 끝나면 마지팬이나 휘핑크림을 얹은 케이크와 진한 커피를 내온다. 아이슬란드에서 초대받은 첫 세례식에 가는 길에 나는 구드니에게 주류 판매점에 들러 새로이 부모가 된 이들을 위해 샴페인 한 병을 사 가자고 했다. "아기가 세례를 받는 날이야!" 아이를 축하하는 행사에 술을 가져가자는 생각에 경악한 구드니가 외쳤다. 그것은 내가 몇 년에 걸쳐 무심코 헤맸던 여러 문화적 수렁 중 하나에 불과했다.

가족들은 또한 견진성사를 위해서도 모이는데, 이는 무알코올 행사 비슷한 것으로 십 대 청소년이 성년이 되는 시기를 축하하는 자리이다. 이뿐만 아니라 (20번 째 생일, 30번 째 생일 식으로 0으로 끝나는 숫자의) 생일을 기념하기 위해서도 모이고 때로는 결혼기념일에도 모인다. 아이들이 참석하는 파티에는 보통 술이 없고 아이들이 없는 파티에는 엄청난 양의 술이 쌓여 있다. 미리 썰어둔 빵에 아스파라거스 통조림이나 버섯 통조림, 마요네즈 등을 곁들인 풍미 있는 요리와 함께 코카콜라가 항상 제공된다. 후식은 그 자체로 책의 주제가 될 수 있다. 내가 지금까지 참석한 생일 파티에 케이크가 두 종류만 나온 적은 없다.

많은 가족이 주말마다 세례식이나 생일 또는 기타 가족 행사에 참석하여 파블로바(크림·과일을 얹은 머랭 과자—옮긴이) 사이를 이리저리 돌아다니며 얼음처럼 차가운 콜라를 병째로 홀짝인다. 모든 것을 준비하고, 계획하고, 장식하고, 쇼핑하고, 요리하고, 정돈하는 것은 거의 항상 여자들이다. 여가장들은 어떻게 최고의 크레페를 만드는지, 휘핑크림이 들어간 크레페를 어느 방향으로 접어야 하는지, 어떻게 카더멈 가루가 들어간

도넛을 잘 튀겨서 머랭으로 장식해야 하는지 등을 꿰뚫는 선수들이다.

집 밖에서 일하는 경우가 아주 흔하면서도 이러한 사회적 행사를 조직하고 자녀나 기타 중요한 다른 사람들을 축하할 일이 있을 때 이를 계획하고 주최하는 것은 여전히 압도적으로 여자들이다. 그들은 행사가 다른 사람들이 정한 사회적 기준에 부합하지 않으면 필시 죄책감이나 압박감을 느낄 것이다. 어떤 것들은 어느 나라나 상당히 보편적이다.

아이슬란드 여성들의 경우, 전 세계 여성들과 마찬가지로 가장 지원을 아끼지 않는 가족 네트워크조차도 제한된 양의 도움만 줄 수 있으며, 그 도움은 현실적으로 다양하다. 조직화가 된 단체든 개인적인 친목이든, 동지애가 빛을 발하는 여성의 우정은 귀중한 도움을 주며 사회에 뜻깊은 방식으로 기여하고 발전할 수 있는 기회를 제공한다. 우정은 또한 한계를 뛰어넘고 개인적 성장을 촉진하는 기회이기도 하다.

아이슬란드 여성이 제빵과 행사 접대 기술로 평가받던 시절은 여전히 사람들의 기억 속에 살아있다. 여성들은 여전히 지금도 이따금 그렇게 한다. 특히 생일 파티 등등의 공식적인 모임이 관련된 경우가 그렇다. 이러한 능력은 지역의 정기적인 여성협회 모임, 연간 회비를 내는 공식 조직, 정관을 갖춘 선출된 이사회가 있는 정기회의 등에서 갈고닦은 실력이다. 그러나 아내와 주부로 존재하는 사회적 관계에서 비공식적인 가르침보다 더 중요한 것은 여성협회가 여성의 우정과 교류의 장을 제공했고, 직장에서 지도자 역할을 맡을 수 있는 기회를 거부당하는 경우가 잦았던 시대에 지도자 역할을 맡을 수 있는 기회를 제공했으며, 훌륭한 대의와 궁핍한 개인에 대한 광범위한 모금 캠페인 및 기부를 통해 사회적 책임을 다하고 있다는 점이다.

시어머니는 수십 년 동안 이 나라에서 유일한 가톨릭 여성협회의 회원으로 매주 소수의 다른 여성들과 함께 가톨릭 학교의 빈 교무실에 모여 교회를 후원하는 연례 바자회를 위해 벙어리장갑을 뜨고 식탁보를 만들었다. 나 역시 대통령 관저가 있는 수도권 지역인 알프타네스 여성협회의 명예회원이다. 하지만 나는 행사 참석률과 뜨개질 솜씨 모두에서 수준 미달임을 고백하는 바이다.

오늘날 협회들은 점점 더 증가하는 사회적 요구에 맞추면서 동시에 여성 동지애의 가치 및 공동체에 필요한 대의에 시간과 노력을 기부하며 만족감까지도 추구하면서 대체로 여러 해 전에 했던 많은 일을 계속하고 있다. 아이슬란드에서 이러한 단체들은 인구 밀도가 낮은 시골 지역에서 특히 영향력을 발휘하고 있는데, 그곳은 다양하게 자원봉사를 할 수 있는 기회는 별로 없을지라도 이러한 단체가 제공하는 서비스에 대한 수요는 동등하다. 회원들의 평균 연령이 계속해서 높아지고 있긴 하지만 여러 지역에서 활동하고 있다. 이러한 단체들의 인기가 직장에서 사회적 해결책을 얻는 젊은 여성들 사이에서 시들해지기 시작했지만 말이다. 또한 훨씬 더 많은 여성들이 현재 도시 환경에 살고 있어서 지리적으로 덜 고립되어 있기 때문이기도 하다.

더 현대적이고 덜 체계적인 사회적 모임은 흔히 "뜨개질 동호회"와 같은 형태를 취하는데, 대개 성인기와 노년기까지 정기적으로 계속 만나는 소꿉친구들의 반-형식적인 모임이다. "뜨개질 동호회"는 다섯 명에서 열 명이 허물없이 모이는 "여학생 전용 동아리" 같은 거라고 보면 된다. 초창기에는 아마 의무적으로 뜨개질거리를 찾아 모였을 테지만 21세기의 ("사우모"라고 흔히 알려진) "뜨개질 동호회"는 서로 만나고 먹고 마시고 잡담하는 것에서 세상의 크고 작은 불행을 해결하기 위한 또 다른 구실로 진화했다. 음식과 와인은 차려져 있지만 문학작품은 없는 독서 모임이라고 생각해보라. 보통 여자친구들 사이의 느슨한 관계와 달리 이 "사우모"의 특질을 꼽자면, 소수의 회원 각자가 누가 "동호회에 들어올 것인지"를 결정한다는 것이다. 나는 20대 후반에 아이슬란드로 이주해서 아무리 많은 현지 친구를 사귀었어도 몇 년 동안 "사우모"에 들어갈 수 없었다.

가족 간의 유대를 강조하는 것과 결합되어 이러한 단체들은 분주한 현대의 아이슬란드에서 여전히 번성하고 있는데, 그 이유는 여성들 특유의 다양한 형태로 동지애, 신뢰, 지원을 아끼지 않기 때문이다.

⇻ ⇺

1942년, 아직 완전히 독립하지 못한 아이슬란드 남부 지역에 있는 흐루나만나흐레푸르 카운티의 인구는 400명 남짓이었다. 로스앤젤레스보다 큰 지역에 고작 농장 두 곳에만 전화가 있었고, 두 곳만 전기가 들어왔고, 전 지역을 통틀어 소형 트럭이 단 한 대였다.[*] 차량이 아닌 말을 위해 건설된 도로는 다니기가 힘들었고 겨울철에는 통행이 불가능하기도 했다. 강에는 다리조차 놓여 있지 않았다. 요즘에는 차를 타고 한 시간 남짓밖에 걸리지 않는 레이캬비크는 거의 다른 세계로, 아주 드물게만 방문할 수 있는 멀리 떨어진 공동체였다.

그러한 조건 하에서 흐루나만나흐레푸르의 여성협회는 그해 3월 겨울 저녁에 설립되었는데 17명의 여성이 참석하여 그 행사를 인증했다. 1888년에 설립되어 세계 최초로 알려진 가장 오래된 여성협회의 남부 지역에 설립된 것이다. 이 단체의 목표는 다른 단체들과 비슷했다. 공동체의 궁핍한 사람들을 위한 기금 마련과 여성들이 만나고 교류할 수 있는 장을 제공하기 위한 것이었다.

거의 80년이 지난 후, 흐루나만나흐레푸르 여성협회는 70명의 회원을 자랑하며 매년 3회의 공식 모임을 개최하는데(코로나19 대유행 기간 제외), 20명 정도의 여성이 참석한다. 회원들은 페이스북 그룹을 통해 회의도 하고 소식도 전하는 등 수많은 활동에 참여한다. 현재 여러 농장에는 최신 첨단 트랙터들과 광섬유를 기반으로 한 인터넷 연결망이 설치되어 있긴 하지만 여전히 대부분 시골이다. 가장 가까운 공동체인 플루디르 마을은 수도에서 당일치기 여행객들을 끌어들이는 시큼한 에티오피아 음식을 파는 레스토랑과 아이슬란드의 신통치 않은 양의 신선한 채소를 재배하기 위하여 지열에너지를 사용하는 광대한 온실로 전국적으로 유명한데 사실상 탄소 배출량이 없는 것으로 알려져 있다.

모든 사람들에게 "버바"로 알려진 75세의 전 여성협회 회장 구드비요르그 비요르그빈스도티르가 플루디르 근처의 시골 자택에서 커피를 마시자며 나를 초대했다. 여성협회의 다른 회원 두 명과 1929년에 설립되어 현재 35명의 회원을 둔 이웃 단체인 그누프베르야 여성협회에서 온 두 명도 함께 자리했다.

거의 20년 동안 아이슬란드에서 산 뒤에야 나는 커피를 마시러 오라는 초대가 자택에서 만나 카페인이 함유된 뜨거운 음료를 마시자는 약속 이상이라는 것을 알게 되었다. 그때쯤 제2의 조국에서 내가 특히 좋아하는 취미는 커피 마시는 것이었다. 자택으로 "커피를 마시러 가는" 것은 특히 구세대들 사이에서는 점심과 저녁 식사 사이의 중간 시간에 설탕이 가득한 소규모 연회에 가는 것이다.

수십 년간 여성협회 회원으로서 버바는 커피 제안을 실망시키지 않았다. 식탁보로 덮인 식탁은 생생한 꽃들과 핀란드제 크리스탈 촛대에 타오르는 양초들로 장식되어 있었다. 도자기 찻잔들은 내가 어렸을 때 모으곤 했던 빨간 장미와 노란 장미가 그려진 바로 그 문양이었다.° 우리 여섯 명은 설탕이 뿌려진 (크레페에 더 가까운)"롤 팬케이크", 잼과 휘핑크림이 가득 얹어진 팬케이크(둘 다 자부심 강한 여성협회 회원에게는 평균적인 품목임), 수제 롤, 네 종류의 크래커, 세 종류의 치즈, 잼(크래커에 치즈를 얹으면 아이슬란드 사람들의 구미를 확 당긴다), 수제 대추 페스토, 수제 전채 요리를 먹었다. 최고의 절정은 입안에서 사르르 녹는 파블로바 디저트였다. 휘핑크림이 채워진 두 겹의 바삭바삭한 둥근 머랭에 밀크 초콜릿 소스가 두툼하게 듬뿍 발려져 있고 잘게 썬 싱싱한 딸기와 캐러멜로 가득한 초콜릿 조각들이 풍성하게 뿌려져 있었다. 진한 커피 향이 그 뒤 어딘가에서 퍼지고 있었다.(아이슬란드에서 차만 마시거나 백설탕을 혐오하는 여자에게 화가 미칠진저!)

버바가 그날 집으로 초대한 다섯 명의 여성들은 서로 다른 두 여성협회 내에서 다양한 책임을 맡고 있었다. 현재 56세부터 85세에 이르는 여성들은 모두 사회적 교류를 갈망하고 공동체에 기여할 기회를 원했기 때문에 20대에 여성협회에 합류했다. 여성협회에서 수십 년간 자원봉사 활동을 한 터라 당연히 모두가 그간의 경험을 재미있고 애틋하게 나눌 이야기가 많았다. 그들은 자기네와 같은 여성 단체가 어떤 의미가 있는지, 또 왜 그토록 가치있는지 내게 알려주기 위해 토론을 대비하여 갖고 온 메모를 자주 언급하며 차례대로 돌아가면서 격식을 갖추는 방식을 취했다.

나는 점차, 완전히는 아니지만, 이 여성들의 환대와 엄숙함에 적응해 갔다. 아마도 그들은 속으로 초짜 작가가 아니라 자신들 나라의 대통령의 부인을 자택으로 맞이하고 있었을 것이다. 그들은 자신들이 조사한 것이

°그렇다, 나는 어렸을 때 도자기를 수집했는데, 주로 여름방학 동안 온타리오 북부에 있는 조부모님의 뒤뜰에 떨어진 꽃사과를 주워서 번 돈으로 산 것이었다. 사실 우리 동네에서 자라는 아홉 살 소녀들을 위한 여성협회가 없었다는 것은 유감스러운 일이다. 도자기 수집과 요리에 관심이 많았기에 나는 거의 회원으로 뽑혔을 게 틀림없다.

가능한 한 내게 도움이 되기를 바랐고, 나의 역할에 상응하는 만큼 나를 존중해주고 싶어 했다. 사실 나는 때때로 그렇게 대하지 말았으면 하는 바람도 있지만, "비번"일 때조차도 나는 여전히 대통령실의 대표자로 보여진다는 것을 알고 있기에 그 "실"의 품위를 유지하는 방식으로 행동하기 위해 최선을 다했다. 하지만 나는 여전히 캐나다 소도시 출신의 어린 시절 도자기 컵 수집가인 엘리자이며, 나에게 중요한 것은 허식이나 가식 없이 품위있게 행동하는 것과 나 자신으로 행동하는 것 사이의 선을 지키는 것이다. 나는 나의 직업적 삶과 국가원수의 배우자로서의 삶을 분리하기 위해 최선을 다한다. 대통령실의 운전기사가 운전하지 않고 가족용 중고 미니밴을 몰고 온 나를 보고 어쩌면 버바와 그녀의 친구들은 실망했을지도 모른다. 하지만 설령 1번 번호판을 단 고급 승용차가 와서 서지 않는 것을 보고 내심 한숨을 쉬었더라도 입 밖에 내지는 않았을 것이다.

한자리에 앉아 웃고 농담을 건네며 대화의 수레바퀴에 하루치 분량의 설탕으로 기름을 치고 있을 때쯤에는 격식도 훨씬 줄어들었다.

그누프베르야 여성협회의 전 회장인 로즈마리 브린힐두르 톨레이프스도티르가 회상했다. "처음에 사회적 접촉은 주로 그냥 전화로 대화하는 거였어요." 1964년 여성협회에 가입하기 전에 그녀는 20세기 중반에 일종의 오디오 전용 "줌(Zoom)"과 같은 전화선을 활용하는 것으로 해결책을 찾았다. 제한된 수의 전화선을 이용해 여성들이 동시에 함께 이야기를 나누었던 것이다.

그러한 사회적 접촉은 당시 상황에서 그녀나 다른 여성들에게 당연히 필수적인 것이었지만, 당시 여성협회 자체는 지금과 마찬가지로 온갖 조직화된 활동으로 분주히 돌아갔다. 로즈마리 브린힐두르는 우리 모임에 항목별로 정리한 목록을 갖고 온 터였다. 그들이 기울인 노력에는 장례식이 끝난 뒤 대접할 커피, 케이크 및 샌드위치를 준비하는 것이 포함되어 있었다. 크리스마스카드를 판매하고 모금된 기금으로 지역 병원을 후원했다. 그 지역의 모든 신생아들에게 줄 모자를 뜨개질했다. 긴장한 어린이 승객들을 진정시키려고 구급차에 곰 인형을 구비해 놓았다. 일주일 내내 24시간 집안일을 하는 주부들을 위해 며칠 동안 휴가를 가라며 보조금을 제공했다. 2010년, 현재 78세인 로즈마리 브린힐두르는 성심성의껏 후원했던 지역 병원이 삭감을 계획한 것에 항의하기 위해 주요 다리에 차량이 지나가지 못하게 막아서기까지 했다고 유쾌하게 덧붙였다.

"1999년 이후, 우리는 여러 대의를 위해 5천만 크로나(약 39만 달러) 이상을 모금했습니다"라고 그녀는 자랑스럽게 끝맺었다.

협회는 기금 모금 외에도 회원들의 처지를 개선하는 작업에 들어갔다. 아픈 주부들은 집에서 동료 회원들의 도움을 기대할 수 있었다.

"완벽한 주부학교였죠." 로즈마리 브린힐두르가 말했다. 바느질과 영어 회화와 같은 주제에 대한 강좌도 있었고, 10학년 이상의 정규 교육을 받지 못한 다수의 여성들을 위한 귀중한 강좌들도 추가되었다. 공인된 자격증은 없지만 회계장부 담당자라든가 심리학자가 되는 법도 배웠다.

"나는 인생학교라고 불러요." 버바가 미소 지으며 말했다.

낙농업을 하는 아르튼프리두르 요한스도티르가 딸기잼을 살짝 바른 크래커에 브리치즈 조각을 얹으면서 말했다. "여성협회에 가입하려면 마음가짐 같은 게 있어야 해요. 시간과 힘을 쏟을 준비가 되어 있어야 하지만, 당연히 그에 대한 보답으로 항상 무언가를 얻을 수 있죠."

화창한 가을날 그러한 추억을 함께 나누었던 따뜻하게 미소 짓는 그 여성들은, 물어본 적은 없지만 스스로를 페미니스트라고 정의하지 않았을 수도 있다. 그러나, 이를테면 적어도 남성 주도형의 라이온스 클럽이나 키와니스 클럽이 공식적으로 노고나 활동을 인정받은 것과 달리 수십 년 동안 그들의 활동은 과소평가되고 그들의 노고는 종종 무시당했다.

미용사로 그누프베르야 여성협회의 또 다른 전 의장인 58세의 시그룬 시모나르도티르가 말했다. "여자들은 늘 언행을 조심하라는 말을 듣지요. 차츰 변하고 있을 뿐이죠."

"내 인생의 절반 동안 한 일은 자원봉사 활동이었을 거예요." 로즈마리 브린힐두르가 추정했다. 그녀는 지역 말 협회의 첫 여성 회장을 포함하여 남성의 보루라고 여기는 수많은 지역 협회와 위원회 등에서 봉사하기도 했다.

24세의 아들과 함께 농장을 운영하는 아른프리두르가 설명했다. "아들이 나와 함께 일하고 있지만 농장은 내 소유이고 내가 운영해요. 그런데 사람들은 결정을 내릴 일이 있을 때마다 아들을 불러 묻곤 하지요."

버바가 말했다. "현재는 아주 많은 여성들이 집 밖에서 일을 하기 때문에 이런 종류의 조직에 대한 필요성도 별로 느끼지 못하고 있고 또 같이 활동할 만한 시간도 별로 없어요. 하지만 우리 모두는 조직을 통해 많은 경험과 친구를 얻었어요. 나는 후배 회원들과 선배 회원들 모두에게서 많은 것을 배웠죠. 요즘 젊은 부부들이 육아와 가사를 함께하는 모습을 보면 특히 기분이 좋아요. 내가 젊었을 때만 해도 저녁 준비를 안 하거나 오후의 다과도 준비하지 않은 채 집을 나서는 일은 있을 수 없었지요."

그 자리에서 물러나기 전에 그들은 내게 1978년에 출판된 남부 지역 여성협회 결성 50주년을 기념하는 두꺼운 표지의 광택 나는 종이로 된 책을 정식으로 선물했다. 아이슬란드에서는 기념일에 책을 출간하는 일이 많은데 이 여성협회의 반세기도 예외는 아니었다. 아이슬란드 남부의 각 여성협회는 단체가 어떻게 설립되었는지, 모금 순위는 어떤지, 또 지난 수십 년간의 재미있는 일화나 추억들을 상세히 기술하고 있었다. 취임식과 (당시)현 이사진의 흑백 사진이 포함되어 있으며, 초기 사진의 여성들은 진지한 얼굴로 거의 항상 검은색 긴 술이 달린 전통 모자인 페이수포트를 쓴 채 당시 관습과는 먼 행사에 참여하고 있었다. 그누프베르야 여성협회 소속의 요즘 회원들을 만난 적이 있었다. 그들은 올로프 오 브리엠의 시를 한 편 읊었는데, 여성협회가 후원하는 바느질 수업에서 진전이 더디다는 강사의 가벼운 지적에 대한 응답으로 쓴 것이었다.

> 어마어마한 임무가 끝에 다다랐네.
> 이 노동의 결실은 엄청난 위업이라네.
> 그리고 이제 내가 이해하게 된 것은
> 이보다 의지가 더 강한 여자들을 만나지 못하리라는 것이네.
>
> 아주 오랫동안 우리는 모여서 각자 자리에 앉아
> 바느질을 하고 다듬고 느슨한 실을 단단히 동여매네.
> 밤낮으로 고생하며, 한 입도 먹지 아니하며,
> 손을 놓게 하거나 머리를 식히지도 않네.[15]

"어떤 남자가 말한 거 얘기 좀 해보세요." 내가 커피와 머랭과 치즈를 얹은 크래커로 배를 잔뜩 채우고 그 집을 나서기 전에 버바가 구드룬 스베인스도티르를 부추겼다.

그날 가장 연로하고 수다스러운 회원이 말을 하기 시작했다. "음, 한번은 한 양로원에서 한 남자를 만났는데 내게 이렇게 말하더군요. "해가 뜨고 지는 것 말고는 별로 볼 게 없는 삶을 살아가는 사람들은 일상생활에서 여성협회가 얼마나 중요한지 이해하지 못해요." 꽤 괜찮은 말이구나 싶었죠."

"꽤 괜찮다"라는 말은 겸손한 표현이었다. 아이슬란드 여성들은 여전히 남성과 동등한 수준으로 자신들의 노력을 알리려고 분투하고 있지만, 그들이 하는 일은 이성에게는 보이지 않는다. 이러한 여성협회들은 시골과 이전에는 연결되지 않았던 지역의 공동체를 위한 망을 형성한다. 그들은 필수적인 접착제이다.

인구가 극도로 적은 나라인 아이슬란드에서는 낯선 사람들 사이의 대화 대부분이 불가피하게 개인적인 연결고리를 찾는 것으로 시작한다 해도 놀랄 일이 아니다. 2018년, "해파리"라고 알려진 여성 야외활동단에서도 마찬가지였다. 토레이와 소피아는 학교에 함께 다녔다. 비르나와 브린힐두르의 딸들은 친한 친구들이다. 할도라와 토레이는 사촌이지만 사촌사이로 만난 적은 없었다. 브린힐두르와 소피아는 다른 곳도 아니고 사우디아라비아에서 함께 일했다. 그리고 토레이와 소피아는 지금은 활동하지 않지만 여전히 인기가 식을 줄 모르는 도보여행 단체의 설립자였다. 그 단체는 "닥쳐, 마그누스"라는 호기심을 자극하는 이름이었다.

비르나와 토레이는 영국해협을 헤엄쳐 건너는 돈키호테 같은 목표를 갖고 서로 전혀 다른 여성들을 한데 모았다. 자선단체에 기부하기 위한 모금 활동과 동시에 그렇게 함으로써 큰 자랑거리를 얻기 위해서이기도 했다. 앞서 말한 우연의 일치인 인맥을 떠나 그들 모두는 (다양한)야외활동을 무척 좋아하는 것으로 연결되어 있었으며, 가족들을 감동시키려 애쓰는 대신 개인적인 야망을 택하기로 한 인생의 황금기에 접어든 마흔 살 넘은 여성들이었다.

처음으로 바다 수영에 뛰어든 지 16년 뒤, 나는 멕시코 친구들보다 훨씬 더 죽기 살기로 헤엄치는 사람들과 함께 수영하고 있었다. 이번에는 화창하고 계절에 맞지 않게 따뜻한(섭씨 19도) 8월 어느 날, 레이캬비크의 내이톨스비크 지열 해변(지열에너지로 만든 인공 해변-옮긴이)이었다.

내이톨스비크는 작은 만이 보호하고 있는 데다 모래사장 바로 옆에 온천과 탈의실이 있기 때문에 수도에서 바다 수영하러 오기에 아주 인기 많은 곳이다. 무엇보다 중요한 것은 도시가 실제로 그 지역의 풍부한 온수를 바다의 인공 석호로 곧장 끌어들여 (여름철 포함)일 년 내내 수온을 15도에서 19도 사이로 유지한다는 것이다. 그래서 근처에 아이스크림 판매대가 있을 만큼 충분히 따뜻하다. 그렇다고 해서 아이슬란드 사람들이 무더위에만 차가운 유제품 간식에 푹 빠진다는 것은 아니다.

하지만 인위적으로 데운 물이 있는 바다는 당연히 "해파리"에게는 진짜가 아니다. 수영에 "진심"인 사람들은 매주 수요일 점심시간에 차가운 물이 요동치는 만에서 몇 바퀴 돌기로 결정했다.

"물이 목까지 차오르는 곳으로 걸어간 뒤 정상적으로 호흡하고 10까지 셀 수 있을 때까지 거기 있어야 한다"라고 영국해협을 (단독 출전 한 번을 포함해서)네 차례 건너고는 아이슬란드의 최고 영예인 매훈장을 수상한 시그룬 기어스도티르가 조언했다. "매번 처음에는 누구나 으슬으슬해요."

정상적인 호흡? 그건 내가 수년 전 바다에서 수영할 때 들이켰던 보드카의 성인용 대체물이었을까? 아니면 그냥 거의 중년에 가까운 여성이자 네 아이의 엄마로서 20대 때보다 덜 과감하다고 느껴졌기 때문이었을까?

그렇지만 "해파리" 회원들은 나와 동년배이거나 더 많았다. 그들은 내이톨비스크에 수영하러 오는 단골들이 즐겁게 맞이하는 유명인사들이다.

그 여름날 물 온도는 섭씨 12도로 측정되었으며, 신혼여행 온 스위스 커플과 함께 시베리아의 바이칼 호수에서 알몸으로 헤엄쳤을 때보다 겨우 몇 도 정도만 더 따뜻했을 것이다. "타겟" 상점에 해당하는 아이슬란드의 상점에서 구입한 저렴한 수영복을 입고 지시에 따라 목에 차오를 때까지 물을 헤치며 걸었다. 너무 추운 나머지 비명이 절로 나오면서 출산의 진통 중에 마지막으로 내질렀던 말을 썼다. 하지만 보통 속도로 10까지 세고 난 다음에야 해안가로 돌아올 수 있다는 말을 들은 터였다. "해파리"와 함께 "바다 수영"을 완주한 것에 대해 조용히 자축하고 나자, 그들은 평소에는 돌아오기 전에 몇 킬로미터를 더 돈다며 그날은 내가 초짜라서 배려한 것이라고 했다.

나한테는 실제로 바다 수영을 기필코 완주하겠다는 굳센 의지 같은 게 없었지만 어쨌든 정중하게 칭찬하는 말들을 받아들인 뒤, "해파리"와 그들의 안녕을 위한 우정의 가치, 또 그것이 다른 사람들, 특히 여성들에게 높은 목표를 세우고 예상을 뛰어넘도록 격려하는 것이 얼마나 중요한지에 대해 이야기했다. 여성협회 회원들과 마찬가지로 "해파리"도 훌륭한 대의를 위해 훌륭한 일을 하고 있지만, 잘 어울리는 이름에도 불구하고 공식 조직은 아니다. 그 모임은 더 나은 건강을 도모하는 "운동판" 뜨개질 동호회(사우모)에 가깝다. 즉, 바쁜 직장 여성들이 자기계발에 우선순위를 두는 곳이다.

"이 모임은 정말 중요해요. 우리들을 치유하는 시간이거든요." 시그룬이 말했다. "우리는 모든 것에 대해 이야기하지만 물속에서 말한 것은 물속에만 있지요."

아무런 죄책감 없이 자신을 위한 시간을 우선시하는 것이 대화의 일반적인 주제였다. 이 일행의 실행 계획 및 홍보를 담당하면서도 영국해협을 건너지는 않은—내 생각에는 틀림없이 헤엄쳐 건널 실력을 갖추고 있지만—소피아 시구르기어스도티르가 말했다. "여자들에게는 무언가를 하고 있다는 게 중요해요. 남자들은 아무 때나 기분 내키는 대로 해버리면 그만이지만, 우리 프로젝트와 같은 것들을 하면서 여자들도 잠시 동안 잠수탈 수 있는 기회를 가지게 되죠."

영국해협을 가로지르는 34킬로미터 계주를 위한 "잠수타는" 고된 훈련은 정기적인 등산, 수영, 스포츠 심리학자와의 상담까지 거치는 등 힘든 조합이었다. 공식적으로 해협을 가로지를 수 있는 자격을 관리하는 규정은 엄격한데, 어떤 유형의 수영복을 입을 수 있는지(고글과 수영 모자를 제외하고는 추가 장비가 허용되지 않는 원피스 수영복)와 순서에 따라 한 번에 한 시간씩 수영해야 한다는 것 등이었다.(누군가가 사전에 예정된 시간을 담당할 수 없으면 전체 시스템이 무너진다.) 훈련 일정 중 어느 시점이 되자 "해파리"는 내이톨스비크에서부터 헤엄쳐 만을 건너 "베사스타디르"라고 불리는 대통령 공식 관저인 우리 집까지 갔다. 구드니는 그들을 맞이하기 위해 몇 미터만 물을 헤치며 걸어가면 되었다.°

그 과정은 엄격했고 정신적으로나 육체적으로나 부담이 컸다. 그러나 "해파리"는 자신들의 자리를 차지했다.

상담사인 토레이 빌함스도티르 프로페가 말했다. "우리 아이들이 우리가 자리를 차지하는 것을 보고, 또 우리 스스로가 삶에서 우리의 자리를 차지한다는 것을 알도록 하는 게 중요해요. 여자들은 남자들이 하는 방식의 이러한 엄청난 육체적 도전을 자주 하지 못해요. 사람들은 꼭 "애

° 이것은 나의 잘못된 기억에 근거한 시적 허용이었다. 이 장의 초고를 읽었을 때 남편은 거의 언급이 없었다. 다만 이 지점에서 페이지를 가로지르며 다음과 같이 진하게 휘갈겨 써놓았다. **"나는 수십 미터를 헤엄쳐서 나왔다."**

들은 뭐라 그래요?"라든가 "남편은 어떻게 생각해요?"라고 말하죠. 남자들은 그런 질문을 안 받아요."

도시계획 시설을 운영하는 비르나 브라가도티르가 덧붙였다. "그런 말을 들으면 반대로 물어야 해요. 그 무엇도 우리를 멈출 순 없죠."

해변 옆 풀밭에서 부처님처럼 가부좌를 틀고 앉아있던 소피아가 말했다. "그래도 우리에게는 롤 모델이 아주 많아요. 영웅담에 나오는 "키다리" 하스게르두르까지 거슬러 올라가도 그렇고, 대통령으로 뽑힌 비그디스(세계 최초의 여성 대통령-옮긴이)도 있죠. 그게 큰 차이를 낳죠. 또 우리 모두는 더 가까이에는 어머니라든가 할머니, 증조할머니에 이르기까지 강력한 롤 모델을 갖고 있어요. 많은 사람들이 여전히 전국에서 활동하고 있는 여성협회 등등의 단체를 통해 자선 활동에 참여하고 있죠. 공동체에 변화를 가져오고 강력한 목소리를 내는 여성들에 대한 이야기를 들으며 자라는 것이 중요합니다."

"해파리"는 서로에게, 그리고 주변 사람들에게 롤 모델 역할을 한다. 하스도라 기다 마티아스도티르 프로페(아이슬란드식 중간 이름은 단순히 출생증명서만을 위한 장식이 아니다. 흔히 자랑스럽게 사용된다)가 말했다. "처음에는 추위 때문에 걱정이 이만저만 아니었어요. 하지만 서로 힘내라며 격려했어요. 우리는 저마다 좌우명을 만들었는데 내 좌우명은 "나는 자신있고 강인하다"였어요. 그리고 물에 들어갈 때마다 그 좌우명을 생각했죠."

심리학자 실라 M. 욘스도티르는 "내 주문은 "차분하고 침착하게"였어요"라고 덧붙였다.

하스도라가 덧붙였다. "그런 식으로 익숙한 환경, 주어진 상황에서 벗어나 한계를 극복했어요. 정신적으로나 육체적으로나 힘들었지만 함께여서 강할 수 있었지요."

토레이는 다른 나라의 여성들은 자신들처럼 큰 저항에 부딪히지 않고 이러한 육체적 도전을 조직하고 완수하는 것이 더 어려울지 궁금해했다. 그녀는 "많은 사람들이 여성들이 자신들의 자리를 차지하는 것을 마음에 들어 하지 않으니까"라고 했다.

하스도라가 말했다. "난 해외에서 열리는 산악마라톤 대회에 참가하고 있는데 아이슬란드 여성들을 곧잘 볼 수 있죠. 프랑스나 이탈리아, 스페인 같은 곳에서는 경주하다가 여자가 남자를 추월하려고 하면 남자들이 격분해요. 남자들은 남자는 그냥 지나가게 놔두지만 여자가 그러면 앞길을 가로막아 버려요. 그런 일은 여기서는 일어나지 않을 거예요. 우리는 모두 이 나라가 더 평등하다고 여기죠. 1등이나 최고가 될 필요는 없지만 기회를 잡으려면 자신감을 내보여야 해요."

토레이가 미소 지으며 말했다. "요즘은 가족들에게 우리가 하이킹하러 간다고 말하면 아이들이 하이킹이란 게 일반적으로 힘든 건지, 아니면 "엄마"라서 힘든 건지 묻곤 해요."

↠ ↞

우리 집 작업실의 밝은 노란색 벽에는 2006년에 혼자 서아프리카로 배낭여행 갔을 때 찍은 사진이 A4 용지 크기로 출력되어 붙어 있다. 가나의 카쿰국립공원에서 찍은 사진이다. 공원 방문객들은 지상 39미터 위에 일곱 개의 커다란 나무를 연결해 만든 딱 한 사람이 지나갈 수 있을 정도의 구름다리를 따라 걸으면서 그 지역의 다양한 동식물을 한눈에 내려다볼 수 있다.

나는 고소공포증이 있다. 그것은 언제 육체적 상해가 닥칠지 모르는 여러 상황에 대해 가지고 있는 수많은 비논리적인 궤변(이라고 쓰고 두려움이라고 읽는다) 중 하나이다. 관광객들이 별로 없는 여러 나라를 홀로 여행하는 것은 혈압을 오르게 하지 않지만 활강 스키라든가 스쿠터를 타고 빠른 속도로 달린다든가 성인용 롤러코스터 같은 것은 타려고 시도해 본 적이 없다. 하지만 어쨌든 여행 가서는 흔쾌히 한계를 시험해 보거나 본국에서는 하지 않을 것들을 시도하게 된다.

나에게 구름다리를 건너는 것은 그런 것이었다. 다른 사람들이 다리를 최대한 격렬하게 흔들며 신나 죽겠다는 표정으로 팔짝팔짝 뛰어가는 동안 나는 머뭇거리며 두 손은 양쪽에 쳐진 안전 그물망을 단단히 붙잡고 숨을 천천히 고르게 쉬고 아래의 정글을 내려다보지 않으려 애쓰며 한 발짝씩 앞으로 나아갔다. 하지만 다리 끝에 다다르자 안도감보다는 오히려 한 마리 새처럼 느낄 수 있는 기회가 날아간 것 같은 기분이 들었다.

그 사진은 다리를 건너는 도중에 찍은 것이다. 양쪽 그물망을 꼭 붙잡고 있는 두 손의 손가락은 긴장한 나머지 거의 백짓장 같고, 침착함을 유지하려고 애쓰는 표정이 얼굴에 고스란히 드러나 있다. 사진 상단에는 "할 수 있다!"라는 말을 휘갈겨 놓았다. 그것은 뭔가 도전적인 일에 맞닥뜨렸을 때, 이를테면 고소공포증이라든가 일련의 구름다리를 건너야 한다든가 하는 것 같은 두려운 일에 직면했을 때, 살면서 직면하게 될 다음 시험을 극복할 수 있다거나 적어도 새로운 것을 시도하는 것을 두려워해서는 안 된다는 것을 계속해서 시각적으로 상기시켜 준다.

우리 모두는 편안함을 느끼는 것에 대한 정의가 다르고, 현재의 상황에 대한 기준선도 서로 다르다. 외부 요인들이 그것들을 변화시킬 때 대처할 수 있는 정신적 수단을 갖고 있는 것이 도움이 된다. 새로운 기술을 배우는 것이든, 여성협회와 같은 조직화된 단체에서 공동체에 기부하며

세계 성평등 1위 아이슬란드의 비밀-스프라카르

보람을 느끼는 것이든, 그야말로 친구들과 바다로 뛰어들기 위해 모이는 것이든, 정기적으로 정신건강을 키우고, 신선한 공기를 쐬며 운동을 하고, 가족과 친구들의 응원에 기대는 것이 그러한 수단이 될 수 있다. 이 정신적 수단은 인생의 우여곡절을 헤쳐 나가는 동안 자신감, 경험, 능력을 키워주며 삶 전반에 걸쳐 유용하게 쓰인다.

≫ ≪

"해파리"의 불굴의 회원인 브린힐두르 올라프스도티르는 뉴욕시에서 국제관계학 석사 학위를 마쳤다. 그녀는 미국에서의 경험과 그곳에서 사귄 뒤 지금까지도 연락하고 지내는 친구들에 대해 긍정적으로 말했다.

바다 수영을 마친 뒤 그녀가 말했다. "하지만 아이를 낳기 시작한 뒤 우리 사이에 차이점이 좀 보이기 시작했어요. 친구 중 한 명이 아이는 정말 갖고 싶은데 남편은 갖고 싶지 않다는 사실에 한탄하자 나는 그건 중요하지 않다고 말했어요. "정말 아이를 낳고 싶으면 그냥 낳아"라고 했죠. 하지만 그 친구는 그걸 고려할 수조차 없었어요. 아이슬란드는 지원 네트워크가 워낙 탄탄하기 때문에 그런 관점으로 생각할 수 있겠구나 싶었죠. 친구들 몇몇은 아이를 낳은 뒤에도 이거 저거 까다로운 요구가 많은 직업을 가질 수 있다는 걸 이해하지 못하더라고요."

"해파리"는 우정을 쌓기 위한 시간도 낼 수 있고 자선기금 모금 행사로 과감한 육체적 도전을 추구하기 위해 자신들이 가진 수단도 쓸 수 있는 매우 특권적인 위치에 있다. 나는 아이슬란드 남부에서 장기간 운영해 온 여성협회의 여성들 사이에서 자매애가 또 다른 방식으로 반영되는 것을 보았다. 즉, 서로 돕는 공동체를 가지고 있고, 새로운 기술을 배우고, 질병과 개인적 위기, 자연재해가 발생했을 때 서로를 지원하는 것에 대해 만족감을 느끼며, 대부분 정당하게 인정받지 못하는 경우가 많긴 하지만 그에 대한 불평도 없다.

이렇듯 탄탄한 사회적 연결망과 가족의 유전적 유대에 의해 만들어진 연결망은 아이슬란드 여성들에게 독립심을 촉진하는 데 많은 기여를 했을 뿐만 아니라, 아무도 혼자서는 모든 것을 할 수 없다는 인정과 수용, 자신의 한계를 뛰어넘는 법을 배우는 것의 이점에 대한 인식에도 큰 역할을 했다. 물론 아이슬란드에도 가정을 꾸리는 데서 오는 정신적 짐에 대한 추가 부담, 오롯이 자신을 위한 시간을 내는 것에 대한 죄책감, 성평등을 성취하는 데 있어 진정한 장애는 여전히 존재한다. 우리가 그 길에서 고군분투하는 동안, 이러한 친구들과 일가친척들은 정신적 건강, 육체적 도전, 그리고 온갖 맛있는 크림 케이크들로 그 길을 가는 내내 많은 도움을 주고 있다.

4.
낙인 없는 성 정체성

발밑에서 기어라°

° Gefa undir fótinn. 추파를 던지다, 꼬리를 치다라는 뜻.

제2의 조국의 국어인 아이슬란드어는 9세기 초에 켈트족 노예들과 함께 이 섬에 거주했던 노르웨이 바이킹족들과 뱃사공들이 주고받던 언어와 거의 동일한 고대 언어이다. 영어 사용자들은 "베르세르크"(berserk, 어원은 고대 노르드어에서 "곰 가죽을 쓴 사람"을 뜻한다. 노르드의 전사들 중에서 거의 통제 불가능할 정도로, 신들린 것 같은 격노에 휩싸여 전투에 임한 이들을 가리키는 말-옮긴이)라든가 "게이세르"(geyser, 아이슬란드의 유명한 "간헐천"인 가이저에서 유래한 말-옮긴이)와 같은 어휘가 있다는 것에 아이슬란드인들에게 감사해야 하는 한편, 영국제도에서 지금도 쓰고 있는 "산(mountain 대신 fell을 씀-옮긴이)"이라든가 "아이(child 대신 bairn을 씀-옮긴이)"와 같은 무수한 다른 구어적 표현들 역시 동일하게 노르웨이 역사에 뿌리를 두고 있다. 현대 프랑스어로 바닷가재를 뜻하는 말인 "오마르(homard)"도 남쪽에서 떠돌아다니던 고대 노르웨이인들이 남긴 유물이다.

아이슬란드를 방문하는 사람들은 종종 현지인들의 탄탄한 영어 구사력 및 기타 여러 언어의 구사력에 대해 언급한다. 그렇기는 해도 아이슬란드어는 자부심과 정체성의 원천이다. 다양한 위원회는 여러 새로운 기술과 개념이 생길 때마다 외국 용어를 채택하기보다는 새로운 아이슬란드어 단어를 만들어 사전에 등록하는 것으로 유명하다. 예를 들어, 컴퓨터 대신 (수와 예언자의 여성형을 조합한) "톨바(tölva)"를, 무선 호출기 대신 (평화의 도둑이라는 뜻의) "프리드쏘요푸르(friðþjófur)"를, 장갑차 대신 (

기어가는 용이란 뜻의)"스크리드드레키(skriðdreki)"를 쓴다.

아이슬란드어 국경일이 있으며, 여러 정부 기관은 영어가 지구의 공용어가 된 글로벌 시대에 아이슬란드어를 보호, 강화하는 데 중점을 두고 있다. 1년에 한 번 국영방송사는 지난 12개월 동안 보편적으로 사용되기 시작한 최신 아이슬란드어 단어와 구문을 발표한다. 이 연례 발표의 후원 하에 아이슬란드어 사전에 등재된 단어로는 (기후 변화에 대한 불안이라는 뜻의)로프트스라그스크비디(loftslagskvíði), (자신의 몸을 존중한다는 뜻의)리캄스비르딩(líkamsvirðing), (코로나19 바이러스에 감염된 수치심이란 뜻의)스미트스콤(smitskömm)이 포함되어 있다. 영어로 설명할 명확한 단어가 없는 다른 많은 개념들이 이런 식으로 등재된다.

섹슈얼리티와 동시에 성소수자에 대한 접근방식을 포착하는 데 도움이 되는 독특한 아이슬란드 말로, 대개 칭찬하는 투로 쓰이는 건 아니지만, "크비드시스투르(kviðsystur)"가 있다. 문자 그대로 "베갯동서"로, 같은 사람과 잠자리를 하는 두 여자를 뜻한다.

북유럽 이웃 나라들과 마찬가지로 아이슬란드 사회도 성에 대해 개방적이다. 아이들은 초등학교 때 이미 피임하는 법에 대해 배운다. 2019년에 태어난 아이들 중 30퍼센트만이 기혼모에게서 태어났다.(대부분의 싱글 맘들은 아이가 태어났을 당시 다른 상대와 동거하고 있었다.) 여성이 첫 아이를 낳는 평균 연령은 1960~1980년에는 22세 미만에서 2019년에는 28.6세로 수십 년 동안 꾸준히 올라갔지만 비혼모나 청소년모를 둘러싼 낙인은 거의 없다. 퀴어 커뮤니티의 구성원들은 상대적으로 편견에 별로 직면하지 않으며, 우리가 경계를 게을리하지 말아야 되긴 하지만, 평등을 위한 투쟁에서 법률적 지지를 받는데, 특히 트랜스젠더들의 권리와 요구사항을 법적으로 성문화하는 것에 관한 한 더욱 그렇다.

성에 대한 이렇듯 개방적이고 자유로운 태도가 어떻게 진전되었는지에 대해 합의된 이론 같은 것은 없다. 내가 읽은 한 인터뷰에서는 18세기 당시 아이슬란드를 통치했던 덴마크 왕이 천연두로 황폐해진 인구를 재건하기 위해 여성들에게 여섯 명의 자녀를 낳도록 장려했기 때문이라고 제시했다. 아마도 그것은 일종의 국가 철학인 "나와 다른 의견과 태도도 받아들여야 한다"는 관용적인 사고방식과 관련이 있을 것이다. (나 역시도 작은 나라 콤플렉스를 겪었기 때문에)전 캐나다 총리인 피에르 트뤼도의 말을 인용하자면 "국가는 국민의 침실에 들어설 자리가 없다." 내 생각에는 그것이 아이슬란드의 전반적인 생활상과도 연관이 있지 않을까 싶다. 만사가 태평할 때 우리는 다른 사람들의 도덕성에 대한 문제를 비난하려 들지 않는다. 그리고 우리나라의 인구는 극히 적어 많은 "생물학적 성과 성 정체성이 일치하는 사람들"이 개인적으로 트랜스젠더를 알기 때문에 공동체 전체에 필수적으로 연결되어 있다고 느낀다. 혹은 어쩌면 아이슬란드 사람들이 사회 규범이라든가 전통적 기대와 상관없이 섬나라 특유의 태도로 자기 방식대로 포용하기(그리고 어루만지기) 때문일 수도 있다.

그 기원이 무엇이든, 편견이 없는 자유로운 태도는 모든 사회적 측면에서 여성들에게 대등한 경쟁의 장을 만드는 데 도움을 준다. 자식이 수두에 걸린 어린 대학생 엄마는 마감일이 며칠 지난 뒤에 경제학 과제물을 제출해도 어떤 불이익을 받지 않는다. 술집에서 만난 낯선 사람과 쾌히 하룻밤을 보낸 30대 여성은 친구들이 어떻게 생각할까에 대한 두려움 없이 흥미진진한 모험담을 들려줄 수 있다. 세 번째 아빠와 세 번째 아이를 임신하고 있는 42세 여성이 20세 딸도 엄마가 될 준비를 하는 동안 딸과 함께 있으려고 추가로 휴가를 내도 아무도 눈살을 찌푸리지 않는다. 공동체 교회의 목사는 아내와 자녀와 함께 지역에서 열리는 파티에 참석할 수 있다. 이와 같은 상황은 자주 벌어질 뿐만 아니라 일상적인 대화에서도 별로 특별할 것 없는 것들이다.

→→ ←←

레이캬비크의 유명한 술집과 댄스 클럽들에서 폐점 전에 마지막 주문을 받는 시간은 전통적으로 오전 2시 45분이다. 5월 중순과 8월 중순 사이 태양이 하늘 높이 떠 있을 때 수도의 번화가인 래이가베구르에 들른 사람은 내리쬐는 햇살과 거리에 뒤섞인 인파들을 보며 오전 3시가 아니라 오후 3시로 착각할 수 있다. 거의 모든 사람이 40세 미만이고, 그들 중 상당수가 술에 취해 얼굴이 발갛게 상기된 채 들떠있거나 화가 잔뜩 나 있다는 사실을 깨닫기 전까지는 말이다.

술기운을 좀 빌려 밤에 성관계를 가질 목적이라면 "2시 45분"이야말로 추파를 던져서 몇 시간 더 즐길 수 있는 섹스 파트너를 찾을 수 있는 마지막 기회이다. 집에 함께 갈 누군가를 만나도 무언의 장기적인 책임 같은 게 없이 단지 남은 밤을 즐기기로 합의한 것일 뿐이다.

남자가 먼저 접근해야 한다거나 소위 여성에게 구애하는 데 오랜 시간이 걸린다든가 하는 일은 없다. 어쩌면 역사적으로 이어지는 아이슬란드에서의 삶의 예측 불가능성 때문일 수도 있다. 결국, 우리는 언제 다음 번 화산이 폭발할지, 또 언제 기근이 섬을 덮칠지 모른다. 남자든 여자든 자유롭게 성적인 관계를 갖고 싶다면 지체할 시간이 없다.

아이슬란드에 정착했을 때 나는 비교적 젊은 나이였지만 일부일처제를 약속한 파트너가 있었다. 그래서 내겐 "2시 45분" 문화에 대한 직접적인 경험은 없다. 하지만 내 친구는 그런 경험을 가지고 있다.

레이캬비크 중심부에 있는 작은 아파트에서 생활한 첫 해에 20대였

세계 성평등 1위 아이슬란드의 비밀-스프라카르

는데, 구드니와 나는 해외에서 온 친구 중 한 명을 재워주었다. 하루 동안의 관광을 마칠 무렵, 그는 그 유명한 "2시 45분"에 술집에서 한 여자를 만났다.

다음 날, 그 친구는 새 친구와 함께 그날 저녁을 함께 먹을 계획을 갖고 있다고 했다. 그는 그녀의 이름과 전화번호를 휘갈겨 놓은 쪽지만 있었지만 재빨리 인터넷 검색을 통해 의문의 그 여성에 대한 몇 가지 세부사항을 찾아낼 수 있었다. 그녀는 법적으로 말하자면 성인 여성이 아니었다. 열여덟 살의 고등학교 학생으로 내 친구와 만났던 나이트클럽에 들어와서는 법적으로 음주 가능한 연령인 스무 살이라고 거짓말한 것이었다. 우리가 놀려대자 친구는 예정대로 데이트를 강행해서 왜 나이 얘기하는 것을 빼먹었냐고 따지겠다고 했다.

그 뒤에 그는 우리에게 그녀가 식사 자리에 도착하는 즉시 진실을 말할 준비가 되어 있었다고 했다. 전날 밤 그녀가 공대생이라고 말한 것은 "고등학교를 졸업하면 공대생이 되고 싶다는 뜻"이었다고 고백했다고 했다. 친구는 이에 미소를 지었다. 그녀는 재미있고 똑똑하고 흥미로웠지만 그는 나이가 좀 더 많은 데다 며칠 동안만 시내에 머무를 예정이었다. 게다가 그녀는 여전히 부모님과 함께 살고 있으며 전 세계의 십 대들과 마찬가지로 집안의 규칙에 대해 청소년 특유의 불만을 갖고 있었다고 덧붙였다. 약간은.

"우리 엄마는 너무 엄격해요." 미래의 공학도인 청소년이 내 친구에게 한탄했다. "밤을 같이 보내려고 남자를 집에 데려오면 다음 날 아침에 꼭 소개시켜달라고 우긴다니까요."

성 상담사인 라그니히두르 에리크스도티르가 주장했다. "당신의 섹슈얼리티를 표현하고, 당신의 공간을 성적인 공간으로 주장하는 게 성평등에 매우 중요해요. 이곳 아이슬란드에서 열일곱 살된 내 딸과 딸 친구에게 자율권을 주는 것은 해외에 있는 우리 자매들에게도 중요합니다. 하나의 세계니까요."

대부분의 아이슬란드 사람들과 마찬가지로 라그니히두르도 여러 유명한 직책을 맡고 있다. 두툼하고 강렬한 빨간색 테두리의 스포츠용 안경을 쓰고 손, 발 등 여러 곳에 문신을 새긴 49세의 카리스마 넘치는 그녀는 흔히 "라가"라고 더 많이 알려져 있는데 간호사, 저널리스트, 성 건강 및 자신감 강사로 일하고 있으며, 무엇보다도 뜨개방 운영자였다. 나는 아이슬란드의 경제가 붕괴된 후 어려운 시기에 뜨개질이라는 전통적인 취미가 부활하면서 2009년에 그녀를 처음 뜨개방 운영자로 인터뷰하며 알게 되었다. 최근에 우리는 성에 대해 이야기 나누려고 만났다. 라가는 소파에 다리를 꼬고 앉아서 손녀에게 줄 노란 모직 스웨터를 부지런히 뜨다가 몇 코나 떴는지 세어 보려고 이따금 멈추긴 했지만 절대 할 말을 까먹지 않고 있었다.

"뜨개질과 섹슈얼리티 관련 활동 둘 다 해왔기 때문에 사람들은 가끔 겉보기에는 서로 다른 이 두 가지 활동을 어떻게 결합할 수 있는지 물어봐요." 뜨개바늘이 딱딱 부딪치는 소리를 내며 말했다. "하지만 난 속으로 둘이 상당히 비슷하다고 느껴요. 두 경우 모두 사람들을 보다 용감하게 만들고 창의성을 북돋워 주려고 하는 거니까요. 그리고 그 두 가지와 정신건강 사이에는 연관성이 있어요."

라가가 계속해서 말했다. "내 생각엔 아이슬란드 여성들이 보다 자기주장이 강한 거 같아요. 우리는 여자친구를 태우러 와서 데이트 비용을 지불하면서 통제하려 드는 가부장적 데이트 문화에 대한 부담이 없거든요. 아, 물론, 어딘가로 가서 누군가가 나를 위해 돈을 쓰는 것은 항상 즐거운 일이지만, 데이트할 때나 로맨틱한 분위기에서는 그런 걸 기대하는 게 아니잖아요." 그녀가 잠시 멈추더니 커피를 한 모금 마셨다. "어쨌든 보통은 사귀기 전에 같이 자니까요."

이러한 성적 자기주장이 외국인 방문객들에게 통하지 않았던 것은 아니다. 약 20년 전, 런던의 한 현지 항공사는 지하철 통근자들에게 "주말 원정 섹스"를 하고 싶다면 아이슬란드를 방문하라는 악의적인 광고를 실었다. 광고판은 야외 지열 온천장의 진흙탕이 특징을 이루고 있었지만 그 의미는 분명했다. 더 최근에는 아이슬란드 정부가 외국 국적의 남성들에게 아이슬란드 여성과 결혼하면 돈을 지불할 거라는 가짜 뉴스가 유포되자 현지 여성들은 자기주장을 저열한 수준과 혼동하는 거만하고 천박한 남성 관광객 패거리들의 오만함에 대해 거리낌 없이 말했다.

몇 년 전, 아이슬란드의 한 앱 또한 몇 분 동안 세계적인 명성을 얻었다. 프로젝트 자체는 새로운 것이 아니었지만 앱은 새로웠다. 외신에서 "데이팅 앱"이라고 이름 붙인 이 앱은 아이슬란드의 (사회보장번호와 마찬가지인) 신분증명번호를 가진 사람들이 서로 어떻게 연결되어 있는지를 보여주는 족보 프로젝트였다.[*] (수 세기에 걸친 훌륭한 기록 관리와 비교적 동질적인 인구 덕에 모든 아이슬란드 민족은 7~8세대 내에서 서로 친인척 관계이다.) 만약 당신이 누군가와 하룻밤을 즐기고 싶다면 사회적으로 용납할 수 없는 수준의 근친상간을 저지르지 않기 위하여 서로

---

[*] 보다 순수한 목적에서는, 온라인 버전은 우리가 유명인이라든가 다른 사람들과 어떻게 연결되는지를 보여주기 위해 사용된다. 전체 콘셉트가 몹시 흥미로워진 나는 구드니의 세부 사항을 프로그램에 입력하여 당시 우리 부서에서 일하고 있던 다른 두 동료와 그가 어떻게 연결되는지를 확인했다. 알고 보니 그는 두 사람과 팔촌 사이였다.

친인척 관계를 확인하는 앱으로 쓸 수 있다는 이야기이다. 그런데 사람들이 정말 그렇게 할까?

"아니, 당연히 안 그러죠." 라가가 말했다. "하지만 누군가와 집에 가서 같이 잔다면 다음 날 친인척인지 아닌지 여부가 아니라 어떻게 연관되는지를 보려고 끈질기게 뒤지고 있긴 할 거예요."

섹슈얼리티에 대한 사회의 비-판단적 접근방식은 결코 여성혐오를 없애지는 못할지라도 제한하는 데는 도움을 주고 있다.

라가가 말했다. "여성들한테도 못지않게 성적 충동이 있고, 자신이 성적 존재임을 보여주는 것에 대해 부끄러워하지 않아요. 하지만 섹슈얼리티에 대한 표현이 더 자유롭고 공공연해지는 것과 더불어 어디까지 존중해야 되고 또 어디까지 동의해야 되는지에 대한 인식의 필요성이 크게 증가하기 때문에 그것은 양날의 검이에요. "미투 운동"의 여파 이후 성장하는 소녀들은 한계를 짓는 것에 훨씬 더 많이 대비해야 할 거예요. 돌이켜보면, 내가 그들 나이였을 때는 동의하는 것, 그러니까 "예스라고 말해야 진짜 예스다"라는 것을 전혀 몰랐어요."

$$\twoheadrightarrow \ \twoheadleftarrow$$

지난 장에 나온 독립적인 어린아이들, 이를테면 식료품점으로 심부름 가거나 어린 동생을 학교에서 집으로 걸어서 데려다줄 정도로 "성인 축소판"인 아이들을 기억하는가? 사춘기가 되면 그 아이들은 좀 더 성인처럼 행동한다.

아이슬란드의 성적 동의 연령은 15세이다. 같은 사람과 1년 넘게 데이트를 한 십 대는 데이트 상대의 부모를 시어머니(장모)나 시아버지(장인)라고 부를 가능성이 크다. 그녀(또는 그)는 거의 틀림없이, 다 그런 건 아니지만, 복도 끝에 부모(들)가 있는 집에서 아늑한 청소년용 더블 침대에서 사랑하는 사람의 품에 안겨 일주일에 여러 밤을 보낼 것이다.

그렇다면 십 대가 임신하는 것에 대해 우려하는 분위기일까? 그렇기도 하고 그렇지 않기도 하다. 라가가 말했다. "십 대 임신은 이곳에서는 미국에서처럼 극적인 사건이 아니에요." 우선, 낙태와 피임이 일부 국가에서처럼 뜨거운 정치적 문제가 아니라 쉽게 접근할 수 있기 때문에 임신 문제가 점점 줄어들고 있다. 소녀들은 임신 중절을 할 때 부모의 동의가 필요하지 않다.

"어쨌든 우린 가까운 사이예요. 우리 가족은 허물이 없고, 아기는 언제나 환영하며, 우리 모두는 아기를 돌보는 데 도움을 주죠." 그녀는 어깨를 으쓱하고는 잠시 멈추어 노란 스웨터에 새로운 색상의 실을 추가했다.

몇 년 뒤, 청년들은 아무리 좋게 봐도 힘들고 최악의 경우엔 엄두도 못 낼 정도로 임대료가 비싼 아이슬란드의 도시들에서 독립생활을 시작하는데, 많은 커플들이 겨우 몇 주간 "데이트"한 뒤 과감하게 동거를 시작한다. 파트너의 집에 칫솔을 두는 것을 고려할 정도로 진지한 상황이라면 한 곳에만 칫솔을 두어서 한 달에 몇십만 크로나를 아끼지 않을 이유가 있겠는가? 관계가 잘 풀리지 않는다면, 보통 부모님 집으로 들어가 남는 방에서 잠을 자면 된다. 실패하거나 잘못된 관계라고 낙인찍히는 것은 교수님이나 의사 선생님한테 이름을 불렀다고 야단맞는 것이나 매한가지이다. 그냥 그럴 수도 있는 일일 뿐이다.

라가는 지난 20년 동안 간헐적으로 여성을 위한 성 건강 및 자신감 워크샵을 이끌었다. "벌거벗고 연습해야 하는 경우에는 집에서 연습하라고 했어요"라고 그녀는 농담했다. 라가는 세월이 흐르면서 분위기가 달라지는 것을 보았다고 했다. 세기가 시작될 무렵, 사람들은 문에 "성 건강 수업"이라고 적힌 표지판이 걸려 있으면 "지나가는 사람들이 우리가 성적으로 개방적이라든가 성관계에 쉽게 동의하는 사람들이든가 골반기저근 운동에 관한 수업 같은 것을 받게 된다는 것을 알 수 있는지" 바짝 긴장한 채 강의실 위치를 묻곤 했다. 하지만 최근 참가자들은 수업 시간에 쓰려고 산 새 인공 남근 사진을 자랑스레 자신의 소셜 미디어에 게시한다. 그렇지만 라가는 자기 인식이 높아지는 것과 더불어 자기 회의 또한 보았다고 했다.

"아마도 소셜 미디어라는 특성과 관련이 있을 거예요. 우리가 자랄 때만 해도 「보그」지를 접하면서 몸에 대한 궁금증을 갖기 시작했지만, 우리 딸 틱톡과 인스타그램에는 몸이 어떻게 보인다는 메시지가 쏟아지고 있어요."

그녀는 전문가답게 실밥이 풀리지 않도록 몇 땀을 꿰매면서 말을 이어갔다. "하지만 권리가 많이 향상되었다는 것도 확인할 수 있죠. 어린 소녀들과 함께 있으면서 나는 그들이 몸에 대해, 또 인간으로서의 권리에 대해 어떻게 말해야 하는지에 대해 잘 의식하고 있다는 걸 알 수 있어요. 참, 아이들은 우리 부모들을 "꼰대"라고 불러요."

그것은 아마도 아이슬란드 사회가 진화하면서 법률적 변화를 촉진한 하나의 사례일 것이다. 현재 공립학교 학생들을 위한 교육과정에는 긍정적인 자아상, 의사소통, 젠더, 성적 지향에 대한 지침을 보다 많이 포함하고 있지만 개인 건강 관점에서의 성교육에 대한 주제는 보건교사를 통한 건강관리 시스템의 보호 아래 더 많이 다루어진다. 이러한 기본적인 지침을 확대하고 싶은지 여부를 결정하는 것은 개별 교사, 학교, 또는 지방자치단체에 달려 있다. 이러한 기본 지침에, 혹여 추가하고 싶은 게 있다면, 그 방법은 학교 및 관할 구역 자체만큼이나 다양하다.[16] 한편, 성적 학대 및 폭력 생존자 센터 NGO는 학교에 배포할 짧고 재미있는 동영상을 자체적으로 제작하는데(그 동영상들은 "유해한" 콘텐츠로 판단되기 때문에 페이스북이나 인스타그램과 같은 소셜 미디어 플랫폼에서 배포하는 것이 금지되어 있다) 아이슬란드 십 대들이 자위 요령이라든가 포르노 대 현실, 동의 및 긍정적인 신체상과 같은 다양한 범위의 주제에 대해 다른 십 대들에게 교육하는 식이다.

어쩌다 만난 사람과의 성관계라든가 파트너 교환이 모두 일부 수량화할 수 있는 생활방식 지표에서 도덕적 타락이나 도덕심의 감소를 가져오는 결과로 이어질까? 전혀 그렇지 않다. 그러나 (모두 1인당)유럽에서 가장 높은 클라미디아(성병의 일종-옮긴이) 감염률과 거의 최고 수준의 다른 성병들을 포함하여 여러 난제가 있다. 더 많은 증거를 원한다면 어반딕셔너리닷컴(urbandictionary.com)에서 "레이캬비크에서 원나잇(Reykjavík handshake)"을 검색해 보시라.

라가가 말했다. "어쩌면 우리는 때때로 천하무적이라고 느끼는 아주 작은 나라에 살고 있는지도 모르겠어요."

아이슬란드는 또한 성폭행 신고가 비교적 높다.(그리고 실제로 북유럽 국가 전체에 걸쳐서 북유럽의 역설로 알려진 현상이다.) 이것이 정말로 성폭행 사건이 더 많이 발생하기 때문인지, 아니면 비교적 쉽게 신고할 수 있는 구조에다 성폭행에 대한 보다 광범위한 법적 정의나 경찰에 대한 신뢰도가 높기 때문인지는 명확하지 않다. 아이슬란드의 여성들은 그러한 주제들이 금기시되는 다른 여러 나라의 자매들보다 성폭력의 요소를 이루는 것에 대해 보다 잘 아는 경향이 있다. 가부장적인 사회에서 보다 아이슬란드 사회의 여성들은 정의를 구하는 것을 덜 두려워한다. 음주 문화 또한 한 요인이다. 코로나 바이러스가 창궐하는 동안 술집과 나이트클럽이 일찍 문을 닫아야 했을 때 수도권에서 경찰에 강간 신고를 하는 건수가 눈에 띄게 감소했다.(하지만 가정폭력 신고는 증가했다.) 일반적으로 말해서, 나를 포함한 많은 여성들이 어두워진 뒤에 혼자 걷는 것이 다른 어떤 나라보다 아이슬란드가 더 안전하다고 느끼지만, 성관계를 노린 원치 않는 접근이라든가 언어적, 신체적 괴롭힘, 그리고 때때로 성폭행은 이 나라에서도 일어난다. 그리고 말할 필요도 없이 성희롱에 있어서 허용 수준이란 것은 없다.

이러한 진보적인 태도는 행동주의를 강화하여 법률이 사회적 관습을 따르도록 하고 동시에 성평등을 지지하는 데 도움을 준다. 예를 들어, 2009년 아이슬란드 의회는 성 노동 자체를 합법화하지만 성 노동자의 서비스를 구매하거나 다른 사람의 성 노동으로부터 금전적 이익을 얻는 것은 불법으로 규정하는 법안을 통과시켰다. 이것은 성 범죄행위를 성 노동자 본인이 아니라 매춘 알선업자와 남자에게 두는 것이다. 전반적으로 법률은 이제 "어머니와 아버지"가 아니라 "부모"라고 언급한다. 2019년, 낙태를 규제하는 법이 40년 만에 처음으로 개정되어 임신 16주에서 22주 사이에는 중절 수술하기 앞서 진행되는 위원회의 승인을 받을 필요가 없어졌다. 2021년 2월, 소위 리벤지 포르노(당사자의 동의 또는 인지 없이 배포되는 성적인 영상물-옮긴이) 및 기타 형태의 성적 사생활 침해를 불법화하는 새로운 법안이 통과되었다.[17]

라가가 말했다. "누군가가 여성의 몸은 정치적 전쟁터라고 했다지요. 그걸 보려고 멀리까지 갈 필요도 없어요. 폴란드나 미국에서 무슨 일이 일어나고 있는지 보세요. 여성은 포괄적인 의미에서 자신의 몸을 책임지지도 못했고, 몸과 섹슈얼리티의 관계는 뒤얽혀 있어서 여성이 섹슈얼리티를 표현하는 것은 몸에 대해 자기 결정권을 얼마나 많이 갖고 있는지를 보여주는 좋은 척도가 되죠."

사회적 변화를 옹호하는 보다 창의적인 방법들이 있다. 아이슬란드는 2011년부터 매년 "슬럿 워크"(slut walk, 직역하면 '헤픈 여자 옷차림으로 걷기' 라는 뜻, 우리나라에서는 '잡년행진'이라는 이름으로 행사가 열렸다-옮긴이)를 개최해 왔는데, 캐나다 토론토에서 첫 번째 행진이 열린 지 불과 몇 달 후 였다. 이 행진은 피해자에 대한 비난을 없애고 피해자가 아닌 가해자에 게 성폭력의 초점을 돌리기 위해 고안되었다. 2015년, 레이캬비크 다구르 B. 에게르트손 시장은 "나는 잡년이다"라는 글귀와 함께 그해 행진 포스터에 등장했다.

2015년에는 동네 수영장에서 한 여성 고객이 상반신을 노출시킨 채 수영했다는 이유로 온갖 비난을 들은 뒤 이른바 "여성의 유두에 자유를 허하라"는 해시태그 "#FreeTheNipple"이 유행하면서 여성들은 문제가 되는 신체 부위의 사진들을 온라인에 게시했다. 평등주의를 지향하는 아이슬란드에서는 당시 국회의원(이후 환경부 장관)인 비요르트 올라프스도티르가 트위터에 다음과 같은 (아이슬란드어)글귀와 함께 가슴을 드러낸 사진을 게시했다. "이것은 아기들에게 젖을 먹이기 위한 것이다. 가부장제 따위는 꺼져라!"

⇸ ⇷

(그중에서도 특히)기꺼이 뻔뻔해지기로 한 정치인들, 여성혐오를 반박하는 젊은 여성들, 그리고 자신의 몸에 대한 지배력을 찬양하는 모든 사람들이 아이슬란드 내에서 소외된 특정 집단, 특히 성소수자 커뮤니티 사이에서 평등을 위한 지속적인 투쟁을 강화하는 데 도움을 주고 있다. LGBTQI+(성소수자) 커뮤니티를 아우르는 아이슬란드어 말은 힌세

긴(hinsegin, 그야말로 "반대로, 거꾸로"라는 뜻)으로, 자신을 성소수자로 식별하는 모든 사람들을 망라하는 포괄적인 정의이다.

"페미니스트 운동은 레즈비언 운동과 함께 가야 한다고 생각해요. 어쨌든 다른 여자와 함께할 거라면 성평등을 밀어붙여야 할 이유가 훨씬 더 생긴 거잖아요!" 에바 마리아 토라린스도티르 랑게가 레이캬비크 시내의 우아하게 꾸며진 안락한 아파트에서 내게 말했다. 6층 펜트하우스에서는 수도의 전경이 한눈에 들어왔다.

매력적이고 자신감 넘치는 40세의 에바 마리아는 7년 동안 수도에서 열리는 "프라이드 퍼레이드"(Pride parade, 성소수자들의 자긍심 고취와 권리 인정을 위한 행진-옮긴이)를 여러 차례 개최하고 성소수자 문제를 발언하면서 국민적으로 인정받고 있다. 하지만 나는 그녀가 아내인 비르나 흐론 비욘스도티르, 그들의 친구인 한네스 팔손과 함께 운영하는 여행사인 "핑크 아이슬란드"의 공동 설립자이자 소유주로서 능력이 출중하다는 것도 잘 알고 있다. 이 여행사는 아이슬란드에서 결혼식, 이벤트 및 기타 맞춤형 체험 여행 상품을 소수자 시장의 기호에 맞추고 있다.

입법 및 사회적 관점에서 아이슬란드는 성소수자 권리의 선두 주자라는 명성을 얻을 만한 충분한 자격이 있다. 1996년, 아이슬란드는 세계에서 네 번째로 동성 결혼을 인정했다. 동성 커플은 2006년부터 입양도 가능해졌다.(아이슬란드의 유일한 입양기관과 협정을 맺은 콜롬비아가 동성 커플의 입양을 허용하는 유일한 나라이긴 하지만, 국내 입양이라든가 비-친족 입양은 극히 드물다. 필요할 경우 기꺼이 돕고 나설 수 있는 일가친척들이 거의 항상 있기 때문이다.) 2010년, 정부는 동성 결혼을 합법화했는데, 아이슬란드가 세계 최초로 합법화한 나라는 아닐지라도 법안 발의에 반대표 없이 통과된 몇 안 되는 나라 중 하나일 것이다.

2009년, 요한나 시구르다르도티르가 세계 최초의 공개 동성애자 정부 수반이자 첫 여성 총리가 되었을 때 아이슬란드는 성소수자 권리에 대해 세계적인 찬사를 받았다. 그 순간이 또렷이 기억나는 것이, 요한나가 총리로 선출되었을 때 국내 뉴스의 초점이 주로 정계에 입문하기 전에 승무원으로 일했다는 것에 맞춰졌기 때문이다. 레즈비언임을 공개했으며, 파트너인 작가 요니나 레오스도티르와 족히 10년 넘게 살았다는 것은 아이슬란드 사회에서는 주지의 사실이었다. 그녀의 뒷얘기를 잘 몰랐던 이민자로서 나는 그녀의 섹슈얼리티에 방점을 찍지 않는다는 점에 기분 좋게 놀랐다.

요한나는 2013년까지 총리로 봉직했지만 그때 이후로도 수많은 이성애자 지도자들이 성소수자 커뮤니티에 대한 지지를 표명했다. 이성애자로 다섯 아이의 아빠이자 레이캬비크의 전 시장 욘 그나르는 매우 가정 친화적인 사람으로서 레이캬비크에서 해마다 열리는 "프라이드 퍼레이드"에서 머리부터 발끝까지 여장을 하고 꽃수레를 탄 것으로 유명하다. 현 시장은 여장까지는 아니더라도 행진의 전통을 이어오고 있다. 내 남편은 전국퀴어협회인 "삼토킨'78"의 후원자이며, 우리가 아는 한 현직 국가원수로서는 세계 최초로 "프라이드 퍼레이드"에서 연설했다.(많은 사람들이 쥐스탱 트뤼도 캐나다 총리가 이미 그러한 행진에 여러 차례 참가했었다고 정확하게 지적했지만, 꼬투리 잡아도 용서하시라, 그는 국가원수라기보다는 정부 수반이다.)

구드니는 퀴어협회 후원자가 되었을 때 젊은이들에게 인기 있는 면 소재의 가는 무지개 팔찌를 선물로 받았다. 그는 팔찌가 닳거나 헐거워지면 새것으로 교체하면서 매일 차고 있다. 2017년 국제북극포럼에서 블라디미르 푸틴 러시아 대통령과 악수를 했을 때와 2019년 마이크 펜스 당시 미국 부통령이 레이캬비크를 방문한 동안 공식 사진을 찍을 때도 손목에 그 팔찌를 차고 있었다.

당연히 항상 그런 식이었던 것은 아니다. 성소수자 커뮤니티는 권리와 인정을 받기 위해 열심히 싸워왔다. 활동가 호르드르 토르파손이 섹슈얼리티에 대한 신체적 위협을 받은 뒤 덴마크로 도피하거나, 공개적인 게이 커플이 공공연히 애정 표현을 했다는 이유로 때때로 공격을 받은 것은 그리 오래 전 일이 아니다. 세계의 다른 나라들과 마찬가지로 아이슬란드에서도 사회가 고유의 편견을 인정하고 그것과 씨름하는 데는 시간이 걸렸다.

다시 에바 마리아의 아파트로 돌아오자. 그녀는 자신의 경험을 들려주며 아이슬란드가 다른 나라와 어떻게 비교되는지 이야기했다. 그녀는 여덟 살부터 열다섯 살까지 아이슬란드인 어머니와 이탈리아인 계부와 함께 나폴리에서 살았다.

"레즈비언이 되는 것은 사실 선택의 여지가 없었어요. 정말 그랬어요. 그래서 내게 아이슬란드는 가고 싶었던 곳, 천국이었어죠. 이탈리아에 있는 가족들한테는 지금까지도 내가 동성애자가 아니에요"라고 말했다.

그렇지만 십 대에 아이슬란드에서 커밍아웃하는 것은 에바 마리아에게 큰 문제가 아니었다. "일단 커밍아웃을 하고 나니까 굉장히 후련했어요. 그렇게 하자 마침내 있는 그대로의 나를 사랑하게 되면서 뭐든지 다할 수 있었죠."

하지만 성소수자 커뮤니티에 다양한 롤 모델이 없다는 것이 문제였다. "커밍아웃을 시작하자 사람들은 "넌 레즈비언처럼 보이지 않아"라고 말하는 것 같더군요." 그녀가 미소 지으며 그때 기억을 떠올리며 말했다. "매니큐어와 립스틱을 바르고 치마를 입고 레즈비언 술집에 갔는데 사람들은 내가 그곳에 실수로 들어간 이성애자라고 생각했어요. 우리는 이색

적이고 화려한 게이, 남성적인 레즈비언, 여성적인 레즈비언 등 온갖 롤모델이 필요해요."

일반적으로 성소수자 커뮤니티가 이웃과 분리되지 않는 아이슬란드에서는 다음과 같은 모습이 도처에 정형화되어 나타난다. 동성 커플은 공공연히 애정을 표현하고, 학교에서는 아버지와 어머니가 아니라 한 부모인지 두 부모인지 자세한 사항을 요청하며, 게이들은 어느 술집에서나 그들의 젠더로 "지정된" 성적으로 끌리는 잠재적인—한 파트너에게만이 아니라—여러 파트너에게 마음놓고 추파를 던진다.

"사람들이 아이슬란드에 오는 이유는 단지 법이 존재하기 때문이 아니라 사회가 그만큼 흔쾌히 받아들이기 때문이에요." 에바 마리아가 자신의 고객들에 대해 설명했다.

그녀는 또한 태도와 어휘의 개선을 위한 "아주 작은 걸음"이라고 명명한 것을 지향하려고 노력한다. "어떤 모임에 참석했는데, 누군가가 다른 사람을 보고 "남자답게 받아들이라'고 하더군요. 그래서 내가 좀 있다가 "다른 누군가가 여자분이란 게 중요하죠'라고 지적했어요. 다들 내가 무엇을 하고 있는지 알아차렸죠. 그 사람은 다시는 그런 식으로 말하지 않을 거예요."

나 역시도 우리나라의 육아휴직 정책이 엄마에게 몇 개월을 주고 아빠에게 몇 개월을 주는 방법은 논할 필요를 못 느낀다는 성평등 관련 연설을 한 것에 대해 에바 마리아가 지적한 뒤에는 언어를 바로잡았다. "엄마, 아빠가 아니라 한 부모와 또 다른 부모라고 말해야 해요"라고 그녀가 정중하게 내 말을 고쳐주었다. 그 일로 인해 교훈을 얻었으며, 젠더에 관계없이 양쪽 부모를 위한 우리나라의 정책에 대해 말할 때면 항상 그녀가 생각난다.

에바 마리아에게는 유독 마음에 남는 "핑크 아이슬란드" 고객이 몇 명 있다. 그녀에 따르면 웨스트 할리우드에서 온 그 커플은 "어느 도시에서든 가장 즐거운 일원이었을 것이다." 조그만 북 아이슬란드의 한 마을에서 손을 꼭 붙잡고 걷는 것은 그들이 게이 커플에 대한 고정관념에 따라 행동할 필요가 없는 "그냥 평범한 인간"이라는 것을 뜻한다고 했다. "핑크 아이슬란드"에서 그녀가 계획한 첫 번째 결혼식은 유네스코 세계 문화유산인 싱베틀리르(세계 최초로 의회가 만들어진 곳으로 국민들의 정신적 성지라고 불린다-옮긴이)에서 치룬, 중동으로 파견될 예정인 미군 군의관과 주둔 중 "만일의 경우에 대비하여" 그와 결혼하고 싶어 하는 독일인 남자친구 사이의 결혼식이었다. 결혼식에서 신랑의 누이가 소원해진 어머니가 잘 살기를 바란다고 쓴 심금을 울리는 편지를 읽어 내려갔다. 25년 넘게 사랑에 빠진 두 50대의 인도 상류층 여성은 헬리콥터 탑승 여행, 빙하 등반, 검은 모래사장에서의 승마 등 여러 가지를 해봤음에도 여행의 백미는 레이캬비크 쇼핑가 한복판에서 서로 손을 잡고 거닐 때 느꼈던 자유로움이었다고 했다. 공개적으로 손을 꼭 붙잡고 걸었던 것은 그때가 처음이었다고 했다.

에바 마리아는 그러한 경험이 자신과 고객에게 미친 영향에 대해 말했다. "인간의 가장 강력한 욕구 중 하나는 소속감이에요. 자신이 어디에도 속하지 않는다고 느끼면 행복할 수가 없죠."

법률이 마침내 사회를 따라잡고, 동성애자인 것이 낙인을 유발하는 최악의 고비는 아니지만, 여전히 극복해야 할 난제가 있다고 그녀는 말한다.

"처음으로 우리는 공개적으로 노인 동성애자들을 갖게 되었어요. 90세의 남자 동성애자가 양로원으로 거처를 옮겨와서도 당당한 동성애자가 될 수 있을까요? 글쎄요, 그럴 거 같지 않아요. 젊은이들은 지금 당장은 정체성을 드러낼 필요가 없어요. 어쩌면 남성이냐 여성이냐라는 이분법에서 벗어날 수도 있죠. 하지만 노인 세대는 존재 자체를 위해 싸워야했고 아마도 계속해서 그들 안에 있는 편견에 직면할 거예요.

내게 열다섯 살에 이성애자가 될 수 있는 선택권이 있었더라도 나는 변함없이 동성애자를 선택했을 거예요. 그게 내 삶을 훨씬 더 좋게 만들었고 더 많은 기회를 주었기 때문이지요. 나는 내가 여자라든가 레즈비언이라서 무언가를 할 수 없다는 생각을 해본 적이 없어요. 그런 생각은 전혀 안 들었어요. 아이슬란드에 살고 있기 때문이라고요? 당연하죠."

→> <←

아이슬란드의 레즈비언들이 사회적으로나 법률적으로 아이슬란드 사회와 연결되어 있다고 느낀다면, 트랜스 여성들과 여성도 남성도 아닌 논바이너리들은 법적으로 명기된 더 많은 권리를 보장받기 위해 여전히 투쟁하고 있다.

우글라 스테파니아 크리스트요누도티르 욘스도티르는 농부인 아버지와 주부인 어머니에게 출생 시 할당된 성과 한 사람으로서 느끼는 성이 어떻게 일치하지 않는다고 느끼는지, 즉 오로지 남성이냐 여성이냐가 아니라 남성도 여성도 아닌 한 사람으로서 느끼는 성에 대해 설명하는 다섯 장 분량의 편지를 써서 정체성을 밝혔다.

레이캬비크 시내에 본부를 둔 아이슬란드퀴어협회에서 만났을 때 우글라 스테파니아가 당시를 회상하며 말했죠. "부모님께 말했죠. "이해될 때까지 시간을 갖고 천천히 읽어본 다음 나가서 소젖을 짜세요. 그런 다음 준비되면 서로 얘기해 봐요.""

그들은 그렇게 했다. 40년 된 농가의 견고한 식탁에 둘러앉은 다음 부모님이 지지한다는 뜻을 확신시킨 뒤, 아버지가 던진 첫 번째 질문은 "온천 수영장에서 어느 쪽 탈의실 사용할래?"였다.

"맨 처음 걱정하는 게 수영장이라는 것이 정말 아이슬란드답지 않나요?" 우글라가 미소 지으며 말했다. "나는 모든 걸 한 번에 한 걸음씩, 차근차근 내딛을 거라고 말씀드렸어요."

우글라 스테파니아는 아이슬란드 북서부의 블론두오스 마을 근처 농장에서 태어나 자랐다. 마을 자체는 대체로 방문객들에게 인기 있는 온천 수영장과 흥미로운 직물 박물관의 본고장으로 알려져 있다. 나무 한 그루 없는 나지막한 산과 맑은 개울이 흐르고 푸릇푸릇한 풀이 자라는 그 지방은 농지가 좋기로 유명하지만, 전국에서 최고로 근면 성실한 경찰관들 사이에서는 별로 선호하지 않는 곳이다. 수도와 북쪽에서 제일 큰 마을인 아쿠레이리 사이를 질주하는 차량들을 쫓아가 과속 운전자를 세워야 하기 때문이다. 우글라가 다니던 학교에는 1학년부터 10학년까지 100명 미만의 학생이 있었다. 이웃집은 차로 5분 거리에 있었다. 휴대전화는 수신이 되지 않았다. 1959년에 농장에서 태어난 우글라의 아버지는 거의 십 대가 될 때까지 전기도 들어오지 않은 채로 살았다. 그들의 부모인 욘 기아스라손과 크리스티아나 스테파니아 요하네스도티르는 겨우 열아홉 살과 열일곱 살 때부터 함께 농장을 운영해 왔다.

"사람들은 시골에서 자라면 상당히 보수적일 거라고 생각하지만 도시에서 자란 친구들보다 자연과 훨씬 더 깊은 방식으로 관계를 맺을 수 있기 때문에 시골에서 자란 게 얼마나 감사하고 행복한지 몰라요. 나는 자랄 때 전형적인 남자아이들과는 확연히 달랐지만 부모님과 사이는 늘 좋았어요. 부모님은 내가 다르다는 사실로 인해 혹시 상처나 받지 않을까 늘 신경쓰셨죠."

우글라 스테파니아는 논바이너리 트랜스젠더로 "he/she" 대신 성을 특정하지 않은 "they/them"이라는 대명사를 쓴다. 아이슬란드어에서 젠더 뉴트럴(gender neutral, 이분법적 성별 구분과 성 역할에서 벗어나 '남녀'가 아닌 '사람' 그 자체를 중시하는 움직임-옮긴이) 3인칭 단수를 나타내는 새로운 단어인 "한(hán)"은 최근 몇 년 동안 점점 더 흔히 사용되고 있다. 컴퓨터를 뜻하는 톨바와 전화를 뜻하는 시미와 달리 이 단어는 성소수자 커뮤니티 자체에서 유래했으며 아직 공식 아이슬란드어 형태론 데이터베이스에는 올라와 있지 않다.

아이슬란드에서 '성평등을 위한 여성의 지지'라는 맥락에서 인터뷰에 응한 것에 대해 "너무 좋다"며 우글라는 "여성들을 더욱 잘 이해하게 되고 연대감을 느끼게 된다"라고 했다.

"나의 온 세계와 경험은 여성이라는 존재를 둘러싼 것이고, 여러 경험은 거의 모든 경우 여성의 경험과 똑 같아요. 나는 내 성 정체성이 더욱 폭넓다고 느끼긴 하지만 여성과 깊이 연결되어 있다는 기분이 들어요." 우글라는 더 널리 유럽과 영국에서도 활동하는 강경한 성전환 활동가로서 2019년 BBC 선정 올해의 여성 100명 중 한 명이었다.[18]

우글라와 이야기하면서 나는 "그들(they)"이 얼마나 자주 '다행이다', '행운이다', '감사하다'라는 단어를 사용하는지를 마음에 새겨두었다. "아울 피셔(Owl Fisher, "우글라(Ugla)"는 아이슬란드어로 올빼미를 뜻한다-옮긴이)라는 별명으로 영국에서 살면서 그곳에서 더 잘 알려진 우글라는 결정적으로 시련 대신 기회를, 저주 대신 축복을 보는 사람이다. 금세기 초까지 인터넷을 이용할 수 없었는데? "지금 그 기술에 무진장 감사해요." 성소수자들의 대화에 끼고 싶어 하는 정체성을 가진 사람들은 어떻게 하면 될까? "우리의 언어는 힌세긴이라는 단어와 함께 이것을 중심으로 연대를 만들어내죠. 우리는 힌세긴을 갖게 되어 정말 행운이에요."

그렇지만 트랜스젠더들에 대한 여러 사실은 엄연히 남아 있다. 즉, 트랜스젠더는 우울증, 불안 및 자살 위험이 훨씬 더 높다. 많은 트랜스젠더들이 공중화장실 시설을 이용하는 것을 불편해한다. 많은 나라의 트랜스 청소년들은 괴롭힘을 당하고, 기본적인 서비스를 이용하는 것을 거부당하며, 낙인이 찍힌다.[19] 아이슬란드에서 트랜스젠더들의 정신건강에 대한 통계는 찾기 어렵지만, 여전히 개선의 여지가 많기는 하더라도 다른 나라보다는 더 좋은 편이라고 가정해도 무방할 것이다.

느리지만 확실히, 이러한 개선은 이루어지고 있으며 법에 소중히 담겨지고 있다. 아이슬란드의 트랜스 청소년들은 사춘기가 되면 호르몬 차단제를 복용하기 시작할 수 있고, 그 효과에 대한 일시정지 버튼을 눌러 잠시 생각할 시간을 가질 수도 있다. 아이슬란드인은 15세부터 법적으로 이름과 생물학적 성별 표시를 변경할 수 있다. 16세 이후에는 그 사람의 신체적 특징과 정서적 상태를 평가하는 의사들과 상담하면서 자신의 성과 반대되는 호르몬을 투약하기 시작할 수 있다. 2020년에는 간성(intersex, 생식기, 성호르몬, 염색체의 구조와 같이 신체적인 특징이 남성, 여성이라는 이분법적 구조로 구분되지 않는 사람들-옮긴이)으로 태어난 소수자들의 동의 없이 의학적으로 불필요한 수술을 하는 것을 금지함으로써 그들의 권리도 보호되었다.

우글라는 오늘날 아이슬란드의 "트랜스젠더 키드"들을 "경외한다." "그들은 꼭 필요한 일을 하는 것 뿐이라며 아주 태연해요. 트랜스젠더가 되는 것은 자신들의 한 단면일 뿐이라고 여기죠."

2012년부터 성전환 수술은 국가건강관리 체계에 따라 다루어져 왔으며, 국립 병원에는 "성전환 수술 팀"이 있어 많은 트랜스젠더가 선택하는—원치 않는 털을 제거하기 위한 레이저 치료에서부터 심리 상담 및 생식기 수술 자체에 이르기까지—무수한 수술과 서비스를 조율하는 데 도움을 준다. 성전환을 하기 위해 어느 누구도 어떤 종류의 공식적인 허가를 받을 필요가 없다.

우글라는 다음과 같이 지적했다. "의학적으로 전환할 생각이 없는 사람은 자기 자신을 찾을 생각이 없는 사람이에요."

아이슬란드에서 사람들은 여권을 신청할 때 젠더 뉴트럴을 선택하거나 신분증명번호에 이 선택을 갱신할 수 있다. 젠더 뉴트럴로 등록된 사람들은 전통적으로 아들을 표현하는 손(-son), 혹은 딸을 표현하는 도티르(-dóttir) 대신, 부르(-bur, 후손이라는 뜻-옮긴이)로 끝나는 성을 선택할 수 있다.

트랜스젠더 문제에 대한 사회적 담론 또한 주류가 되고 있다. 2020년에 한 시내버스는 "성소수자 인권의 달" 동안 트랜스젠더 깃발 색깔로 도색했다. 같은 해, 아이슬란드의 트랜스젠더들에 관한 한 TV 프로그램은 긍정적인 평가를 받았다. 심지어 아이슬란드의 국교회인 루터교 교회도 주일학교를 광고하면서 턱수염을 기른 가슴이 불룩 나온 백인 예수의 그림을 선보였다. 이는 뜨거운 논쟁과 논란을 불러일으켰지만 광범위한 국민적 분노는 없었다.[20]

우글라는 이렇게 주장했다. "내 생각에는 대부분의 사람들이 정말로 트랜스젠더들이 스스로에 대해 좋게 생각하고, 또 사회에 참여하기를 바라는 것 같아요. 나는 아이슬란드가 그 사람이 어떤 사람인지에 상관없이 사람들을 존중하는 열린 사회라는 것을 경험하고 있어요."

우글라는 지난 5년 동안 잉글랜드 남부에서 살았는데 트랜스젠더의 권리의 차이가 극명하다고 했다. "아이슬란드에서는 대부분의 사람들이 트랜스젠더를 만날 거예요. 반면 영국에서는 트랜스젠더를 만날 가능성이 훨씬 더 줄어들죠. 편견과 두려움이 가진 문제는 그것이 미지의 것이라는 겁니다.

영국에서 인터뷰를 하면 싸움으로 번져요. 전쟁에 대비해야 하는 거라서 정말 진이 다 빠질 수가 있어요. 아이슬란드에서는 도전적인 질문을 받으면서도 사람들이 내게 무례하게 대하는 인터뷰를 한 적이 없습니다."

우글라 스테파니아는 끊임없이 트랜스젠더에 대한 관점을 바꾸고 현실적인 문제에 대한 논의를 진행하는 것을 돕고 있다. "공통되는 기반과 공유되는 가치를 찾을 때 진정한 행동주의가 일어날 수 있어요. 그때가 바로 사람들이 우리와 한 인격체로서 공감할 때입니다."

다른 분야와 마찬가지로, 이 분야에서의 평등은 다른 영역에서의 평등도 촉진시킬 것이다. 그리고 힌세긴이라는 단어가 그토록 많은 이질적인 성향의 사람들을 모은 것은 블론두오스 마을 근처 농장 출신의 활동가인 우글라에게는 다른 곳에도 적용할 수 있다는 교훈을 시사한다.

"'페미니스트'는 여전히 특정 유형의 여성에 초점을 맞추는 경우가 많아요. 우리는 장애인 여성, 이민자 여성, 유색인종 여성은 못 본 체해요. 그들을 대화의 일부로 참여시켜야 합니다. 그들이 대화의 방에 있어야 해요. 그렇지 않으면 우리는 그들을 포함하지 않는 무언가를 할 것이고, 그러면 예나 지금이나 동력이 늘 똑같을 거예요."

우글라 스테파니아와의 대화는 어느 화창한 여름날에 이루어졌다. 전세계적으로 코로나 바이러스가 창궐하여 여행객이 줄어들면서 현지인들이 이 나라를 장악하고 있던 해였다. 우글라와 나는 퀴어협회에서 제공한 무지개 마스크를 쓰고 이곳저곳 다녔다. 방문객이 거의 없다는 것이 많은 사람들에게 경제적 고통을 의미한다는 것을 잘 알고 있기에, 수도에서 가장 흥미로운 여러 장소에 우리 자신을 위한 자리를 충분히 갖게 되자 어딘가 시원섭섭한 느낌이 들었다.

시내 중심에는 수많은 엽서에 등장하는 골판지 문양의 알록달록한 철재 가옥들이 있으며, 레이캬비크의 주요 도로 중 하나는 부분적으로 보행자 전용으로 만들어졌다. 번화한 쇼핑가에서 비탈진 언덕을 올라가 거의 1킬로미터를 직진하면 도시의 랜드마크인 할그림스키르캬 교회가 우뚝 솟아있다. 교회로 이어지는 첫 구역인 스콜라보르뒤스티구르 거리는 무지개 빛깔로 칠해져 있다. 원래는 "프라이드 퍼레이드"가 펼쳐지는 거리임을 알리기 위해 계획되었지만 이제는 영속적이고 정기적으로 다시 칠해지면서 다양성과 평등에 대한 도시와 사회의 약속을 상기시키고 있다.

우리 모두는 이러한 것을 상기해야 한다. 평등은 저절로 생겨나지 않는다. 우리는 한 발 앞으로 나아가는 모든 발걸음을 축하하는 한편, 슬그머니 뒤로 물러나는 것이 얼마나 쉬운지를 결코 잊어서는 안 된다. 도심을 관통하며 알록달록한 빛깔의 길을 내는 다양성의 무지개는 우리가 이미 지나온 여정과 아직 걸어가지 못한 여정을 보여준다. 또한 어느 스펙트럼에 들게 되든 우리 모두가 속해 있다는 신호이기도 하다.

에바 마리아의 펜트하우스 아파트는 스콜라보르뒤스티구르의 무지개 거리를 내려다보고 있다. 그녀가 아파트에서 가장 마음에 들어 하는 풍경이다. 길가에 줄지어 늘어선 기념품 가게에서 현지인들은 양모를 사놓을 수 있고 방문객들은 스웨터와 장갑을 살 수 있는데, 성 상담사이자 뜨개질 애호가인 라가가 뜨면서 마음을 차분히 진정시키는 것과 같은 스타일의 제품들이다. 밤이 깊어 "2시 45분" 문화에 편승하기로 결정한 사람이라면 누구나 그 보행자 전용 도로를 따라 손을 꼭 잡고 거닐 수 있다.

코로나19라는 전례 없는 일이 벌어지는 시기에 만났음에도, 성격에 딱 맞게, 우글라 스테파니아는 모든 것에 대해, 또 고국을 방문한 기회에 대해 긍정적이었다.

"여기에 올 때마다 숨통이 트여요." 한동안 보지 못했던 친구들이나 가족을 만나거나, 영국에서 구할 수 없는 맛있는 요깃거리를 사거나, 밝히기를 꺼리는 트랜스젠더들에게 조언을 하거나, 국내 언론과 인터뷰하는 데 보내는 모든 시간을 막론하고, 이곳에는 휴식을 취하고, 온천 수영장에 몸을 담그고, 정당성을 주장하지 않고 있는 그대로의 자기 모습으로 숨 쉴 수 있는 공간이 있다.

우글라 스테파니아의 낙관적인 집념은 내게 기운을 북돋워 준다. 할 수 있을 때 다른 사람들을 위해 목소리를 높이고, 많은 사람들이 직면하고 있는 눈에 보이지 않고 입 밖에 내지 않는 문제를 기억하고, 사소한 단어라도 올바로 고쳐 말하면 다른 사람들에게 더 큰 영향을 미칠 수 있다는 점을 생각하도록 말이다. 늘 성공하는 것은 아니다. 나는 모험적인 삶을 선택하기로 사람들에 대해 판단하는가 하면 오래 전에 받아들인 고정관념에 무의식적으로 기댄다. 아마도 내가 이곳으로 이주했을 때 가장 놀랐던 것은 성에 대한 개방적인 태도였던 것 같다. 그러나 이중 어느 것도 나에 관한 것은 아니다. 사람들이 있는 그대로의 자신의 모습이라고 알고 있는 것들, 자신이 원하는 삶을 살도록 허용해야 하는 것에 관한 것이다. 이는 사회가 태도를 바꾸어 법에 소중히 담겨져 모든 사람의 권리를 보장하는 데 도움이 되도록 목소리를 높이고 사회적 압력을 가하는 것에 관한 것이다.

완벽한 것은 없다. 하지만 이 나라에서 우리는 "유두에 자유를 허"하고, "잡년행진"을 하고, 원할 때마다 누구에게 언제라도 "추파를 던질 수 있도록" 해야 한다. 여전히 편견과 무지가 좀 있긴 하지만, 문란함과 외설이 오늘날의 아이슬란드에 찍힌 낙인이 아니라 정말 다행이다.

—어떠한 제약도 없는 중세시대의 스프라키

15세기의 아이슬란드: 덴마크 왕국의 지배하에 인구는 약 7만 명이었다. 경고도 없이 몰아치는 지진, 화산 폭발, 일상적인 폭풍은 막대한 피해를 입혔다. 세기 초에 페스트가 도래하자 인구는 약 35,000명 정도로, 대략 절반으로 줄었다.

이 전반적인 빈곤의 시대에 집안이 좋은 엘리트 그룹은 덴마크 왕의 호주머니에 의존하며 살았고 멀리 떨어진 여러 나라와 증가하는 무역을 부당하게 이용해먹었다.

"부자" 올로프 로프트스도티르는 중세 아이슬란드 권력자 남편의 아내로, 아이슬란드에서 "귀부인"이라는 칭호를 갖게 되었다. 총독의 딸인 그녀는 특권과 사치 속에서 자랐다. 올로프와 남편인 비요른 토를레이프손은 섬에서 가장 부유한 부부였다. 그들은 나라의 서쪽에 어마어마한 땅덩이를 소유하고 있었다. 올로프는 자신의 명의로 부동산을 사고팔았으며, 사절단을 이끌고 항해하기도 했다. 실제로 동시대 사람들 중 일부에게는 그녀가 아내이자 남편 역할을 하는 것처럼 보였다.

덴마크의 크리스티안 1세 왕은 부부가 스코틀랜드 북동쪽 끝에 있는 오크니제도에서 해적에게 납치된 뒤 안전한 귀환을 위해 거액의 몸값을 지불하며 호의를 보여주었다.

고국으로 돌아온 지 몇 년이 지난 1467년, 영국과 아이슬란드와의 무역이 증가하면서 덴마크가 새로운 관세를 부과하자 이에 분개한 영국 상인 일당이 비요른 외 일곱 명의 남자들을 습격하여 목을 벴다. 그들은 비요른 총독의 시체를 토막 내어 소금에 절인 다음 자루에 담아 올로프에게 보냈다.

그 소름 끼치는 꾸러미를 받자 강인한 올로프는 "비요른의 죽음을 비통해하지만 말고 복수를 위해 사람들을 모으라"라고 말한 것으로 알려졌다.

그녀는 말한 대로 복수에 들어갔다. 수십 명의 영국 상인을 검거하기 위해 남자들을 모았다. 장남인 토를레이푸르가 도와 영국 어선 세 척과 선원을 모두 포획했다. 그중 많은 선원들을 농장의 노예로 부리는 한편, 일부는 영국으로 돌려보냈으며, 또 일부는 죽였다.

전설에 따르면 올로프는 덴마크 왕을 만나기 위해 다시 한번 여정을 떠나 남편의 살해와 관련된 이야기를 나누었다고 한다. 왕은 올로프의 소신과 당당한 태도에 깊은 감명을 받았다. 일설에 의하면 그녀의 불평이 덴마크와 영국 사이에 5년간의 전쟁으로 이어졌을 수도 있다고 한다.

의연한 올로프는 남편이 세상을 떠난 후에도 그 큰 농장을 계속 관리했으며, 그곳에 300년 동안 자리하고 있던 교회를 지었다.

말년이 다가오자 그녀는 의미심장한 일이 일어나게 해달라고 하느님께 간구했다. 1479년, 생명이 꺼져가며 마침내 그녀가 세상을 떠나자, 그 지역에 폭풍이 맹렬하게 몰아쳤다. 교회들, 집들, 배들이 파괴되었다. 영국에서는 50척의 배가 침몰했고 노르웨이에서는 집들이 무너져 내렸다.

그 이후로 그 폭풍은 "올로프의 폭풍우"라고 불렸다.[21]

5.
기업의 자금줄 틀어쥐기

바다에서 오줌을 누지 마라°

° Að míga í saltan sjó. 경험이 없는 사람을 가리킨다.(낚시 여행 중에 배 밖으로 오줌을 누는 균형
잡힌 행동을 시도해 본 적이 없기 때문이다.)

여러 좋은 아이디어가 그렇듯, 그 아이디어도 와인 한 병을 마시며 시작되었다. 2012년 어느 어두컴컴한 가을, 친구 에리카 제이콥스 그린과 감칠맛 도는 리오하(스페인 북부 지방산産 포도주-옮긴이)를 즐기고 있을 때 그녀가 최근에 다녀온 미국작가회의에 대해 이야기했다.

"아이슬란드인들은 글쓰기를 무척 좋아하잖아." 그녀가 골똘히 생각에 잠기며 말했다. "우리나라에는 왜 그런 모임이 없을까?"

"훌륭한 지적이야." 두 잔을 마신 뒤 내가 대답했다. 머릿속에서 퍼뜩 생각이 떠올랐다. "우리가 그런 걸 만들면 어떨까?"

그렇게 우리는 "아이슬란드 작가 워크숍"을 구상하게 되었다. 에리카와 나는 재빨리 감정적 롤러코스터에 벨트를 채웠다. 아무런 사전 지식없이 행사에 착수하여 후원자들에게 홍보하고, 마케팅 계획과 예산을 짜고, 글쓰기 워크숍을 이끌 꿈의 작가들 명단을 만들어 초청하고, 소셜 미디어 광고의 요령을 배우고, 서로 다른 나라에서 온 스무 명 정도의 고객들에게 아름다운 아이슬란드를 보여주기 위해 책을 주제로 한 여행을 고안하기로 했다. 우리 둘 다 그 생각에 푹 빠졌다. 에리카와 나는 행사를 조직하고, 계획하고, 실행하는 것을 무척 좋아한다. 그녀는 거의 20년 동안 편집자로 일했고 나는 주로 여행 분야의 잡지 기사를 쓰는 데 몇 년을 경험한 뒤였다. 아이슬란드에어의 기내 잡지를 편집하는 동안 나는 대부분의 콘텐츠를 직접 만들어냈다. "아이슬란드 작가 워크숍"은 우리 둘 다 좋아해 마지않는 주제(글쓰기와 아이슬란드)에 대해 우리 둘 다 좋아해 마지않는 일(계획)의 완벽한 조합인 것으로 보였다.

18개월 동안 수십 번의 회의를 거치고 숱한 걱정을 하다가 나중에 리오하 와인을 마시고 술기운을 빌린 끝에 첫 번째 "아이슬란드 작가 워크숍"을 개최했으며, 여전히 활발하게 진행하고 있다. 우리는 4월의 눈보라를 용케 무사히 헤쳐 나갔다. 유명한 작가 한 명이 예약이 꽉 찬 워크숍에서 강연하기 위해 도착하기로 되어 있는 전날 밤 느닷없이 취소하고, 남편의 대통령 출마 가능성을 둘러싼 소문이 휘몰아치고, 코로나19가 우리 모임과 같은 국제적인 워크숍에 폭격을 가하는 와중에도 순조롭게 진행했다.

"아이슬란드 작가 워크숍"은 나의 직업적 아기로 그 잉태 기간을 통해 사업가가 되는 과정에 대해 많은 것을 배웠다. 그 일을 도맡기 전에 나는 신생 기업과 잡지사에서 일하고 있었다. 카피라이팅과 마케팅 분야에서 프리랜서로 일하면서 수십 개의 다른 조직에 대한 통찰력을 얻었다. 하지만 "바다에 오줌을 눈" 적이 한 번도 없었다. 즉, 나는 회사를 차린 경험이 없었고 모든(음, 사실은 돈) 책임을 지는 것에 익숙하지 않았다. 직원에서 프리랜서로, 거기서 또 사업가로의 전환은 지루할 틈이 없었다. 그렇긴 해도, 그 이상의 가치가 있는 보상—가장 성취감을 주는 경험 중 하나라고 주장하는 것을 즐기려고 모인 전 세계의 사람들을 보는 것—이었다.

20대에 임원인데도 회의에서는 툭하면 비서로 여겨졌던 영국에서의 짧은 근무 기간과 달리, 아이슬란드에서 일하는 동안에는 공공연한 성차별을 겪지 않았다. 물론 나와 같은 성별의 다른 모든 사람과 마찬가지로 나도 가로막힌 적, 무시당한 적도 많았다. 일부 아이슬란드 남자들은 한갓 여자들이 뭘 알겠냐고 가르치려 들면서 여자 동료들에게 존중하며 말하는 대신 괴롭히기 위해 목소리를 높이는 데 있어 전 세계의 남자들만큼이나 능숙하다. 아이슬란드에 직장 내 성희롱이 존재하지 않는다고 말하는 것은 솔직하지 못한 일일 것이다.

그렇다 하더라도 조금 다른 면이 있다. 15세 이상의 아이슬란드 여성 중 4분의 3 이상이 집 밖에서 활발한 경제적 활동을 하며, 그들의 존재감은 거의 모든 부문에서 느껴진다.(미국은 여성의 노동력 참여율이 56퍼센트이고, 캐나다의 경우 61퍼센트이다.)[22] 물론 간호직과 교직 같은 많은 분야는 여성이 지배적이고, 그 분야의 급여는 그런 이유로 더 낮다. 다른 많은 분야, 특히 어업이라든가 결정적으로 금융업과 같은 분야는 주로 남성의 영역으로 남아 있다. 그럼에도 남성으로만 구성된 집단은 흔치 않다.

아이슬란드도 다른 나라에 존재하는 여러 문제와 조건에서 예외가 아니긴 하지만 직업적 불평등에 있어서 성별 역할을 인식하는 경향이 있다. 다른 여러 나라의 경우와 마찬가지로, 저임금 일자리는 흔히 여성으로 채워진다. 2020년, 유치원 직원을 포함하여 지방자치단체 노동자들과 같은 최저 임금 노동자들의 전국적 파업은 노조에 의해 성차별에 맞서는 투쟁으로 낙인찍혔다. 한 달 이상 파업한 뒤, 임금 산정 시 그 노동자들에게 임금 인상, 주당 근무시간 단축, 교육 및 훈련에 더 중점을 두는 새로운 계약이 합의되었다. 노동자들이 파업을 벌이고 있는 노동조합은 이 합의가 최저임금 노동자들의 계약과 주로 여성으로 채워진 일자리를 갱신하는 데 있어 중요한 단계라고 선언했다.

흔히 있는 일이지만, 외부인의 관점에서 볼 때 아이슬란드의 전망은 보다 장밋빛이다. 아이슬란드는 2020년 「이코노미스트」의 유리천장지수(2013년부터 OECD 회원국을 대상으로 직장 내 여성 차별 수준을 평가해 발표하는 지수로, 지수가 낮을수록 차별이 심함을 나타냄-옮긴이)에서 1위를 차지했으며, 대학 학위를 소지한 여성의 수(절반 이상)와 공기업 이사진을 구성하는 비율(할당제 법 덕분에)에 대해 찬사를 받았다.

하지만 우리는 내부적으로 아직 해결되지 않은 여러 난제에 초점을 맞추고 있다. 2019년, 여성의 연평균 근로소득은 남성보다 30퍼센트 낮았으며, 근속 기간 동안 남성보다 연봉을 덜 받으면서 퇴직연금도 훨씬 적게 받는다. 아이슬란드는 증권거래소에서 거래되는 어떤 기업에도 여성 CEO가 없는 것으로 악명이 높다. 국내 800대 기업의 CEO 중 여성은 13퍼센트에 불과하다.[23]

아이슬란드 기업계에서는 중역실과 이사실에서 성비 동수가 결여되어 있다는 문제에 점점 우려의 목소리가 커졌다. '동일노동·동일임금'에 대한 법률뿐만 아니라 이사회에서의 성비 균형을 의무화하는 법안은 그 절차를 앞당기는 데 도움이 되었다. 남성들도 대개 그 개념에 동의하는 것으로 보이며, 성별 및 인종 다양성이 증가하면 순이익이 증가한다는 것을 전반적으로 인식하고 있다.[24] 실제로 소리 높여 항의하면 의사 결정권자들이 그 문제를 염두에 두기 마련이다. 하지만 자금—증권거래소에 상장된 기업들, 연기금과 같은 막강한 투자자들—은 계속 남성들이 단단히 틀어쥐고 있다. 한편, 점점 더 증가하는 이민자 여성들은 기업 및 민간 부문에서 특유의 문제에 직면해 있다. 그렇지만 기업 내 성비 동등을 더욱 높이기 위해 자주 언급되는—일과 가정의 균형을 맞추는 문제와 같은—장벽은 놀랍게도 내가 대화를 나눈 여성들이라든가 또 사업가로서의 나의 경험에서는 찾아볼 수 없다. 아이슬란드의 사회 구조가 보다 적극적인 참여를 용이하게 하기 때문이다. 그렇긴 하지만 이 나라 역시 개선해야 할 점이 많이 있다. 특히 동등하게 돈줄을 쥐는 문제에 관한 한 말이다.

° 실제로 2020년 맥킨지 보고서에 따르면, 임원진의 성별 다양성 상위 4분위수에 해당하는 기업들은 하위 4분위수의 기업들보다 평균 이상의 수익을 올릴 가능성이 25퍼센트 더 높다.

세계 성평등 1위 아이슬란드의 비밀—스프라카르

＊＊＊

2010년, 세계의 시선은 아이슬란드와 발음하기 어려운 에이야프야틀라이외쿠틀 화산에 쏠렸다. 그 화산의 폭발로 인한 분연주(ash plume, 화산 분화가 일어날 때 형성되는 뜨거운 화산재와 화산가스로 이루어진 기둥 모양 구름-옮긴이)는 2차 세계대전 이후 유럽 항공 교통에 최악의 혼란을 야기시켰다.

어떤 면에서 보면 화산 폭발은 전화위복인 셈이었다. 갑작스럽게 세상은 아이슬란드가 그리 멀리 떨어져 있지 않다는 것을 깨달았다. 결국 유럽 대륙에 화산재를 분출할 만큼 충분히 가깝다는 사실을 알게 된 것이다. 그리고 여러 사진에서 확인할 수 있듯이 자연의 경이를 대단히 잘 드러내고 있었다. 계획되지 않은 그 사건, 즉 역사상 가장 크게 파탄 난 사건에서 살아남은 이 나라에 이전부터 존재하던 악명(좋은 것이든 나쁜 것이든 매스컴의 관심은 다 좋다!)과 정부 출연의 관광청이 합심해서 광고 캠페인을 한 덕에 관광객들이 섬으로 떼 지어 모여들었다. 관광객 수가 2004년 36만 명에서 2018년 230만 명으로 급증했다. 2013년에는 관광업이 어업을 제치고 국내총생산에 가장 큰 기여를 한 부문으로 떠올랐다.

관광객들과 그들이 쓰는 달러, 유로, 엔, 루블이 기하급수적으로 증가하면서 관광산업이 활짝 꽃을 피웠다. 달리 말하면, 아이슬란드 사업가들은 그러한 자금이 이곳으로 흘러 들어온 동안 나누어 가질 수 있는 혁신적인 접근법을 찾았다.

예를 들면, 화산에 매스컴의 관심이 집중되자 관객이 증가할 것을 대비한 아이디어가 떠올랐다. 관객 앞에서 용암을 녹인 뒤 태곳적 빙하 얼음에 쏟아부어 경이로운 자연의 힘을 보여주는 기발한 아이디어를 만들어낸 것이다. 액면 그대로 보면 그 아이디어는 만만치 않게 들리는 데다 대단히 위험할 수 있다. 실제로 실행에 옮기는 것은 생각보다 훨씬 더 어렵다. 균일한 흐름을 보장하려면 알칼리 금속 산화물이 5퍼센트 이하로 함유된 실제 용암을 확보해야 한다. 최대 1250°C의 열을 안전하게 저장할 수 있는 용광로 및 환기 시스템을 갖추어야 한다. 100킬로그램의 화성암을 녹여서 용암으로 변모시켜 전시실에 쏟아붓는 데 4~5시간 동안 1800kWh의 에너지가 필요하다. 그리고 쇼를 망치지 않으려면 너무 뜨겁지도, 너무 차갑지도 않은 딱 적당한 상태를 유지해야 하며, 연기가 너무 자욱해서도, 너무 많이 녹아서도 안 된다.

이것이 바로 라그느힐두르 아구스트스도티르와 그녀의 남편인 율리우스 잉기 욘손이 한 일이다. 2018년 9월, 거대한 카틀라 화산 근처에 있는 비크 마을의 작은 강당에서 한 번에 최대 50명의 손님들이 율리우스가 그 지역 선조들에 대해 자세히 들려주는 이야기에 넋을 잃고 앉아 있는 동안 몰입형 체험 상품인 '아이슬란드 용암 쇼'를 열었다. 그는 만약 카틀라가 오랫동안 지연되어 온 화산을 분출할 순간이 도래했다고 결정한다면, 최악의 시나리오는 빙하수 급류가 녹아 마을에 범람하기 전에 모든 주민들이 고지대를 찾을 수 있는 시간이 15분밖에 남지 않을 거라고 관객들에게 차분히 상기시킨다.

그다음, 율리우스는 사람들에게 입장 시 제공하는 안전 고글을 착용하라고 안내하고는 입고 있는 방한복을 벗고 싶어질 거라고 한다. "이 안이 따뜻해질 거거든요." 그 쇼에 완벽하게 어울리는 절제된 표현이다. 그런 다음 그는 용암을 방출한다. 녹은 암석이 빙하 얼음 위로 끊임없이 흘러내리는 모습을 가까이서 보고 외경심에 휩싸이지 않을 사람은 거의 없을 것이다. 암적색 암석이 얼음에 닿자 지글지글 쉭쉭 소리를 내면서 전시실은 거의 즉시 10도에서 15도 정도로 따뜻해진다. 율리우스가 순식

간에 냉각되는 용암 형태 이면의 과학적 원리를 설명하는 동안 모든 시선은 그 쇼에 고정되어 있다. 운이 좋은 관객은 새로운 암석 한 조각을 고향으로 가져갈 수 있다.

라그느힐두르와 율리우스의 직업적 아기는 큰 인기를 끌었다. 2020년 1월 1일에 벌써 사전 예약 방문객이 전년도의 68퍼센트를 넘겼다.

라그느힐두르는 남성의 세계에서 여성으로 산다는 것에 익숙하다. 그녀는 사업가일 뿐만 아니라 IT 업계에서도 일하며 스물다섯의 나이에 처음으로 CEO가 되었다. 그녀와 율리우스는 대단한 아이디어 인큐베이터로서 아이들(발명품)을 낳기 전에 정기적으로 여러 방해 요소에 신경을 끄고 창업에 대한 개념이나 온갖 종류의 문제에 대한 해결책을 찾기 위해 묘안을 짜낸다. 카리스마 넘치고 자기 생각이 분명하며 열정적인 라그느힐두르는 그만큼 할 일이 많지만, 넘치는 자신감은 전염성이 강하다. 그녀와 이야기를 나누다 보면, 얼마 안 가 나도 꼭 그녀만큼 할 수 있고, 어쩌면 나만의 새로운 창업 계획을 세울 수 있지 않을까 하는 생각이 들기 시작한다. 하지만 그녀만큼 여러 가지 일을 동시에 처리하는 능력이 뛰어난 사람은 거의 없다는 사실을 받아들이게 된다.

"아이슬란드에서조차 남성 사업가와 여성 사업가 사이에 차이가 있어요." 교외에 있는 그녀의 자택에서 화상 대화를 나눌 때 한 말이었다. 그녀 뒤로 보이는 탁자에는 개어 놓은 빨래 더미가 쌓여 있었다.

"하지만 여기보다 사업하기에 더 좋은 곳은 없을 거예요. 많은 여성들이 일반적으로 위험을 더 피하려 하고 직업적 모험을 덜 하려고 하죠. 육아, 가사, 또 생일 선물이나 진료 예약과 같은 온갖 사소한 일들처럼 우리 여성들이 책임을 떠맡고 있는 일들을 남성들이 보다 적극적으로 참여한다 해도 여전히 여성들에게는 정신적 압박이 심하죠." 그녀의 어린 아들이 헤드폰에 문제가 생겼는지 도움을 받으려고 아장아장 걸어와 시야에 잡혔다. "우리 중 극소수만이 그러한 책임을 지는 파트너와 함께 사는 호사를 누리고 있어요. 대개 남성이 사업을 하면 여성이 집안일을 다할 거라고 기대하잖아요. 하지만 여성이 사업을 하면 남성 파트너가 집안일을 다 할 거라고 기대하는 사람이 얼마나 있을까요?"

라그느힐두르는 아이디어를 실현하는 데 온갖 위험성이 도사리고 있는 남성들의 진취성에는 사회가 보상을 하는 데 반하여 여성들은 기존의 틀을 벗어난 기발한 아이디어로 더 많은 평가를 받는다고 느낀다고 했다. 여성들과 남성들 모두 그 이중 잣대를 꺾기 위해 노력해야 할 책임이 있다.

그녀가 생각에 잠겨 말했다. "우리가 전달하고자 하는 메시지가 뭐죠? 평등을 강조하려는 건가요?" 내가 한 순간의 망설임도 없이 결론지을 수 있는 것이라고는 공룡 인형이 발사체가 되어 그녀 뒤에서 날아올랐다는 것이었다.

다른 많은 도전과 마찬가지로 이 도전에서도 롤 모델이 대단히 중요하다. 라그느힐두르는 한 순간도 멈추지 않고 기업계 안팎의 무수히 많은 롤 모델 이름을 줄줄 댔다.

"나는 여덟 살 때 대통령이 되겠다고 했어요. 우리에겐 여성 대통령이 있었기 때문이죠."

라그느힐두르는 선구자적인 여성 이사진이 극소수라는 것에 더하여 사회의 모든 측면에서 그들의 중요성을 강조해야 한다고 지적했다.

"우리는 최고의 롤 모델뿐만 아니라 여러 분야에서 놀라운 일을 하고 있는 평범한 여성들도 조명해야 해요. 그리고 평등 운동을 지지하는 남성 롤 모델들 역시도 여기에 끌어들여야 합니다. 남성과 여성 모두에게 영향을 미칠 필요가 있어요. 그리고 우리 아들들을 그런 남성으로 키워야 합니다. 이사회나 경영진에 여성을 한 명 두는 것만으로는 충분하지 않아요. 항상 "젠더 안경"(반쪽은 여성, 반쪽은 남성의 성별 균형을 맞추고 있는지를 봐야 한다는 뜻-옮긴이)을 쓰고 있어야 합니다. 어딘가에 여성이 한 명만 있다면 그녀는 예외를 통해 규칙을 증명하고 있는 거죠."

$$\twoheadrightarrow \twoheadleftarrow$$

롤 모델만으로는 더 많은 성평등 기업을 만드는 데 필요한 모든 지난한 일을 처리할 수 없다. 마렐이라는 기업은 아이슬란드의 가장 큰 성공 사례 중 하나이다. 1983년, 아이슬란드 대학의 공대 남학생 몇 명이 설립한 마렐은 현재 육류, 어류 및 가금류 가공 산업에 대한 해결책을 제공하는 세계 최고의 기업 중 하나이다. 혁신과 지속 가능성을 추구하는 어업 국가라는 역사적 기반을 활용한 마렐의 제품에는 육류나 어류의 뼈를 발라내고 저민 살코기 활용을 최적화하는 특허 받은 기계인 플렉시커트와 전체 생산 공정을 실시간으로 모니터링하는 이노바 소프트웨어 솔루션이 포함되어 있다.

지금 한 얘기가 식품 가공 시설에서 일하는 고객들을 겨냥하는 마케팅 브로셔처럼 들렸다면 어느 정도 일리 있는 말이다. 대통령의 부인이 되기 전에 마렐의 글로벌 마케팅 부서에서 프리랜서로 몇 년 동안 일했으니 말이다. 그곳에서 플렉시커트나 이노바의 최신 계약서 영어판 교정을 보고 국제 해산물 쇼에 전시될 광고판의 문구를 다듬는 일을 했었다. 팀원들은 활기차고 열성적인 사람들로 구성되어 있었으며, 회사 분위기는 긍정적이고 활력이 넘쳤다.

전통적으로 남성 주도형의 산업이 있다면, 이러한 가공 부문에 쓰이는 장비 설계 및 생산 분야가 1위를 다툴 것이다. 아이슬란드에 있는 마렐 본사에는 여성이 직원의 4분의 1도 채 안 된다. 세계적으로 보자면 이 산업에 종사하는 여성의 통계는 15퍼센트로 떨어진다.

"직원이 약 600명인데 여성의 수는 상대적으로 적은 독일 회사를 인수했어요." 마렐의 어류 분야 부사장인 구드비요르그 헤이다 구드문스도티르가 남성 주도형 산업에서 여성의 성공 사례에 대한 대화를 나눴을 때 말했다. "그래서 회사를 인수할 때마다 눈금판이 다시 엉망이 돼요."

그녀는 삶의 기쁨이 한껏 묻어나는 표정으로 웃으며 말했다. "미칠 노릇이죠. 우리는 이곳 아이슬란드에서 평등을 위해 분투하고 있지만 세계적인 상황은 그렇지 않아요."

아이슬란드에서 75대 25인 직원들의 성별 비율조차도 액면 그대로 볼 때 그리 감동적이 않다. 그렇지만 본사의 경영진은 약간 더 나은 65 대 35이고, 이사회는 남성 4인과 여성 3인으로 구성되어 있으며, 글로벌 경영진은 남성 5인과 여성 4인으로 구성되어 있다. 2017년부터 2026년까지 10년 동안 연평균 12퍼센트의 매출 성장을 목표로 하고 있는 마렐에서는 연금술이 작동하고 있는 게 틀림없다.

성비 간 동등성 성취를 목표로 하는 것을 자랑스러워하는 사회에 한층 부합하는 중역급의 성비는 다양성을 올바른 방향으로 밀고 나가기 위해 만들어진 입법의 결과이다. 2013년, 아이슬란드 의회는 마렐처럼 직원이 50인 이상인 회사의 이사회는 성별 비율이 최소 60 대 40이어야 한다는 법안을 통과시켰다. 2017년, 아이슬란드는 기업이 여성보다 남성에게 더 많은 임금을 지급하는 것을 불법으로 규정(동일노동·동일임금)한 세계 최초의 국가가 되면서 다시 한번 전 세계의 주목을 받았다.[°] 마렐은 2019년에 동일임금 고용주라는 인증을 획득했다.[25]

마렐의 글로벌 재무를 담당한 최초의 여성인 구드비요르그는 "법적으로 보장되지 않았더라면 이사회에서 성비 비율이 동등하지 않았을 거라고 확신해요"라고 주장했다. 공학을 전공한 그녀는 2020년 3월 아이슬란드 본사 사장이라는 새로운 직무를 맡았다. 이제 그녀는 200명이 조금 넘는 팀을 이끌며 연간 약 1억5천 만 유로의 매출을 책임지고 있다. 코로나19 바이러스가 창궐하기 전 같으면, 1년에 적어도 100일 동안은 두 아이를 키우느라 분주히 길을 오가는 이 한부모를 보았을 것이다.

"아이슬란드 용암 쇼"를 기획한 라그느힐두르는 입법의 중요성에 대한 구드비요르그의 평가에 동의했다. "처음에는 성비 할당제를 극렬히 반대했어요. 그때는 너무 어렸고 상황이 변하고 있다고 확신했죠. 오만했어요. 구세대 여성들이 할 수 있는 것을 보여주지 못했을 뿐이라고 생각했죠. 그런데 시간이 지나면서 생각이 완전히 바뀌었어요. 변화를 가속화하기 위해서는 성비 할당제가 필요합니다."

하지만 법적 규정에도 불구하고 2019년에 법이 적용되는 기업의 이사회 평균 여성 비율은 34.7퍼센트에 불과했다. 2007년 총 12.7퍼센트에서 크게 증가하긴 했지만 말이다. 특정 요건을 충족시키지 않는 것에 대한 불이익이 없기 때문에 비율의 증대를 별로 중요시여겨지지 않았을 수도 있다.°°

라그느힐두르가 주장했다. "만약 이사회에서 최소 40퍼센트의 성비 규정을 준수하지 않는 것에 대해 벌금이 부과되었다면 결과가 훨씬 더 좋았을 거라고 확신합니다. 기업들이 개인 정보를 저장하는 방식에 대한

° 물론 아이슬란드를 포함한 많은 나라들이 이미 동일노동 · 동일임금을 법적으로 규정하고 있지만, 직원 25인 이상 기업이 이를 지키고 있다는 것을 입증해야 하는 것은 아이슬란드가 처음이며, 이를 지키지 않을 시 벌금을 내야 한다. 이 법은 2017년에 통과되었으며 2018년 1월 1일부터 발효되었다.

°° 성비 균형 요건을 충족하지 않는 이사회는 법적으로 등록할 수 없다. 그렇지만 법이 발효되기 전에 존재했던 이사회는 현행 기준에 미달하더라도 벌금 등의 대가를 치르지 않는다.

광범위한 "GDPR(General Data Protection Regulation, 일명 개인정보 보호법, EU 거주자의 개인정보를 다루는 모든 기업이나 단체가 프라이버시 보호와 관련된 광범위한 규정들을 준수하도록 강제하는 것을 골자로 한다-옮긴이) 규정"을 통해 확인할 수 있어요. 이러한 규정을 준수하지 않을 경우 부과될 수 있는 벌금이 (총수익의 최대 4퍼센트일 정도로)막대한데 그 결과 이것이 사업의 우선순위가 되었죠.

법이 도입된 지 10여 년이 지났지만 우리는 여전히 평등을 성취하기에는 아직 멀었어요. 정말 화가 나요. 상황은 여전히 너무 더디게 진행되고 있어요." 그녀는 이것이 "동일노동에 대한 동일임금"에 관한 새로운 법에도 적용된다고 했다.

라그느힐두르의 동료인 구드비요르그는 아이슬란드 본사를 운영하기 전에 직원으로 몇 년 동안 일했는데 그 기간 동안 성별 때문에 조직 내에서 처우를 달리 받는다고 느끼지는 않았다. 반면, "꿈이 실현되었다"라고 묘사한 글로벌 경영진에 임명된 뒤, 그녀의 새로운 영업팀 중 일부는 여성이 주도하는 것에 회의적인 태도를 보였다고 했다.

"이전에는 여성 상사가 없어서 그랬겠죠. 하지만 일단 관계를 잘 풀면 성공하기 시작하고, 그러면 모두가 성공을 원합니다. 그리고 그렇게 되면 성별은 잊혀집니다."

구드비요르그는 아이슬란드의 기업 문화가 성평등을 더욱 촉진한다고 믿고 있다.

"예를 들어, 네덜란드를 보면 알 수 있어요. 그들은 할당제를 법으로 도입해야 하는지에 대해 여전히 논쟁 중입니다. 여성이 아이를 낳은 뒤 정규직으로 직장에 복귀하는 경우가 퍽 드물죠. 우리나라는 아주 작은 나라지만 나는 우리나라가 성평등에 대해 열성적인 것이 무척 마음에 들어요. 우리가 다른 나라들보다 훨씬 앞서 있다고 생각합니다."

그럼에도 불구하고, 구드비요르그는 아이슬란드에서 최고 직위로 옮겨 가자 기업 문화에 다양한 가치를 도입할 때라고 결심했다. "권력을 얻으면 과감하게 변화를 시도해야 해요. 나는 700명 직원 전원을 성인지 교육과 괴롭힘 방지 교육에 보냈습니다. 여성 엔지니어들을 더 많이 고용했고요."

평등을 재촉하고 비준수자에게 그에 따르는 결과를 부과하는 법안은 기업계에서 동등성을 성취하는 데 있어 중요한 요소지만, 개인의 자신감 역시 마찬가지로 중요하다고 구드비요르그는 말했다. 그녀는 한 텔레비전 인터뷰에서 가장 큰 도전은 바로 자기 자신이라는 말을 한 바 있다. 그것은 바로 "무언가를 성취할 수 있다는 신념에 관한 것"이라고 밝혔다.

"한 남자가 내게 꿈이 뭐냐고 물어본 적이 있어요. 나는 화를 내며 그런 건 꿈도 꾸지 못한다고 했죠. 나는 싱글맘이에요. 우리 가족을 위해 필요한 모든 게 다 있는지 늘 확인해야 했죠. 꿈 같은 건 꿈도 꾸지 못했어요"라고 회상했다. "그는 내게 이렇게 말하더군요. "실제로 당신은 할 수 있어요. 당신은 평등의 모든 요소를 갖춘 풍요로운 사회에 살고 있습니다. 당신이 꿈을 꾸지 못한다면 과연 누가 꿈을 꿀 수 있을까요.""

≫ ≪

꿈을 이루기 위한 시간과 지원은 확실히 아이슬란드의 많은 여성들이 누릴 수 있는 호사이다. 그러나 기업계에서 꿈을 실현시키는 것은 혼자서는 완수할 수 없는 법이다. 수십 년 동안 남성들은 남성-전용 집단에 대한 접근권을 부당하게 이용해왔다. 회원 전용 클럽들, 운동 시설들, 그리고 종종 아이슬란드에서는 낚시터와 사냥터가 친숙한 유대관계를 맺는 장소가 된다. 그래서 욘이 경영진이나 이사회의 새로운 구성원을 찾거나 마그누스가 추가로 자금을 투자하려 할 때, 인간의 본성은 그들이 이미 신뢰와 인맥을 쌓은 사람들을 먼저 찾는 경향이 있다는 것을 보여준다.

공정한 경쟁의 장을 만들기 위해서는 여성들 역시 직업적 네트워크를 구축할 기회가 필요하다. "열심히 일하기 때문에 승진하는 게 아니에요. 연줄이 좋기 때문에 승진하는 거죠"라고 구드비요르그는 말했다. 앞서 쓴 전통적인 여성협회와 같은 단체들이 절실히 필요한 우정과 아주 흔하게는 기술을 배우고 활용하는 법을 제공했지만, 최근 수십 년 동안 민간 부문의 경우 직업과 관련된 여성협회들이 점점 더 영향력을 얻고 있다.

나 역시 그러한 단체들에서 새로운 친구를 사귀고 모임을 즐겼는데, 이 단체들은 자기 분야에서 리더인 여성들 간의 인맥을 구축하는 데 중점을 둔다. 여성기업지도자협회(FKA)와 에크시드라(EXEDRA, 대화를 용이하게 하는 담화실을 뜻하는 라틴어에서 유래)는 강연과 사회적 행사를 개최하는 단체지만, 더 중요한 것은, 연령, 직업, 정치적 입장에 상관없이 여성들을 지지하는 강력한 여성 네트워크를 제공한다는 점이다. 만일 한 회원이 소셜 미디어에서 자신이 부당하게 표적이 된 것을 발견하면 다른 회원들이 지지하고 지켜준다. 그들은 댓글에서 악플러들과 맞서거나 긍정적인 기사를 공유하거나 단순히 격려의 문자 메시지를 보내기도 한다. 우리는 유명한 연사가 등장하는 점심식사 자리에서 만나 오늘의 화제에 대해 논하거나, 여성 재계 지도자들이 등장하는 자리에서는 여성의 기업계 참여 확대와 미디어에서의 대표성을 증대시킬 것을 촉구한다. 운동을 선호하는 여성들은 골프 시합, 등산, 요가 등을 통해 교제할 수 있다.

학구적인 성향의 여성들을 위해 FKA는 기업의 성비 균형에 대한 연구 및 조사를 의뢰하며, 고위직의 성비 균형이 적어도 60 대 40 이상인 기업과 지방자치단체 및 공공 기관에 매년 상을 수여한다. 이 프로그램을 운영한 첫 해에 18개 회사가 이 이정표를 달성한 것으로 인정받았다. 2020년까지 45개 기업이 명단에 올랐고, 71개 기업이 2027년 이전에 이를 달성하기로 서약했다.

이 상은 모든 성별의 최고의 인재를 끌어모음으로써 순이익은 말할 것도 없고 사회적 책임을 지는 조직으로서의 명성을 높이고자 하는 기업들 내에서 정책 형성에 영향을 미치고 있다.

구드비요르그는 이러한 그룹의 회원 자격을 최대한 활용했다. 그녀는 거의 5년 동안 마렐에서 고위직에 있거나 아이슬란드 본사를 운영했지만 더 큰 야심이 있었다. 아직 이사회의 주목을 받지는 못한 것이었다.

"그래서 외부 조직을 이용하면 임원진에 합류할 수 있겠구나 생각했어요. 2020년 초에 나는 여성기업지도자협회에서 올해의 여성으로 선정되었습니다." 그 상은 여기저기 뉴스에 보도되었으며, "2주 뒤 전무이사가 되었어요."

여성기업지도자협회에서 가장 잘 알려진 부문 중 하나는 회사 이사회에 참여하거나 언론 인터뷰에 응할 의향이 있는 회원들의 데이터베이스이다. 그렇게 되면 회사 측은 더 이상 인터뷰에 응하거나 직책을 채울 만한 자격을 갖춘 여성을 알지 못한다는 변명을 고수할 수 없게 된다.

그러나 라그느힐두르는 데이터베이스의 효과에 대해 확신하지 못한다. "나는 몇 년 동안이나 이사회에 참여할 의향이 있는 사람들 명단에 올라 있었는데, 그 명단에 속해 있는 사람 중에 이사회에 참여해달라는 요청을 받았다는 사람은 아무도 없었어요. 소수의 동일한 여성들만이 계속해서 이사회 자리를 차지하고 있죠. 실력을 보여줄 게 많은 새롭고 재능있는 여성들을 영입할 기회를 이용하지 않는 것은 정말 유감스러운 일이에요."

그렇지만 이러한 그룹들이 육성한 더욱 강력한 네트워크와 증대된 협업은 이점을 창출했다. 회원들 간의 만남을 통해 함께 회사를 설립하고, 다른 회사를 함께 인수하고, 동료와 친구들의 격려를 받아 각자 분야의 고위직에 지원하게 하는 결과를 낳았다.

➤➤ ⟵⟵

아이슬란드에서 태어나고 자란 여성들에게는 직업적인 면에서 네트워크가 중요하다면, 일가친척과 소꿉친구들과의 연줄을 자랑할 수 없는 다른 여성들에게는 네트워크가 훨씬 더 중요하다.

피다 아부 리브데는 항상 직업적 네트워크에 부지런히 공들였다. 마흔 살로 5년 동안 여성기업지도자협회 회원이자 혁신위원회 이사였다. 또한 스타트업기업협회 이사이자 대단히 남성적인 환경에서 여성 연대를 촉진하는 것을 돕는 지열에너지여성협회의 회원이기도 했다.

피다가 동료 여성 기업가들에 대해 말했다. "우리는 함께 더 강해지고 함께 일어서기 위해 노력하고 있어요."

피다는 십 대 때 팔레스타인을 떠나 아이슬란드로 이주했지만 이십 대 초반에 다시 뿌리를 찾아 예루살렘으로 옮겨갔다. 난독증이라는 오진을 받고 새로운 언어로 학업을 마쳐야 하는 어려움 때문에 중등학교 교육을 마치지 못해 힘든 시기를 보냈다. 늦깎이 대학생에서부터 5개국에 판매되고 있는 지열에너지 관련 회사의 설립자로의 여정은 그래서 더욱 감동적이다. 그녀의 성공은 집념의 증거일 뿐만 아니라 상대적 동질성이 축복이자 저주였던 스타트업 생태계에 대한 증거이기도 하다.

아이슬란드를 방문하는 사람들은 수돗물을 틀면 물을 식혀야 하는, 세계에서 몇 안 되는 곳 중 하나라는 사실을 자주 언급한다. 김이 모락모락 나는 뜨거운 온수에서 샤워할 때면 삶은 달걀 냄새가 진하게 풍기는 곳이다. 지표 아래에서 흐르는 천연 온수를 끌어온 것으로 이 나라의 지열자원이 얼마나 광대한지를 잘 보여준다.

이 에너지원은 거의 모든 가정과 많은 야외 온천 수영장, 온실, 양식장을 따뜻하게 채우고 있다. 대규모 수력발전과 결합한 재생 가능한 에너지원으로서 국내의 거의 모든 전기와 난방을 공급하고 있는 것이다.[26]

피다가 운영하는 회사인 지오실리카는 지열발전소에서 온천수를 퍼올리는 과정에서 생기는 부산물에서 추출한 광물질을 이용한다. 이렇듯 (발전소의 관점에서 볼 때)바람직하지 않은 광물질을 추출하는 과정이 그녀가 운영하는 회사 기술의 특장점이다. 그러나 처음으로 투자자들의 관심을 끌었던 것은 광물질 자체, 특히 실리카의 응용이었다. 지오실리카의 공정에서 추출한 실리카 광물은 다른 수많은 장점 중에서도 특히 골다공증을 예방하고 피부와 모발을 튼튼하게 하는 데 도움이 되는 보충물을 함유하고 있다. 회사는 칼슘과 마그네슘을 포함하여 건강에 유익한 다른 여러 광물질을 추출하여 사업을 확장할 계획이다.

피다가 창업에 성공하기까지는 긴 여정을 거쳤다. 아이슬란드로 영원히 돌아왔을 때, 피다는 이전 미군기지 부지에 문을 연 새 학교에서 고등학교 졸업 자격을 완료했다. 그 후 곧장 에너지 및 환경공학기술 학사 학위를 따려고 대학에 들어갔다.

"집과 아이들 유치원에서 가깝기 때문에 그 학교를 선택했어요. 할머니 할아버지가 가까운 곳에 살지 않는 이민자이기에 아이들을 학교에서 데려오려면 현실적인 것을 택할 수밖에 없었죠."

피나는 내게 아이슬란드어로 말했다.(나는 이민자 둘이서 제2 언어—혹은 더 많은 언어—를 통달해서 의사소통을 위한 언어로 선택할 때면 항상 각별한 자부심을 느낀다.) "학업을 마치고 나자 일자리를 찾을 수 없다는 것을 알았죠. 이민자에 대학을 갓 졸업한 데다 어린 아이들도 있었어요. 취직이 안 됐죠. 한 50군데 정도 지원했는데 딱 한 번 면접을 봤어요. 스스로 살 궁리를 찾아야 한다는 것을 알았죠."

그 결과 시작부터 잘한 지오실리카가 탄생했다. 팔레스타인 뿌리는 그녀에게 도전이자 장점이었다.

"레이캬비크에서 열린 한 행사에서 회사를 소개하고 있었는데 한 여성이 계속 "잘 알겠어요, 그런데 이 회사는 누구 소유인가요"라고 묻더군요." 피다는 많은 이민자들이 익히 귀에 익은 그 이야기를 회상하며 말했다. "세 번째로 질문할 때 그녀는 내가 자기 말을 이해하지 못한다고 생각했는지 영어로 바꿔 묻더군요. 그녀는 내가 실소유주라는 것을 상상할 수 없었나 봐요." 그렇지만 피다는 자신이 만난 대다수의 여성들이 자신의 노력에 큰 지지를 보냈다고 서둘러 덧붙였다.

긍정적인 측면에서 보자면, 피다의 이민자 이야기는 다양성을 홍보하는 데 열심인 미디어와 여러 단체들의 흥미를 끌었다. "아이슬란드에서 기업가가 되는 것은 정말 멋진 일이고, 특히나 외국 출신이면 훨씬 더 멋지죠. 목소리를 내기 위해서는 싸워야 하는 과정을 거치지만 그런 것이 나를 돋보이도록 도와주기도 해요."

여전히 피다는 이렇게 말한다. "나는 에너지와 환경기술이라는 전문 분야보다 사회 문제에 대한 전화를 더 많이 받아요. 이 업계에 종사하는 해외 사람들의 눈에는 나는 아이슬란드 사람입니다. 이곳 아이슬란드에서는 나는 외국인으로 비춰지죠."

이민자든 토박이든, 유리천장 지수의 상위에 있는 나라에서든 안타깝게도 평균적인 단계에 있는 나라에서든, 피다와 구드비요르그, 라그느힐두르는 자금줄을 쥐는 사람이 결정권을 갖는다는 데 동의했다. 21세기의 "부자" 올로프—실업계의 남성 거물들과 용감하게 맞서는 압도적으로 부유한 여성—와 같은 이들은 아주 드물다. 최근 아이슬란드의 한 연구에 따르면, 아이슬란드에서 자금을 가장 많이 운용하는 사람들 중 여성은 11퍼센트에 불과하다. 투자 자금의 1.4퍼센트만이 여성들이 설립한 회사에 돌아간다. 88퍼센트는 남성들이 설립한 회사로 돌아간다.(이 또한 더 많은 여성들이 회사를 창업하도록 장려해야 할 필요가 있음을 보여준다.) 남성들이 대부분의 자금을 계속 관리하는 한, 본의건 아니건 간에, 그들은 남녀 동수에 대해 그저 입에 발린 말만 할 수 있다.

피다는 "어떤 남자가 나와 동일한 아이디어를 갖고 있다면 그가 투자를 받을 가능성이 훨씬 더 높다"라고 믿고 있다.

"여성들에게는 투자를 어디서 받아야 할지 알 수 있는 동일한 기회가 없어요. 공정한 경쟁의 장을 위해서 여성들에게만 더 많은 자금을 제공할 필요가 있습니다. 그것은 유럽연합에도 적용됩니다.° 나도 유럽연합에 보조금을 신청했었는데 기금의 2퍼센트만 여성에게 돌아갔어요. (아이슬란드에서 가장 성공한 기업들인)오서, 마렐, CCP를 보면 모두 남성들이 창업했습니다. 이제는 투자를 받지 못하면 절대 그런 대기업이 되지 못할 거예요. 독자적인 기술을 개발했음에도 거의 취미생활 하는 식으로 회사를 운영해야 한다고나 할까요."

구드비요르그는 "남성들이 돈의 95퍼센트를 소유하고 있고, 돈의 규

° 아이슬란드는 유럽 국가이긴 하지만, 유럽연합(27개국)의 회원국이 아니다. 그러나 다른 비-EU 국가인 노르웨이, 리히텐슈타인과 함께 유럽연합 국가들과 더불어-상품, 사람, 서비스, 자본의 '네 가지 자유 이동'에 동일하게 접근할 수 있는 기구인 유럽경제지역(EEA)의 회원국이다.

칙을 정한다"라며 동의했다. "그래서 남성들이 기쁜 마음으로 여성들 또한 잘되기를 바라며 지원하지 않는 한 아무 소용없어요. 아이슬란드는 친분을 대단히 중요시여기는 곳으로 네트워크가 중요할 수밖에 없어요. 자금줄을 쥔 남자들은 저녁마다 서로 연락하기 때문에 여자들은 가망이 없어요. 평등은 여성들이 돈을 받기 전까지는 오지 않을 거예요.

사람들은 어떤 의무감 때문에 금전상의 위험을 무릅쓰고라도 누군가를 고용해야 한다고 생각하지 않습니다. 회사에 가장 큰 성공을 가져올 거라고 생각하는 사람을 고용하지요. 남성들이 대개 그러한 직책에 고용되는 이유이죠. 남성들이 그러한 역할에 익숙한 유형이니까. 나는 "결정을 잘 내리는 편입니까?"라는 질문을 받곤 하죠. 남자들은 그런 질문을 받은 적이 없을 걸요."

남성들은 직장 내 괴롭힘에 대처해야 할 일도 거의 없다. 라그느힐두르는 미투운동의 여파로 자신의 이야기를 들고 나온 초반 여성 중 한 명이다. 그녀는 둘째 아이를 임신했을 때의 경험에 대해 상세한 내용을 공개했다. 얼마 후 텔레비전 심야 시사 프로그램에 출연하여 자신이 운영하는 회사의 두 남성 이사가 퇴직금에 대한 권리를 박탈하는 사직서에 서명하도록 압력을 가하기 위해 자신을 이사실에 가둔 사건에 대해 자세히 설명했다. 라그느힐두르는 그 남성들에 대해 강제감금 혐의를 제기했다. 나중에 취하하긴 했지만 말이다.

라그느힐두르는 나서서 솔직하게 밝힌 것으로 찬사를 받았으며 가해자들에게 크게 영향을 미치지 못했음에도 불구하고 그 일을 해냈다는 것이 기뻤다. "침묵하는 피해자가 아니라 내가 주도권을 가졌다는 기분이 들었어요. 공개적으로 발언한 뒤 여성들과 남성들 모두에게서 압도적인 응원을 받았죠. 여성들은 대개 용기를 냈다고 칭찬하는 반면 남성들은 "잘했어요. 절대 약자를 괴롭히는 찌질이들이 이기게 해선 안 됩니다" 라는 식으로 말했죠."

처벌을 받지 않았기 때문에 사실상 약자를 괴롭히는 찌질이들이 이긴 것일까? 그들은 적어도 지지는 않았으며, 그런 남자들은 상응하는 벌을 받기 전에 무사히 빠져나갈 가능성이 높다. 그러나 어쨌든 지금으로서는 라그느힐두르는 최소한 자신이 옳은 일을 했다는 것을 알고 있으며, 주변 사람들의 반응에 힘을 얻었다.

→» «←

에리카와 내가 "아이슬란드 작가 워크숍"의 후원자가 될 가능성이 있는 사람을 처음 만난 날 아침, 5년 안에 넷째 아이를 임신했다는 사실을 알게 되었다. 회의하는 동안 머릿속으로 임신 몇 주인지 날짜를 계산하고 만사가 제대로 돌아간다면 첫 행사를 치를 때쯤에는 아기가 7개월이 되겠구나 생각하면서 상당히 정신이 산만했던 기억이 난다. 다 잘 풀릴 거라고, 생각했다. 입덧과 기타 임신 질환만 피할 수 있다면 성장하는 아기가 우리의 기획 회의를 방해하지는 못할 터였다. 5개월간의 육아휴직 기간을 활용하여 다가오는 행사에 대한 입소문을 만들 수 있을 터였다. 그리고 우리가 전 세계의 작가들을 맞이하게 될 때쯤이면 아기는 육아휴직 중인 아빠가 잘 돌보고 있을 터였다.

만사가 계획대로 착착 진행되었다. 심지어 첫 후원자도 확보했다! 막내딸 에다는 당일 여행에 참가한 최연소 참가자였다. 구드니는 베이비뵨 상표의 아기 띠를 착용하고 참가자들에게 아이슬란드의 역사에 대해 가르쳤다.(우리는 예산이 빠듯하게 정해져 있는 데다 가이드가 필요했는데 구드니가 싸게 먹혔다.)

아이들을 위한 육아 보조금과 남편의 육아휴직이 없었더라면 아이슬 란드에서 발행 부수가 가장 많은 잡지를 편집하는 일을 포함한 여러 프 리랜서 작업뿐 아니라 새로운 사업을 시작하고 국제적인 행사를 운영하 는 일을 할 수 있었을까? 절대 못 했을 것이다. 아마도 이것이 내가 대통 령의 부인으로서 해외에서 연설할 때 아이슬란드에서 기업가 활동의 이 점에 대해 이야기하는 게 매우 즐거운 이유일 것이다. 나는 개인적인 경 험을 통해 새로운 것을 창조하는 기쁨과 도전, 그리고 그 과정을 돕기 위 해 아이슬란드 사회가 무엇을 제공하는지 알고 있다.

이것은 현재 우리의 직장문화에 깊이 배어 있기에 가정과 직장 생활 의 균형을 맞추는 문제는—셋 모두 엄마인—라그느힐두르, 구드비요르 그, 피다에게는 중요한 요소가 아니었다. 라그느힐두르의 10대 미만 자 녀 세 명 중 둘은 장애가 있어 특별한 도움과 추가로 보살핌을 요한다. 싱 글맘인 구드비요르그는 익명의 정자 기증자 덕에 둘째 아이를 갖게 되었 다. 꿈을 실현하는 것을 도와줄 완벽한 남자를 찾으려고 마냥 기다리지 않았던 것이다. 피다의 세 자녀는 등하교 시키거나 축구 연습을 도와줄 조부모가 인근에 없다. 그렇지만 이 여성들 중 누구도 개인적 생활의 복 잡한 문제를 직업적 생활의 성공에 대한 주요 장애물로 여기지 않는다.

나는 "아이슬란드 작가 워크숍" 설립을 둘러싼 회의에 신생아를 데리 고 갔음에도 불구하고—수시로 자금을 구하고 회의에서 첫인상을 좋게 남기기 위해 필요한, 증명된 바 없는 노력을 기울이면서도—한 아기와 유 치원에 다니는 두 아이와 1학년생인 아이가 직업적으로 성공하는 데 방 해가 되지 않을 거라고 느꼈다. 노란색의 자그마한 우리 집에는 유모나 오페어는 없었지만 똑같이 참여하고 돌보는 배우자가 있고, 훌륭하고 저 렴한 탁아 비용에, 아이들의 일거수일투족을 통제하며 극성으로 키우는 대신 독립심을 북돋는 믿을 만한 환경이 있었다. 나는 "혼자 도맡아야 한다"라는 생각 자체를 해보지 않았기에 그렇게 하지 않았다.(책을 집필하고 학생들을 가르치는 일을 동시에 하고 있던 남편에게 그 모든 일을 감당할 수 있는지 묻는 사람도 아무도 없었을 거라고 확신한다.)

나는 이러한 자유가 길게 보았을 때 결국엔 우리 모두에게 도움이 되는—공식적이든 비공식적이든—놀라운 사회적 지지 선언이라고 여긴다. 하지만 이것이 가정하는 특권을 인정하는 것 역시도 중요하다. 즉, 강력한 사회 안전망에도 불구하고 보다 노동 집약적인 서비스 산업에서 일하거나 소정근로시간을 따르는 저임금 일자리와 재택근무를 할 수 없는 여성들은 모든 것을 최대한 효율적으로 조직하는 것이 훨씬 더 어렵다고 말해도 무방하다는 것을 말이다.

더 많은 여성들이 기업 내에서 의사결정을 하는 자리에 있어야 하며, 신규 기업에 대출과 자금을 배분하는 일을 담당해야 한다. 이는 여성들이 고위 임원이 되는 데 필요한 숙련된 경험을 얻을 수 있는 효과적인 수단이다. 그러나 우리는 또한 모든 부문에서 일하는 여성들이 일과 여가의 균형을 유지하고 꿈을 실현하는 게 더 수월해지는 환경을 계속 만들어 나가야 한다. 하지만 가장 중요한 것은 여성들의 성공에 대한 기준점이 각각 사적인 것과 공적인 것, 일하는 엄마와 보호자로서의 엄마 사이의 균형을 효율적으로 맞추려는 노력에 달려있다는 가정을 그만둬야 한다는 것이다. 어떻게 그것을 달성할 수 있을까에 대한 마법과도 같은 만능 공식은 없으며, 그것이 모든 여성들에게 해가 된다고 가정하는 것은 우리 모두가 다른 곳에서 잘 사용될 수 있다고 알고 있는 에너지를 낭비하는 것일 뿐만 아니라 압박감만 가중시킬 뿐이다.

전화 통화를 끝낼 즈음 구드비요르그가 말했다. "우리 문화에서 우리는 독립적이고 열정적이며 활기 넘쳐요. 아직 완전히 도달하지는 못했을 지라도 우리는 모두에게 좋은 사회 구조를 구축했습니다."

한편, 남성 주도형의 기업계는 남성 동맹자들에게 평등이라는 대의를 더욱 주입할 수 있다. 이들은 경쟁심이나 "입바른" 언어로 포장한 왕따, 경멸, 심지어는 노골적인 여성혐오를 중시하는 기업 문화의 평판을 떨어뜨리기 위해 적극적으로 노력하는 남성들이다. 이들은 성평등이란 것이 여성들을 공공연히 지지한다면 설 자리를 잃게 되는 제로섬 게임이 아니라는 것을 깨달은 남성들이다. 사실은 정반대이다. 즉, 성비 균형을 더 잘 맞춘 회사가 수익이 더 좋다. 성평등은 단순히 윤리적인 문제만이 아니라 남성들에게도 더 나은 상황을 만들어줄 것이다. 여전히 남성들이 불균형적으로 자금줄을 쥐고 흔들고 있지만, 우리가 "스프라카르"가 직업적 야망을 성취하도록 등용하고 격려하면서, 구드비요르그가 자주 했던 다음과 같은 단순한 논리를 써서 더 많은 남성들이 이러한 접근방식에 동의하도록 힘써도 손해 볼 거 없다. "여성들이 더욱 많아질수록 회사는 더욱 성공하게 된다. 그리고 그 혜택은 모두가 받는다."

6.
미디어에서 보이고 들리는 것

거기 묻힌 개가 있다°

° Þar liggur hundurinn grafinn. 문제의 핵심(본론)으로 바로 들어가 보자라는 뜻.

2018년 1월, 구드니와 나는 칼 구스타프 16세 왕과 실비아 왕비의 초청으로 사흘간의 스웨덴 국빈 방문을 위해 스톡홀름으로 갔다. 국빈 방문은 두 나라 간의 유대를 강화하기 위해 고안된 의전으로 고도로 엄격하게 연출되는 행사이다. 거의 항상 배우자를 동반하는 내방 국가원수는 보통 정치인들, 기업가들, 비공식 문화 대사들을 포함하는 공식 대표단과 함께 여정에 나선다. 이 프로그램은 대통령이 의장대를 사열하는 데 걸리는 시간부터 연구기관의 장이 소속 기관의 최근 업무를 요약하는 데 할당된 3분까지 분 단위로 일정이 꽉 짜여져 있다. 보통 수백 명이 흰 나비넥타이에 연미복을 차려입고 참석하는 만찬 행사에서 우리는 종종 열렬한 환호를 받으며 만찬실로 들어간다. 캐나다 시골 촌뜨기가 출세해서 왕궁의 귀빈으로 행동하는 게 초현실적으로 느껴지는 순간이다.

스웨덴 이곳저곳을 돌아다닐 때쯤, 구드니와 나는 국빈 방문에 대한 의전과 절차에 점점 능숙해지고 있었다. 우리는 이미 덴마크와 노르웨이로 비슷한 여정을 떠난 적이 있었으며, 핀란드에서 열리는 북유럽 국가원수들의 국제 모임에도 참석한 바 있었다. 나는 더 이상 핸드백에 어울리는 장갑이 없다거나(첫 국빈 방문 전에 조언을 받았었다), 사흘간의 여정 내내 같은 핸드백을 들고 다녀도 되는지에 대해 걱정하지 않았다. 출발 며칠 전에 스웨덴에 가는 대표단 여성들은 전부 공식 환영식에 모자를 써야 한다는 소식이 전해졌을 때, 나는 털모자밖에 갖고 있지 않은데다가 아이슬란드에 모자 제작자가 전무하다는 혈압 오르는 사실을 받아들일 수 없었다.(사실 막판에 해외에서 모자를 일괄 주문하고 난 뒤, 나의 최종 선택에 대해 다른 곳도 아닌 바로 로얄햇(royalhats.net)에서 긍정적인 평가를 받았다!) 이제는 왕실 행사에서 연설하고, 카메라를 향해 손을 흔들고, 여러 대학과 박물관, 기관 등에 들르는 동안 도전적이지만 비논쟁적인 질문을 하는 데 꽤 익숙해졌다. 평생 동안 대중의 시선을 받은 왕과 여왕은 우리를 편안하게 해주었고, 누가 먼저 차에서 내려야 하는지 혹은 누가 앞서 걸어야 하는지를 잊어버렸을 때 올바르게 하도록 팔꿈치로 살짝 찌르는 데 전문가였다. 그들은 모든 면에서 매력적인 주최 측이었다.

어디를 방문하든 파파라치의 존재는 피할 수 없는 것이었다. 아이슬란드에서 공식 행사는 거의 항상 현지 언론에서 다루지만 보통 꼬치꼬치 캐묻기 좋아하는 카메라맨은 아이폰에 능한 소셜 미디어 계정을 가진 열 살짜리이다. 스웨덴에서—와 다른 여러 나라에서—는 발걸음을 멈출 때마다 시끌벅적하게 기자들이 따라와서 카메라 플래시를 펑 하고 터뜨리며 질문을 던졌다. 며칠 동안의 그러한 경험은 흥미롭긴 했지만 나는 오히려 그렇듯 잠시도 쉴 틈 없이 살지 않는 것에 감사한 마음이 들었다.

둘째 날 오후 중반쯤, 다섯 번째로 차가 멈추면서 내렸을 때 귀걸이 한쪽이 떨어진 것을 알아차렸다. 나는 여왕에게 옆 좌석에서 귀걸이를 보았는지 물어보고는 우리를 둘러싸고 있는 보안요원들이 뜻밖에 발견했을 때를 대비해서 한쪽이 떨어졌다고 언급한 뒤 더는 귀걸이에 대해 생각하지 않고 나머지 한 쪽을 빼서 핸드백에 넣었다.

그날 늦게, 저녁 만찬을 위해 옷을 갈아입어야 했던 (정확히)53분에, 나는 구글에서 내 이름을 검색하다가(우리 모두 그러잖나? 인정할 건 인정하자) 스웨덴의 주요 일간지에서 아이슬란드 영부인의 사라진 귀걸이에 대해 크게 다룬 보도를 발견했다. 스웨덴의 석간지 「엑스프레센」은 "국왕의 점심식사 자리에서의 대혼란: 의문의 보석 실종 사건"이라고 대서특필하고 있었다. 신문에는 귀걸이를 끼고 있던 그날 아침, 차량이 멈췄을 때, 귀걸이가 사라진 곳에 서 있던 나를 근접 촬영한 사진이 실려 있었으며, 잃어버린 물건을 찾아낼 수 있는지 알아보려고 왕실 직원을 급파했었다는 사실을 폭로하고 있었다. 그들은 그런 식으로 방문한 국빈의 일거수일투족을 지켜보고 있었으며, "대혼란"은 분명 「엑스프레센」에서 지나치게 선정적으로 선택한 단어였다.(귀걸이도 찾지 못했다.)

아이슬란드에서는 언론 보도가 훨씬 더 절제되어 있다는 것은 사실이다. 하지만 대통령의 부인이 된 이후로 나는 "엘리자가 젖은 침대 시트를 갈고 아침에 아이가 소파에 흘린 콧물을 닦는 것에서부터 산뜻한 정장을 입거나 저녁에 바닥까지 끌리는 드레스를 입은 모습에 이르기까지" 신문이나 텔레비전, 온라인에 모습을 드러낸다는 것을 알게 되었다. 그리고 나 자신의 정체성보다는 누군가의 배우자라는 것에 더 주목받는 여성으로서 언론 보도를 어떻게 활용하면 내가 보여지고 싶은 이미지를 만들어낼 수 있는지, 또 어떻게 사회가 언론 보도를 통해 이상적인 영부인에 대한 기대를 강요하고 있는지를 알게 되기 시작했다.

하지만 미디어가 나를 어떻게 묘사하는지에 대해 신경써야 하는 이유가 뭘까? 그것은 단순한 허영심만은 아니다.(앞서 내 이름을 인터넷에서 검색한다고 말한 것을 참조하라.) 미디어를 통해 모든 여성들이 어떻게 대변되는지가 중요하다. "거기 묻힌 개가 있다." 즉, 문제의 핵심을 봐야 하기 때문이다. 미디어는 주로 우리가 세상을 바라보는 창이며, 여기에는 성평등이 포함된다. 미디어가 대부분 남성들을 인터뷰할 때, 즉 편집자들, 사진작가들, 방송인들, 작가들이 대부분 한 성별이거나 사회의 다양성을 다른 방식으로 대변하지 못할 때 우리는 통찰력을 잃고 잠재의식적으로 젠더와 다양성에 대해 주장할 여지가 좁아진다. "댓글란"과 스마트 폰을 사용하는 사람들이 확인하는 소셜 미디어에서 전 세계 인구는 사람들이 말하는 모든 것에 대해 듣고 싶어 한다. 통계에 따르면 여성들이 남성들보다 더 가혹하게 평가되고 폭력과 공격의 위험에 더 많이 노출되어 있으며 여성들이 더는 관여하지 못하도록 좌절시킴으로써 효과적으로 침묵시킨다는 것을 보여준다. 이는 다른 나라들만큼이나 아이슬란드에서도 난제이다.

그럼에도 불구하고 세계의 언론은 종종 제대로 알지도 못하는 온갖 좋은 이야기로 (극도로 부정확하게)아이슬란드를 놀랍도록 지나치게 단순화된 표현으로 묘사해왔다. 여러 "낙하산 기자들"(기자가 현지에 대한 경험이나 지식 없이 선입견이나 편견, 들은풍월에 따라 기사를 작성하고 보도하는 행태를 이르는 말-옮긴이)에 따르면 아이슬란드는 성평등 천국이다. 우리 모두가 이미 얻은 승리에 만족해하며 거의 완벽에 가까운 혜택을 누리고 있는 나라로, 요정에 대한 기묘한 믿음을 갖고 있고, 경제 붕괴 이후 3대 주요 은행 은행장들을 모조리 구속했고, 대중의 참여를 통해 인류뿐만 아니라 지구를 보호하는 헌법을 개정했고, 남성들과 여성들이 완전한 조화를 이루며 산다고 한다.(과장된 표현은 부디 양해해 주시라.)

세계 언론의 부정확성은 차치하고라도, 우리는 성평등 투쟁에서 미디어의 역할을 검토하지 않고서는 성평등 분야에서의 아이슬란드의 성공과 진행 중인 도전을 이해할 수 없다. 그래서 어느 12월에 나는 이 분야에 대해 논의하기 위해 다양한 미디어에서 일하는 여성 4인을 전통적인 크리스마스 뷔페에 초대했다. 20대 초반부터 40대 중반까지 연령으로, 다양한 미디어에서 콘텐츠를 만들고 공개 토론의 주체가 된 경험이 있는 여성들이었다. 그들은 아이슬란드의 미디어에서 여성을 다루는 데 얼마나 많은 노력을 기울이는지, 또한 자신들의 지혜를 흡수하기를 열망한다고 열렬히 믿는 새로 가입한 나이 든 남성들이 얼마나 댓글란에 점점 심취하게 되었는지, 장애인과 같은 소외된 집단을 우리가 얼마나 대변하는지, 아이슬란드를 위협적인 발키리(북유럽 신화에서 오딘을 섬기는 전쟁의 처녀들. 용감한 전사자의 영혼을 천계天界로 인도하는 역할을 한다-옮긴이)들로 가득한 나라라는 대대적인 과장 광고에 얼마나 부응할 수 있는지 여부를 숙고하고 싶어 했다. 사라진 귀걸이에 대한 그 유명한 미스터리로부터 어떻게 관심을 돌릴 수 있는지 귀띔까지 받을 수 있다면야 금상첨화일 텐데.

≫ ≪

아이슬란드에서는 대어의 수가 불균형적으로 많다. 결국엔 작은 연못일 뿐이긴 하지만 말이다. 때로는 모든 사람이 대단한 거물인 양 알려진 것처럼 느껴질 때가 있다. 5분 동안의 명성은 몇 시간으로 연장되거나 자주 발생하기도 한다. 칵테일파티에서 어디서 본 듯한 사람이 남편의 6촌인지 혹은 전 내무부 장관인지 알쏭달쏭할 때가 있다. 아니면 남편의 6촌이자 전 내무부 장관일 수도 있다. 이렇듯 미디어를 제작하고 미디어에서 다루는 사람들은 우리 각자에 가까이 있다. 좋든 나쁘든 모두 사적으로 연결되어 있다.

아이슬란드의 미디어 환경은 최근 수십 년 동안 크게 발전했다. X세대 아이슬란드인이라면 누구나 알겠지만, 1980년대 초반에는 텔레비전 방송국 한 곳(그때가 되어서야 컬러 방송이 보편화되고 있었다)과 지역 라디오 방송국 두 곳만 있다는 게 부당하게 취급받는 것처럼 느껴졌다. 매주 목요일과 7월은 한 달 내내 텔레비전 방송을 하지 않아서 원하든 원하지 않든 밖으로 나가 햇볕을 쬐어야만 했다. 인쇄 매체는 보통 정치적으로 연계되어 있어서 구독하고 있는 일간지는 다음 선거에서 어느 정당에 투표할 것인지에 대한 신뢰할 수 있는 지표가 되었다.

요즘 우리는 덜 고립되어 있다. 아이슬란드어 및 기타 여러 언어로 선택할 수 있는 디지털TV 채널이 수두룩하며, 아이슬란드인들은 지구상에서 가장 접속을 잘하는 사람들이다. 2018년의 한 연구에 따르면 16세부터 74세까지 거주민들의 99퍼센트가 인터넷을 사용하는 것으로 나타났다.

우리는 또한 다루는 주제와 해당 주제를 다루는 사람들도 더욱 진보적이 되었다. 그렇지만 여성들은 여전히 아이슬란드 미디어와 온라인에서 덜 눈에 띄는데, 주류 미디어에서 여성 인터뷰 대상자는 평균 인터뷰 대상자의 3분의 1에 불과하다. 그렇지만 대중 담론에서 용인되는 것과 미디어에서 여성을 묘사하는 방식을 바꾸는 무의식적 편견에 관심을 끌려는 적극적이고 소리 높은 움직임이 나타나고 있다.

우리는 숙성시킨 연어를 네모난 호밀빵에 얹자마자 수다를 떨기 시작했다.

토라 아르노르스도티르가 말을 꺼냈다. "성평등을 위한 투쟁에서 미디어가 얼마나 중요한지에 대해서는 밤새도록 얘기해도 모자라요." 아이슬란드 텔레비전에 나오는 낯익은 얼굴인 45세의 토라는 국영방송인 루브(RÚV)에서 20년 넘게 텔레비전 및 라디오 기자로 일하고 있다. 그녀는 인기 있는 야간 시사 프로그램을 진행했으며, 2008년 경제 붕괴를 다룬 다큐멘터리로 상을 받았고, 아이슬란드의 여성 선구자들에 대한 시리즈를 제작했으며, 현재 가장 큰 인기를 얻고 있는 탐사보도 프로그램인 「도화선(Kveikur)」의 기획자이기도 하다.

납세자의 세금으로 운영되는 루브는 방송 기자들과 앵커들뿐만 아니라 인터뷰 대상자들의 다양성도 보장할 의무가 있다. 성비 동등성의 중요성에 대한 사회의 인식과 대중의 압력은 루브로 하여금 언론보도에 있어서 성비의 균형을 제대로 유지하는지 정량화하여 정기적으로 모니터링하도록 하고 있다.

늘 그렇듯 차분하고 흠잡을 데 없는 토라가 꼬고 있던 다리를 풀고 소파에 등을 기대며 말했다. "우리가 통제할 수 없는 것들이 늘 있게 마련이지요. 각료들이 남성인지 여성인지 하는 문제와 같은 것들이 그래요. 하지만 이제는 보건부 장관이나 최고의학 책임자와 같은 직책을 맡는 여성들이 점점 늘어나고 있어요. 그리고 (아이슬란드 시골 이야기를 다루는 라이프 스타일 쇼인)「란딘」은 동일한 수의 남성과 여성을 대상으로 다루기로 결정했어요. 당연히 선택의 폭이 더 넓기 때문에 뉴스보다 더 수월하죠. 남성들이 더 많이 보이기 때문에 인터뷰 추천을 더 많이 받곤 하지만 조금만 더 깊이 들여다들면 여성들이 온갖 종류의 일을 하고 있다는 것을 알 수 있어요."

토라 옆에는 또 다른 텔레비전 유명인사인 스테이눈 아사 토르발드스도티르가 있었다. 스테이눈은 가수인 동시에 선거에도 나왔던 후보자이자 "인싸"이지만 루브에서 방영되는 「시선」이란 프로그램의 여섯 진행자 중 한 명으로 가장 잘 알려져 있다. 「시선」은 인터뷰에 기반한 상을 수상한 혁신적인 프로그램으로 전국지적장애협회가 구상했으며 거의 전적으로 장애인들이 기획한다. 스테이눈은 윌리엄스 증후군을 앓고 있는데, 이 증후군은 발달 지연, 특이한 얼굴 모양, 뛰어난 언어 구사 능력(그녀는 가능한 한 자주 영어와 이탈리아어를 구사하는 것을 즐긴다), 매우 낙천적이고 다정한 성격이 특징이다. 장애로 인한 신체적 특성 때문에 (37세란)나이를 추측하기 어렵지만, 우리의 모임을 위해 평소대로 제일 좋아하는 보드라운 아이슬란드식 드레스를 멋지게 차려입고 현지에서 만든 반지를 거의 모든 손가락에 끼고 있었다.

음료를 한 모금 마시며 스테이눈은 마음속에 품어둔 소중한 이야기를 꺼냈다. 지칠 줄 모르고 싸우는 주제였다. "나는 장애 여성을 포함한 장애인들이 아이슬란드 미디어에서 다루어지는 방식에 대해 늘 생각해요. 미디어는 상황이 좋을 때는 우리를 잊고, 그렇지 않을 때는 우리를 다루어요." 언론인의 일원으로서 그녀는 성직자부터 공인에 이르기까지 모든 부류의 사람들과 인터뷰하는 것을 즐기며, 프로그램 제작진은 인터뷰 대상들의 성비 균형을 보장한다고 했다. 스테이눈의 요점 중 하나가 개인적으로 마음에 와닿았다. 장애를 가진 여성들이 우리 이민자 여성들처럼 자연스럽게 다양해질 때, 이를 테면, 종종 하나의 집단으로 묶인다는 사실이 그것이다.

토라는 네모난 순록 파테에 레드커런트 젤리를 살짝 바르고는 루브에서 방영하는 텔레비전과 라디오의 모든 프로그램에 나오는 출연자의 성비 균형을 어떻게 모니터링하는지 자세히 설명했다.

"매번 방송이 끝날 때마다 인터뷰한 남성과 여성의 수를 기록하고 정기적으로 그 통계를 검토해요."

신문 편집자 토바 마리노스도티르도 동의했다. "콘텐츠가 다양한지 확인해야 하는 건 당연하죠. 하지만 분명한 건 어느 한쪽의 성비에 구미를 맞추어선 안 된다는 점이에요." 토바는 내가 특히 좋아하는 강렬한 빨간색 립스틱을 바른 30대 후반의 화려한 여성으로, 구불구불한 길고 탐스러운 머리칼이 어깨에 드리워져 있었다. 그녀는 아이슬란드 사회의 최신 동향에 대해 빠삭한 여성으로 명성을 얻었으며, 로맨틱 코미디 소설 작가로도 명성이 자자했다. 우리가 대화를 나누기 8개월 전에 「DV」신문(

온라인판이나 주 1회는 인쇄판으로 발간된다-옮긴이) 인쇄판 편집장이 된 이후로 그녀는 24명의 여성과 16명의 남성을 표지에 실었다.°

인터뷰 대상자들과 그 대상자들이 방송 중 곤혹스러운 질문에 대비하도록 하는 것은 별개의 문제이다. 토라는 텔레비전 인터뷰를 할 때 여성이 남성보다 긴장하는 경우가 더 많다고 지적했다. 아마도 특정 주제에 대해 말할 자격이 있는지에 대해 남성들보다 더 강력하게 의문을 품는 경우가 많다는 것을 암묵적으로 인정하기 때문일 것이다.

공감이 갔다. 나는 보통 생방송 텔레비전이라든가 그 외 인터뷰에서 긴장하지 않지만 아이슬란드에서는 모국어로 말하지 않는다는 점을 감안하여 말을 전달할 때 혹여 실수나 하지 않는지, 혹은 어휘가 달려서 전하고자 하는 바를 훼손하지나 않는지 걱정될 때가 한두 번이 아니다.

하지만 미디어를 통하여 내가 더 많이 인정받을수록 내가 그려내고 싶은 이미지를 형성하는 데 미디어가 더 많은 도움을 줄 수 있다는 것도 잘 알고 있다. (루이비통과 베르사체도 분간 못한다는 아이러니를 감안한)나의 패션 선택에 열성적으로 취재하는 언론을 보고 본능적으로 실망감과 뜻밖의 놀라운 감정이 뒤섞이면서 나는 그것을 장점으로 써야겠다고 작정했다. 동네의 "아름다운 가게"에서 20달러에 산 윤기 나는 검은색 재킷을 입고 중요한 시상식에 참석했다. 대통령의 부인이 중고 옷을 샀다는 이야기는 쓸데없는 소비를 줄이고 훌륭한 대의를 지지한다는 개념을 홍보하는 데 도움이 되었다. 나는 그 이후로 국가원수들을 맞이할 때나 남편이 대통령에 재선된 날과 같은 세간의 이목을 끄는 행사에 중고 옷을 입고 나갔다.

° 2021년 3월, 토바는 「DV」 편집장직에서 물러난다고 발표했다.

또한 내가 전문가가 아니라고 느껴지는 행사에서 연설해 달라는 요청을 받으면 정중하게 거절해야 한다는 첫 본능을 억누른다. 여성의 목소리가 더 많이 들리게 해야 한다고, 거의 주문을 외듯 규칙적으로 되뇌인다. 주최 측이 내가 충분히 기여할 수 있다고 믿는 한, 나는 당연히 그렇게 할 수 있도록 애써야 한다.

"학교에서 십 대 초반의 아이들과 얘기하다 보면 잘 알 수 있어요." 마지막으로 식사 자리에 도착해 5인조를 이룬 솔보르그 구드브란드스도티르가 덧붙였다. 23세의 법대생이자 가수인 그녀는 온라인에서 성차별을 규탄하고 사춘기부터 데이트 의식에 이르기까지 익명의 청소년들의 질문에 기탄없이 답하는 게시물로 불과 몇 년 만에 인스타그램에서 엄청난 팔로워를 얻었다.[27] 이러한 성공으로 인해 그녀는 현지 여러 학교에서 십 대들에게 꾸준히 강연하는 일을 하게 되었다.

"말하는 동안 남자아이들에게는 수시로 "쉿, 조용히 해"라고 해야 하지만 여자아이들에게는 그런 말을 해본 적이 없어요. 여자아이들은 그 나이에 이미 자신들이 사회에서 어떤 자리를 차지하는지를 배웠거든요. 거기다 여자아이들은 자신들이 망치기라도 하면 그만큼 기회를 많이 얻지 못한다는 것을 알고 있어요."

"맞아요." 토바는 여성들이 집에서 어떻게 매 끼니를 준비하는지, 그런 다음에는 자신의 그릇에 음식을 담기 전에 식구들이 모두 담았는지부터 확인해야 한다며, 미디어보다 더 넓은 의미에서 상기시키며 덧붙였다. "우린 자리를 차지할 수 없어요." 짜증이 난다는 듯 양손을 위로 들어올렸다. "내 말은 그러니까, 우린 미트볼조차 먹을 수 없다는 거예요!"

이러한 현상, 즉 여성들이 자리를 차지하도록 밀어붙이는 것을 잘 보여주는 최근의 예를 보자. 지역 활동가인 힐두르 릴리엔달은 여성들에게 마땅히 주어져야 할 자리를 인정하려는 일환으로 "여성들이 존재합니까? 이름이 있나요?"라고 불리는 인기 있는 페이스북 페이지를 열었다. 그녀와 친구들은 여성들의 이름을 무시한 아이슬란드의 주요 뉴스 한 토막과 사진 설명, 혹은 남성들이 관련되었을 때만 식별할 수 있도록 한 앨범을 만들었다. 예를 들어, 사진에 세 사람이 있는데 두 남성만 이름이 적혀 있다. "(전 남성 수상이자)현직 국회의원의 여동생." "(인기 있는 남성 가수)크롤리, 영화제에 여자친구를 대동하다." 또 다른 사진은 대통령 관저 개방 시간 동안 구드니와 내가 익명의 방문객들과 악수하는 모습이다. 사진 설명에는 "대통령이 내방객들을 맞이하고 있다"라고 쓰여 있다.

가짜 뉴스와 세계를 조종하는 그림자정부 음모론이 창궐하는 시대에 사진 설명에서 이름 하나를 빠뜨리는 것이 그리 중요한 문제일까? 옆에 있는 사람과의 관계에서만 식별할 수 있도록 하는 것이 뭐 그리 대수일까?

단언컨대, 그렇다. 그러한 것들은 중요한 문제이다. 훨씬 더 통탄할 만한 문제들과 대조적으로 우리는 이러한 문제까지 걱정해야 할 판이다. 그리고 목소리를 높이는 수고를 덜 들일 수 있다는 사실 때문에라도 우리는 더욱 도덕적으로 그렇게 해야 할 의무가 있다. 스포트라이트를 받는 여성이든 소외감을 느끼는 여성이든, 여성들은 정체성을 서서히 도태시키는 것 외에도 싸워야 할 것들이 무수히 많다.

그리고 다른 사람들에게 우리의 존재를 끝없이 상기시켜야 하는 것을 넘어서, 인터뷰 대상자들의 성별에 대한 계획을 미리 세우지 않거나 여성 작가들을 고용하지 않으면 어떻게 될까? 우리가 그것을 소셜 미디어라는 크고 넓은 세계에 맡겨버릴 때, 어떻게 때때로 부상하는 선도적인 여성들이 온라인에서 더는 존재하기를 포기하고 논쟁에서 목소리를 제거하도록 이끄는 여성혐오적인 "침묵" 문화에 맞붙어 싸울 수 있을까?

그날 저녁식사를 함께한 동료들은 모든 답을 갖고 있지는 않았지만, 몇 가지를 간절히 제안하고 싶어 했다.

≫ ≪

스웨덴을 국빈 방문한 지 약 18개월 후, 구드니와 나는 비슷한 행사를 치르기 위해 인도 대통령과 부인을 접견했다. 스톡홀름과 같은 수준의 파파라치는 없었지만 그럼에도 불구하고 다량의 사진이 유포되었다. 며칠 뒤, 나는 매우 공손한 메시지를 받았다. "녹색 드레스를 입고 인도 대통령 부부를 맞이하는 사진을 보았습니다. 무례하게 굴어서 죄송하지만, 녹색은 확실히 여사님과 어울리지 않습니다. 하지만 파란색 드레스는 무척 예뻤습니다." 자신을 재단사라고 밝힌 한 여성의 이름이 정중하게 서명되어 있는 메시지였다.

편지를 쓴 이면의 (아마도 나 자신과 내가 고른 끔찍한 의상으로부터 나를 구해주기 위한)친절한 의도와 긍정적인 생각이 고맙긴 했지만 그 이후로 나는 녹색 옷을 더 많이 입으려고 노력했다.

이 메시지는 크게 염려할 것이 못 된다. 나는 아이슬란드 대중이 온라인에서 나에 대해 이야기하는 방식에 대해 대체로 불평할 수 없지만 몇 가지 사소한 예외가 있다. 폴란드를 국빈 방문하는 동안 밝은 주황색 바지 정장을 입었을 때 어떤 여성은 나보고 "죄수"처럼 보인다고 조롱했다. 내가 어떤 문제에 대해 발언할 때마다 "관심종자"라고 비꼬는 사람도 있었다.(나처럼 목소리를 높이는 여성에게는 동일한 비난이 예사로이 퍼부어진다.) 누군가는 (꼭 내가 아니라 여자들을 비판하기 위한 의도로)블로그를 만들어 "유용하게 써먹을 수 있는 최악의 독설 모음집"을 게시했다. 더욱 악랄한 것은, 내가 모스크 사원을 방문했을 때(그곳을 방문한 대통령 부부는 우리가 처음이었다) 존중의 표시로 신발을 벗었을 때 소셜 미디어에서 소수 대중들이 격렬하게 항의한 것이었다. 이러한 부정적인 댓글들은 항상 반대되는 반응, 게다가 더욱 긍정적인 반응으로 인해 위축된다는 점도 덧붙여야겠다.

이것은 구드니가 대통령에 출마할 때 걱정거리였다. 온라인상에서 그에 대해 쓴 잔인하고 거짓된 글을 읽는 게 견디기 힘들 것 같은 데다 직접 답변하거나 잘못된 주장을 바로잡는 것이 가능하지 않을 거라는 생각이 들었다. 아이들이 아직 너무 어려서 소셜 미디어를 이용하지 않고, 또 의붓딸인 루트가 이 모든 것이 요동치다 지나가리라는 것을 알 수 있을 만큼 나이가 들었다는 점이 그나마 위안이 되었다.

결론적으로, 나는 온라인에서 하는 어떤 말에도 별로 당황하지 않는 나 자신을 보고 놀랐다. 아이슬란드어를 읽는 데는 시간이 오래 걸리기 때문에 받아들이고 싶은 말과 그렇지 않고 싶은 말에 대해 신중히 결정할 수 있었다. 그리고 문맥상 분명 경멸적인 느낌은 들지만 모르는 형용사를 접했을 때는 번역하는 데 시간을 낭비할 필요가 없다고 느꼈다. 모든 단어를 이해했을 때조차도 일부 주장은 얼마나 터무니없는지 웃음밖에 안 나올 정도로 명백한 허위였다. 고맙게도 그들의 순 비상식적인 주장은 주류 대중들 사이에서 어떠한 설득력도 얻지 못했다.

이는 모든 사람에게 똑같지는 않다. 우리가 크리스마스 뷔페에서 메인 코스를 먹을 무렵, 젊고 거침없고 매력적인 온라인 여성 활동가인 솔보르그가 경험을 털어놓았다. 아이슬란드 인구의 약 10퍼센트가 그녀의 인스타그램을 팔로우하고 있으며, 이는 나이가 많은 다른 유명인사들보다 몇 배나 많은 수이다.(그녀는 아이슬란드어로만 게시물을 올리므로 팔로워들이 현지인들이라는 것은 거의 확실하다.)

""니 년이 어디서 자는지 알아"와 같은 강간 위협 메시지나 협박성 디엠(DM) 따위의 메시지들을 받아요. 내가 남자였다면 그런 위협을 받지 않겠죠. 여성들이 세간의 주목을 받게 되면 그런 걸 받아들이게 되어 있나 봐요?"

그녀가 도전적인 말투로 계속했다. "난 보란 듯이 대꾸하면서 맞섰어요. 그들은 그런 것에 익숙하지 않더라고요. 하지만 난 정치인도 언론인도 아니잖아요. 활동가니까 대놓고 꺼지라고 말할 수 있었죠."

그녀가 계속 말을 이어갔다. "그런 다음 공개적으로 답변을 달았어요. 다른 십 대 아이들도 그런 메시지를 받곤 하는데 어떻게 되받아쳐야 하는지 알 수 있는 기회가 없거든요. 사람들은 나더러 왜 그냥 차단해버리지 않냐고 묻곤 하죠. 나를 협박하면 나도 똑같이 되받아치고는 신고해요. 난 그냥 차단만 하고 끝내버릴 거 같으면 시작도 안 해요. 사람들이 내게 이러쿵저러쿵 말하고 싶어 한다면 내겐 방어할 권리가 있어요. 그런데 십 대들은 그런 것에 익숙하지 않아요." 그녀는 잠시 멈추더니 말을 이어가기 앞서 넛 로스트(각종 채소, 밤, 견과류를 넣어 만든 크리스마스용 채식 요리-옮긴이)를 우두둑 씹었다.

"실제로 어떤 사람들은 내게 "그 사람한테 너무 못되게 구는 거 아니에요? 그냥 어린애일 뿐인데"라고 말해요." 그녀는 그런 반응이 믿기지 않는다는 듯한 표정이었다. "그러면서 나더러 나쁘다고 말해요. '사이버 폭력'이라고 비난은 하지만 실제로 저지르지는 않았다는 거죠. 최근 몇 년간 일어난 이 모든 일을 통해 나는 우리의 자리를 차지하는 것이 얼마나 중요한지, 또 나 스스로를 옹호하고 사람들한테도 당차게 밀고 나가야 한다고 말하는 편이 더 낫다는 걸 알게 되었죠."

이와 같은 여성혐오와 위협은 전 세계적으로 너무나 흔한 일이지만,

아이슬란드어는 오로지 아이슬란드에서만 쓰이는 데다 인구가 상대적으로 적기 때문에 수많은 봇을 제거하고 익명의 계정을 식별하기가 더 수월하다. 실제 계정을 쓰는 사람이 공격하는 경우, 공격자를 추적하는 게 별로 어렵지 않다. 누군가가 익명의 계정으로 솔보르그에게 협박성 메시지를 보냈을 때 캡처한 화면을 올리고 공격자의 가면을 벗기는 데는 몇 시간 걸리지 않았다. 공격자는 고등학생이었다. 솔보르그가 "말에는 결과가 따른다는 것을 보여줄 필요가 있다"고 하며 엄중한 조치로서 경찰에 정식으로 신고했다고 말한 뒤에서야 그 소년은 사과했다.

TV 진행자 토라는 그러한 접근법에 동의했다. "우리는 사람들이 말해도 되는 것과 말해선 안 되는 것에 대한 더 명확한 법률이 필요해요. 실제로 시행될 가능성을 높이려면 법을 개정해야 합니다." 그녀는 감자를 베샤멜소스에 찍었다. "그러니까 내 말은, 사람들을 감옥에 보낼 필요도 없이 그냥…."

"다음 달 급여에서 2만 크로나를 깎으면 되죠!" 토바가 농담을 던졌다.

그렇게 쉽게 해결할 수 있다면 얼마나 좋을까. 아이슬란드의 표현의 자유에 관한 법률은 대부분의 다른 유럽 국가들과 마찬가지로 유럽인권보호조약에서 비롯되었으며, 표현을 제한하는 법률은 표현의 자유에 대한 권리를 고려하여 해석된다. 실질적인 측면에서 이것은 소셜 미디어에 게시된 댓글, 특히 공인에 관한 댓글까지 확대되어 노골적인 위협이 없는 한 본질적으로 디지털 여성혐오에 해당하는 사건으로 기소하는 것을 매우 어렵게 만든다. 게다가 웹사이트 호스트와 인터넷 서비스 제공자(ISP)는 개인에 비해 책임이 덜하기 때문에 어떤 사람이 자신이 제거하고자 하는 사람을 공격하는 내용으로 웹사이트를 개설하는 경우 일반적으로 사이트를 호스팅하는 회사가 아니라 공격자가 웹사이트를 없애야 한다.

따라서 댓글란과 온라인 세상을 일반적으로 여성에게 더 친근한 곳으로 만들고자 하는 열망에도 불구하고, 이곳에서 개선의 길은 법적 보호보다는―온라인 의사소통에 대해 젊은이들을 교육시키는 것을 포함하여―각 개인의 행동에 더 많이 달려 있다 하겠다.

잠재적으로 보다 위협적인 온라인 활동도 있다. 2020년 11월 북유럽 국가들의 온라인 여성혐오 및 반페미니즘에 대한 "디지털 청소년 보호 센터(Center for Digital Youth Care)" 보고서에 따르면 연구자들은 "획정된 하위문화나 움직임"을 식별할 수는 없지만 북유럽 이용자들이 "활동"하고 있으며, 여성혐오 사례들을 해결해야 할 필요가 있다고 지적했다.[28] 다시 말해, 북유럽 지역은 아직 여성혐오 범죄가 시급하고 첨예한 위험에 처해있거나 체계적이고 조직적인 움직임이 일어날 지경에 이르지는 않았을지 모르지만 현실에 안주하지 않을 우려가 충분히 있다는 얘기이다. 아이슬란드에서 걱정되는 또 다른 이유는 아이슬란드 법이 혐오 표현이나 증오 범죄를 구성하는 요건에 대해 상당히 구체적이지 않기 때문이다.

법적인 조치는 차치하고라도(혹은 따라서 미흡한 것은 차치하더라도) 관리자들은 여성의 목소리를 경시하는 것에 대해 별로 관대하지 않다. "「DV」지에서는 사람들의 댓글을 차단한 다음 금지해요." 토바가 말했다. 그녀가 몸담고 있는 「DV」지는 다소 선정적인 기사로 악명을 떨쳐왔는데 그녀는 그런 평판을 지우려고 무던히 노력하고 있다. "아무도 모니터링하지 않기 때문이죠." 주제가 온라인상에서 반발할 우려가 있는 경우 현재 인터뷰 댓글란을 닫는 경우가 있음을 인정했다.

그러한 반발은 신속하고 예상치 못한 것일 수 있다. 2020년 여름, 북동쪽의 작은 마을인 코파스케르에서 어린이 전문극단의 공연이 있었다. 극단의 배우 중 한 명이 소셜 미디어에 그 마을 방문을 추천하지 않는다는 게시물을 올렸다.(그들이 공연했을 때 특히 날씨가 좋지 않았다.) 그녀는 나중에 사과했지만 댓글란은 거의 핵공격에 버금갈 정도로 반응했다. 그녀는 솔직히 말했다는 이유로 강간 위협뿐 아니라 신원을 알아볼 수 없을 정도로 목을 베고 구타하겠다는 협박도 받았다. 솔보르그의 예에서 알 수 있듯이, 아이슬란드는 공격자들을 추적하는 것이 다른 어느 나라보다 더 쉽긴 하지만, 이런 점에 있어서는 다른 어느 나라나 다름없다. 코파스케르 상황에 휘말린 여성 토르디스 비요르크 토르핀스도티르는 자신이 받은 온갖 협박을 경찰에 신고했지만 현재까지 어느 누구도 범죄 혐의로 기소되지 않았다.

토론에 관심을 기울이며 경청하던 스테이눈이 자신의 의견을 추가했다. "우리는 그런 식으로 비판받지 않아요." 장애를 가진 사람들에 대해 말하는 것이었다. "우리는 다 큰 아이들처럼 보여지는 경우가 많아서 어떤 면에서는 비판의 여지가 없는 거죠. 그건 우리가 진지하게 받아들여지지 않는다는 뜻이에요."

"토론에서 항상 나오는 두 단어는 "관심종자"예요. 여성들에게는 그저 자리만 차지하려는 "관종들"이라는 꼬리표가 늘 붙어 다니죠." 바삭바삭하고 납작한 라우파브라우빵(아이슬란드의 전통 빵─옮긴이)에 버터를 듬뿍 바르며 토바가 덧붙였다. "가끔 누군가가 나에 대해 정말 추악한 글을 쓸 때면 나는 그에게 나도 인터넷을 하고 있고 그를 보고 있다는 것을 상기시키려고 그 게시물에 "좋아요"를 눌러요."

"저는 댓글란이 정말 무서워요." 스테이눈이 고백했다. "치솟는 불길 같아서 댓글란을 피하죠."

온라인 세상이 여성들을(음, 누구든) 활활 태우지 않게 하려면 특별한 조치를 취해야 한다. "디지털 청소년 보호센터" 보고서는 온라인상에서의 여성혐오를 해결하기 위해 세 가지 주요 권고안을 제시했다. 하나는 온라인 범죄를 줄이기 위해 신원 인증을 요구하는 것이었다. 다른 하나는 여러 포럼과 협력하여 자원봉사자들과 관리자들을 교육시켜 유해하고 양극화된 에코 체임버(echo chamber, 반향실(反響室)로 방송에서 연출상 필요한 에코 효과를 만들어 내는 방을 뜻하는데, 특정한 정보에 갇혀 새로운 정보를 받아들이지 못하는 현상을 나타내는 용어로 사용한다-옮긴이) 대신 이러한 커뮤니티들이 실제로 온라인에 접속하는 많은 남성들이 실제로 추구하는 도움을 제공할 수 있도록 해야 한다는 것이다.

마지막으로, 보고서는 성 규범과 틀에 박힌 성 역할을 확장시키기 위한 노력의 일환으로 "각 젠더의 가능성과 능력에 대한 보다 평등한 관점을 개발하고 문해력을 구축할 것"을 제안한다. 여기서도 역시 긍정적인 남성 롤 모델이 매우 중요할 수 있다.[°]

솔보르그가 말했다. "나는 엄청난 특권을 누리며 살고 있다는 걸 잘 알고 있어요. 다른 많은 여성들보다 오히려 더 많은 플랫폼을 가지고 있거든요. 내가 위협받아왔던 폭력은, 음, 총에 맞는다거나 다른 나라에서 일어날 수 있는 것과는 완전히 다른 수준이에요. 하지만 '그래, 투표할 수 있다는 것만으로도 어디야'라고 생각하는 것만으로는 만족할 수 없어요."

2012년 아이슬란드 대통령 선거에서는 여섯 명의 후보가 국가원수직

[°] 긍정적인 남성 롤 모델은 결코 아이슬란드나 심지어 북유럽 각국에만 있는 것은 아니다. 하지만 아이슬란드에는 훌륭한 사례가 있다. 카르멘스칸(Karlmennskan, 남성성, 남자다움이라는 뜻-옮긴이)이라는 매우 인기 있는 인스타그램과 페이스북 페이지를 운영하는 토르스테인 V. 에이나르손은 남성성을 언급할 때 정서적 책임감과 친절함과 같이 종종 무시되는 측면에 대한 토론의 장을 열기 위해 캠페인을 벌이고 있다.

에 출마했다. 현직 대통령인 올라푸르 라그나르 그림손은 기록적인 다섯 번째 임기를 위해 출마했다. 아이슬란드 헌법에는 임기 제한이 없다. 결과적으로 그가 수월하게 이겼다. 선거운동 기간 내내 그림손의 가장 큰 경쟁자는 다름 아닌 크리스마스 뷔페에 참석한 일행 중 한 명인 당시 37세의 텔레비전 진행자 토라 아르노르스도티르였다.

놀라운 일도 아니지만, 아이슬란드 대통령 선거는 세계적인 관심을 거의 받지 못한다. 그러나 두 달 간의 선거운동 기간 동안 토라는 BBC 방송국이나 「가디언」지와 같은 유수 언론에서 조명을 받았다.

대통령직 공약이나 접근방식 때문에 매체의 떠들썩한 관심을 받은 것은 아니었다. 그보다는 선거운동이 절반 정도 지났을 무렵 셋째 아이를 출산하려고 2주 동안 휴가를 취한 것이 언론에서 집중 조명을 받은 것이었다. 출산 전 그녀는 연설을 하고 악수를 하고 감탄스럽게도 하이힐을 신고 다양한 모임에 참석했다. 2주 뒤에도 그녀는 여전히 하이힐을 신고 있었으며, 계속해서 분투하는 동안 갓 난 딸아이는 사실혼 상대자가 무대 뒤에서 돌봐주었다. 토라는 2위를 차지했다.

"당연히 외국 언론이 그처럼 관심을 보이면 사람들은 맡은 바 임무를 다하고 싶어 하죠." 토라가 선거운동 기간 동안 얻었던 세계적인 관심을 회상하며 말했다. "하지만 그건 다른 여러 나라의 상황이 어떤지를 반영하는 것이기도 했어요. 나와 같은 사람이 출마하는 게 다른 나라에서는 상상도할 수 없는 일이라는 것을 상기시키는 거죠. 그러니 우리가 사는 이곳은 다른 곳이에요. 나는 우리가 밀어붙이고 있는 한계에 대해 잘 인식하고 있지만 다른 여러 나라보다는 훨씬 상황이 좋다는 것도 잘 알고 있어요."

토라는 선거 유세에서 만약 당선된다면 자녀들에게 어떤 영향을 미칠지에 대해, 주로 여성들로부터, 질문을 받았다는 것을 인정했다.(그녀는 자녀가 총 여섯이다. 현재 배우자와의 사이에서 낳은 갓난아기를 포함한 세 자녀와, 배우자가 전처와의 사이에서 낳은 의붓딸 셋이 그들이다.) 그녀는 출마 결정이 자신과 가족이 함께 내린 결정으로 가족들이 감당할 수 있다는 것을 알고 있었다는 점을 분명히 밝혔다.

"우리는 항상 때가 아니라는 말을 들어요. 너무 어리다고, 그런 다음에는 자식을 낳아야 한다고, 그런 다음에는 아이들이 너무 어리다고, 그런 다음에는 폐경기에 접어들었다고, 그런 다음에는 이젠 너무 늙었으니 연금이나 받으며 살아야 한다는 말을 듣죠. 그러다 불현듯 내 인생에는 그 어떤 것도 할 "때가 아니구나"라는 사실을 깨닫게 돼요. 다른 누군가가 "때가 아니라고" 생각했으니까. 어떻게 다른 사람이 그런 말을 할 권리가 있죠?"

세계의 언론매체들은 아이슬란드에서는 여성이 임신하는 것이 최고위직에 입후보하는 것을 막을 수 없다는 참신한 생각에는 고무되지만, 다른 여러 면에서, 즉 젊은 여성들에 대한 보도에 있어서는 여전히 20세기적 판단에 머물러 있다.

2020년 초가을의 이야기를 예로 들어 보겠다. 아이슬란드와 잉글랜드의 국가대표 남자 축구 경기가 끝난 뒤, 잉글랜드의 젊은 선수 둘이 온라인에서 대화를 나누었던 비슷한 또래의 아이슬란드 여성 두 명을 호텔 방으로 불러들였다. 방문단에 부과되었던 엄격한 코로나19 방역 수칙을 어긴 것이었다. 여성들은 방역 수칙이라든가 새로 알게 된 친구들의 명성에 대해 알지 못했다고 했다. 그들은 선수들의 유명세를 모르고 비공개 스냅챗에 사진을 몇 장 올렸는데 아니나 다를까 사진이 그만 공개되어 버렸다. 선수 중 한 명은 어린 자식이 있는 기혼자였다.

이 이야기는 아이슬란드와 영국의 여러 신문에서 재빨리 대서특필되었는데, 성 중립적인 보도와는 거리가 먼 신문들이었다. 잉글랜드 선수들은 공개 사과를 했고 방역 위반에 대한 벌금이 부과되었으며, 덴마크와의 다음 국가대표 경기에도 출전할 수 없게 되었다.

두 여성에 대해 영국 언론은 반짝 유명세를 얻으려는 의도를 가진 문란한 꽃뱀들이라는 누명을 뒤집어씌웠다. 아이슬란드에서는 국회의원에서 팝 가수에 이르기까지 저명한 사람들이 그러한 비난에 맞서 그 여성들을 공개적으로 옹호했다. 이 옹호자들은 당연히 수칙을 어긴 것은 젊은 여성들이 아니라고 주장하며, 우리 중 상당수도 젊었을 때 별로 자랑스럽지 않은 방식으로 행동하지 않았었냐며, 소셜 미디어 시대가 도래하기 전에 청춘이었던 게 복 받은 거라고 지적했다. 또 다른 사람들은 다루어야 할 뉴스 가치가 있는 주제들에나 더 관심을 쏟으라고 지적했다.

영국 뉴스 기사의 댓글란에서는 여성들의 외모, 동기, 배경을 언급하며 "아이슬란드 미인계"를 썼다고 폭언을 퍼부었다. 아이슬란드에서는 젊은 여성들에 대한 동정심과 이야기가 다루어지는 정도에 대한 분노 섞인 댓글들이 달렸다.

토바는 「DV」지에 새로 부임했을 때 일어난 그 사건에 대해 이렇게 회상했다. "우리는 영국인들과 전혀 다르게 보도했어요. 그들(영국 언론)은 여성들을 성이 아닌 이름으로 불러 누군지 알아보게 하거나 백치들이라고 부르는 식이었죠."

우리가 성평등을 매체에 반영하기 위해 노력하는 방식에서—공공연하게든 아니든 간에—종종 다른 기조를 띤다는 사실을 아이슬란드 외부의 언론 매체들은 간과하지 않았다.

토라가 말했다. "가끔 해외에서 "아이슬란드에서처럼 성평등이 잘 이루어지게 하려면 미국에서는 어떻게 하면 될까요?"라는 질문을 받아요.

하지만 우리가 한 세기에 걸쳐 그려낸 진보의 청사진을 그대로 따라하라고 보낼 수는 없잖아요. 우리는 이룬 것도 많지만 그만큼이나 여전히 할 일이 많이 남아 있어요. 그건 마치 유조선이 방향을 바꾸는 것과 같아요. 하느님이 하늘에서 우리에게 태도를 바꿔야 한다고 명한 것은 아니잖아요. 성평등을 성취하기 위해 조금씩 변화를 준 것, 우린 그게 자랑스러워요."

토라는 우리에게 이것은 평등을 향한 투쟁이지, 여성의 권리를 향한 투쟁이 아님을 상기시켰다. 그녀는 이미 다 아는 얘기지만, 남성들도 반드시 참여해야 한다고 지적했다. 솔보르그가 물었다. "페미니스트 롤 모델이 여성들만 있다면, 어린 소년들은 어떻게 롤 모델을 볼 수 있겠어요?" 그러나 끈질기게 압력을 가한 뒤 작은 성공을 거둔 데에는 대가가 따른다. 스테이눈이 말했듯이 "전투로 인한 탈진"이다.

"우리 세대의 여성들은 무더기로 쓰러지고 있어요." 토라가 동의했다. "20년 넘게 계속 일하면서 아이를 낳고, 집안을 깔끔하게 유지하고, 요가하러 가고, 회사를 차렸어요. 그러던 어느 날 갑자기 집 바깥의 차 안에 앉아 있는데 숨을 쉴 수가 없는 거예요."

그리 되어서는 안 된다. 유조선의 방향을 돌리려면 청사진 이상의 것이 필요하며, 사진 설명에서 먼지차별(미세공격이라고도 한다. 소수 집단이나 약자를 향한 도처에 깔린 작은 차별. 미세먼지처럼 눈에 잘 띄지 않아 문제를 제기하기도 어렵지만, 쌓이면 유해해진다는 데서 기인한다-옮긴이)임을 끈질기게 외치고 소셜 미디어에 출현하는 노골적인 위협을 신고하는 것 이상이 필요하다. 여기에는 여성들이 자신의 자리를 차지하고 목소리를 내는 것이 보람찬 일이며, "관종"이라고 일축하지 않고, 그들의 경험과 지혜에 의문을 제기하지 않는 것이 포함된다. 우리 모두는—패션에서 교육에 이르기까지—여성들이 더 많은 경향이 있는 분야를 똑같이 중요하게 다룰 필요가 있다. 여성들의 목소리를 침묵시키거나 폄하하고자 하는 사람들에게 우리는 목소리를 낼 수 있어야 한다. 여성들도 남성들과 마찬가지로, 대중의 시선에서 볼 때 실수를 하고 처음에는 제대로 할 수 없을지라도 성장할 수 있는 여지를 주어야 한다. 마지막으로, 유조선의 방향을 돌리는 것은 장애 유무, 토박이와 이민자, 다양한 성 정체성, 종교, 연령, 인종에 대한 모든 여성들의 목소리와 관점을 통합하는 것이다.

모든 형태의 미디어를 통해 여성들은 자신들의 자리를 주장해야 한다. 할당받은 자리뿐만 아니라 마땅히 차지해야 할 자리 역시도 말이다. 그것은 두려울 수도, 스트레스를 유발할 수도 있다. 확실히 아주 지치는 일이다.

항상 낙관주의자인 스테이눈은 앞으로 나아가기 위한 최선의 방법을 갖고 있다. "매일 아침 일어나 거울에 비친 나를 보면서 "오늘이 최고의 날이 될 거야"라고 말해요." 그녀는 자세를 바로 하고 앉아 반지를 가지런히 정돈하고 짧게 자른 머리를 손가락으로 빗어 넘기며 집 안의 욕실에 있을 때 하는 말을 실습해 보였다. "예상한 대로 되지 않음 뭐 어때, 그래도 다 잘될 거야."

그것은 우리가 미디어, 특히 온라인에서 여성을 묘사하는 지속적이고 만연한 문제들을 어떻게 해결해야 할지를 숙고할 때 명심해야 하는 중요한 마음가짐이다. 아이슬란드는 소수의 사람들이 사용하는 언어와 작은 공동체라는 이점이 있다. 이는 (다행히도)수치스러운 범죄 행위들을 밝혀내는 데 도움이 된다. 한 사회로서 우리는 또한 텔레비전, 라디오, 인쇄물에 나오는 여성에 대한 구태의연한 표현에 맞서서 반박하고 있다. 이것은 현재진행형의 문제이며 마라톤과도 같은 기나긴 투쟁이므로 스테이눈과 같은 긍정적인 태도를 유지해야 한다. 그러나 우리는 또한 우리 자신과 우리를 둘러싼 사람들이 온라인 공격에 맞서고, 혐오 발언을 신고

하고, 피해자가 아닌 가해자에게 수치심을 돌리고, 전반적으로 여성들이 자신의 자리를 차지하기 위한 목소리를 낼 수 있도록 힘을 길러야 한다. 세를 확장해야 한다. 목소리를 높여야 한다. 다른 사람들을 위해 목소리를 높이고, 자신을 위해 목소리를 높이면 더 많은 것들이 뒤따를 것이다.

—자연을 위해 싸운 불굴의 스프라키

아이슬란드어로 "황금폭포"라는 뜻의 "굴포스"는 아이슬란드 자연의 가장 유명한 보물 중 하나로, 최고 관광명소로 꼽히는 3대 자연경관인 "골든 서클"(레이캬비크 시내에서 북쪽으로 약 35km 거리에 위치한 싱베틀리르 국립공원, 게이시르 간헐천, 굴포스를 한데 묶어 칭하는 이름-옮긴이)의 일부이다. (코로나19 바이러스가 창궐하는 기간을 제외하고)매년 수십만 명의 방문객이 3단으로 떨어지는 이 폭포의 위용을 목격한다.

굴포스는 아이슬란드에서 방문객이 가장 많은 곳 중 하나로, 아이슬란드의 자연미를 상징한다. 사람들은 결연하고 뚝심있는 한 여성이 아이슬란드 역사에서 "폭포가 파괴되는 것을 구했다"며 그 공을 돌리고 있다.

20세기 초에 시그리두르 토마스도티르는 굴포스 인근의 브라트홀트 농장에서 살았다. 독학으로 공부한 시그리두르는 폭포를 구경하려고 험한 길을 건너는 드문 방문객들에게 안내자 역할을 했다.

아직 연합군 점령하에서 독립하지 않은 아이슬란드가 여전히 가난에 허덕이던 이 기간 동안, 시그리두르는 시대를 수십 년 앞서 환경주의적인 관점을 주장했다. 시그리두르가 어렸을 때는 화산, 빙하, 폭포가 자연의 경이라든가 볼거리가 아니라 경제적 이익을 위해 활용할 가능성이 있는 좋은 농지나 위치에 대한 장애물로 여겨졌다.

굴포스의 상황도 마찬가지였다. 영국인 투자자가 시그리두르의 아버지 토마스에게 접근하여 폭포를 동력원으로 이용해 전기를 생산할 요량으로 토지 보상금을 후하게 쳐주겠다고 제안했을 때 그는 "내 친구를 팔고 싶지 않다"며 그 제안을 거절했다고 한다. 그렇지만 몇 년 뒤, 결국엔 임대하는 데 동의했다.

폭포를 "동력원으로 이용"하는 것은 실제로 수력 발전을 발생시키기 위해 상류에 댐을 만듦으로써 폭포를 파괴하는 것을 의미했다. 시그리두르는 용납하지 않았다. 변호사인 스베인 비욘손(1944년 아이슬란드가 덴마크로부터 독립하자 초대 대통령이 됨)을 선임하여 대의를 변호하도록 했다. 그녀는 여러 차례 레이캬비크까지 걸어가서 폭포를 왜 보존해야 하는지에 관해 주장했는데, 전해오는 이야기에 따르면 화산 지역을 가로질러 100킬로미터가 넘는 거리를 맨발로 갔다고 한다. 그러한 만남이 원하는 결과를 내지 못한다고 느끼자 그녀는 파괴할 계획이 확정되면 폭포에 몸을 던지겠다고 위협했다.

시그리두르의 시위는 여성 인권 활동가들이 사회에서 여성에 대한 법적 보호를 위해 투쟁하던 시기에 벌어졌다. 시그리두르는 그 전투에 적극적으로 참여하지는 않았지만 그럼에도 자신의 대의를 위해 지칠 줄 모르고 열정적으로 싸웠다. 남성 지배적인 세계에서 자신의 목소리를 내기 위해 고군분투하는 동안 그녀는 현대 여성들에게 너무나 익숙한 낙인과 편견에 직면했다. 폭포처럼 하찮은 것에 대해 지나치게 "감상적"이고 "감정적"이라며 비난받았다. 여성의 투표권을 부정하고 싶은 정치인들이 널리 쓰는 형용사이기도 했다.

사회가 점점 환경과 관련된 지속가능성에 대해 가치를 높게 두면서 그녀의 열정은 존경받고 찬사받게 되었다. 시그리두르가 살아있는 동안 굴포스와 주변 토지는 결국 정부에 매각되었다. 그녀가 86세의 나이로 세상을 떠난 지 약 20년 후, 그 지역은 공식적으로 개발이 금지되었다. 폭포 꼭대기에는 그녀를 기리는 기념비가 세워져 있으며 그녀는 당연히 국내 최초의 환경운동가라는 칭호를 얻었다.[29]

7.
야생에서 이뤄낸 조화

나는 깡촌 출신이다°

°Ég kem alveg af fjöllum. "동떨어진", "세상과의 접촉이 없는"이라는 의미의 아이슬란드 관용
어이다.

나는 깡촌 출신이다. 당연히, 말 그대로의 뜻은 아니다. 그것과는 거리가 멀다. 캐나다의 오타와 계곡은 평평하고 드넓은 비옥한 농경지로, 멀리 가티노힐스(공룡 시대 훨씬 이전의 빙하 활동으로 인해 마모된 고대 산맥)가 있다. 하지만 은유적으로 말하면 나는 깡촌 출신이다. 이는 "세상과 접촉이 없다"는 사실을 표현할 때 자기 비하 식으로 쓰는 아이슬란드어 관용구이다. 밀레니엄 이후 세대의 손녀가 틱톡과 레딧에 대해 이야기하고 있는데 걸스카우트 기금 마련을 위한 새로운 쿠키 이름을 말하는 거라고 추측한다면, 당신이 바로 "깡촌 출신"이다.

아이슬란드에서 사람들이 시골과의 관계를 논할 때, 특히 현지에서 태어난 많은 사람들과 비교하자면, 나는 "깡촌 출신"이다. 나는 2020년에 처음으로 아이슬란드 말을 (그것도 천천히!)탔다. 잔잔한 날 항구에 정박해 있는 이제는 "퇴역한" 해안경비대 선박에 탑승했을 때는 속이 울렁거렸다. 양 떼로 둘러싸인 취미농장에서 자랐음에도 구드니와 결혼하고 대통령의 부인이 되어 새끼 양들이 태어나는 봄에 시골을 여행할 때까지는 양이 태어나는 순간을 본 적도 없었다.

이런 면에서 보자면 이제 점점 더 많은 아이슬란드 사람들이 "깡촌 출신"이다. 결국, 지난 50년 동안 주로 수도권 외곽에 기반을 두었던 거주민들은 이제 훨씬 더 도시 중심적인 사람들로 변모했다. 옛날에는 어촌이나 농촌에서 자라지 않은 전형적인 도시 아이들은 여름방학 동안 레이캬비크 외곽에 있는 조부모라든가 친척들 집에서 보내는 일이 흔했다. 그들은 거름을 주는 일부터 어린 동생들을 돌보는 일에 이르기까지 농장에서 온갖 일손을 도와야 했다. 어촌에서는 대구를 잡기 위해 작은 어선을 타고 당일치기로 바다로 나가거나 어선이 도착했을 때 판매를 위해 배에서 끌어내리고 가공하는 것을 도왔다. 해가 지지 않는 여름철에 무급 노동을 하지 않을 때면 아이들은 안전한 동네에서 이리저리 돌아다니곤 했다.

오늘날 이러한 전통은 예전보다 훨씬 찾기 힘들어졌지만, 아이슬란드 사람들의 보편적인 국민성과 자연경관을 분리하는 것은 불가능하다. 산소가 풍부한 북극권 공기, 바위투성이 해안에 부딪히는 파도 소리, 험준한 절벽에 둥지를 틀고 있는 바다오리들, 황량한 고원 같은 달, 나무 한 그루 없는 나지막한 산들과 푸르른 계곡들, 눈 쌓인 봉우리와 이끼로 덮인 용암 지대들. 이 모든 것들이 우리의 뼛속 깊이 새겨져 있다.(나는 이곳에 뼈를 묻은 지 그렇게 오래되지는 않았지만 벌써 뼈에 새겨지기 시작하는 것을 느낄 수 있다.)

대자연은 척박한 환경에 사는 강인한 아이슬란드 사람들에게 자애로우면서 포악하기도 했다. 적응력이 뛰어나고 결연하고 현실적인 사람들만이 겨울철 어둠이 빚어내는 절망은 말할 것도 없고 지진, 화산 폭발, 기근, 침식의 위협 속에서 수 세기 동안 살아남을 수 있었다. 그러나 나무 한 그루 없는 산은 포식자들이 살지 않기에 가축을 그냥 풀어놓고 키워도 전혀 문제될 게 없으며, 섬을 둘러싸고 있는 바다에는 물고기라든가 해산물이 풍부하다. 육지에는 식수와 난방용 온수가 거의 무제한이며 식량 공급이나 면역 체계를 대대적으로 파괴하는 고질적인 유독성 벌레들도 없다.

브라트홀트 농장에 살던 시그리두르가 굴포스 폭포를 구하려고 먼 길을 원정 다니던 시대가 가자 아이슬란드인들은 자연의 아름다움과 경이로움에 대한 인식을 발전시켜왔다. 흔히 댐을 건설하는 데 필요로 하는 발전소를 개발하는 경우와 같은 경제적 이익을 위해 자연을 이용하는 것은 항상 불꽃 튀는 논쟁의 주제이다. 한쪽에서는 고용 증가 및 기타 재정적 인센티브로 인한 혜택을 보는 사람들이 있고, 다른 한쪽에서는 자연을 돌이킬 수 없이 훼손하는 것에 방점을 찍는 사람들이 있다. 자연은 또한 인스타그램에 올리기에 딱 좋은 환경이기에 섬으로 몰려드는 관광객들 덕에 우리나라의 부를 크게 증가시키기도 했다.

아이슬란드는 기후 위기가 얼마나 심각한지를 단적으로 드러내기도 한다. "오크(Ok)"라고 불리는 "소멸한" 빙하를 추모하는 추모비까지 도보여행을 할 수 있으며, 급격하게 사라지는 다른 여러 빙하가 얼마나 극적인 결과를 가져왔는지 가까이서 목격할 수 있는데, 연구에 따르면 200년 이내에 이 빙하들이 우리 섬에서 완전히 사라질 수 있다고 한다. 우리나라는 수십 년 동안 귀중한 어획량을 관리하기 위해 엄격한 어업 할당제를 시행하고 있다. 그래서 예를 들어, 캐나다의 그랜드뱅크스(캐나다의 뉴펀들랜드 동남쪽에 있는 세계 3대 어장의 하나-옮긴이)와 같은 대구 남획으로 발생한 처참한 붕괴를 피할 수 있었다. 남동쪽의 호픈 마을을 둘러싸고 있는 땅은 실제로 매년 1센티미터씩 상승하고 있다. 인근에 있는 유럽 최대의 빙하인 바트나이외쿠틀 빙하가 녹으면서 빙하 무게에 눌려있던 땅이 솟아오르기 때문이다. 2도어 소형 렌트카를 타고 차량 흔적이 없는 길로 과감하게 나선 관광객들조차도 5월 말에 강풍이나 폭설과 같은 험난한 날씨를 맞닥뜨리면 기후 변화가 미치는 영향을 체험하게 된다. 그리고 연구에 따르면 전 세계적인 극심한 기후 위기가 전 세계 여성들에게 불균형적으로 영향을 미친다는 것을 보여준다.[30]

다소 역설적이게도, 자연의 변덕에 대한 이러한 의존성은 가정, 농장,

사업을 운영하는 데 필요로 하는 다양한 업무에서 성별 역할을 상당히 명확하게 구분하면서도 동시에 모두 손을 모아 도와야 하는 위기의 시대에 성별이 중요하지 않은 것으로 이어졌는데, 이는 여성이 바다에서 물고기를 잡거나 남성이 모직 스웨터를 뜨개질하는 것을 의미한다. 이것이 현실적으로 의미하는 바는, 해안가에 사는 많은 남성들이 종종 한 번에 며칠 동안 바다에 나간다는 것은(일부는 아예 돌아오지 않음) 여성들이 온갖 희생을 감내하면서 가정을 꾸려나간다는 것이었다. 남성들이 바다에서 돌아오면, 여성들은 즉시 항구로 가서 합류하여 어획물을 내리고 소금에 절이는 것을 도왔다. 이러한 노동 분업은 오늘날 우리나라 여성들의 힘을 설명할 때 자주 인용되는 사례이다. 결국, 이 나라에는 강인하고 독립적인 여성들이 환경에 적응하고 의존하고 자립한 오랜 역사가 있다.

농업이나 어업과 같은 분야는 오늘날에도 종종 분리된 상태로 남아 있다. 농장은 보통 공식적으로 남성들이 소유하고 관리하고 있으며 그들은 바다에도 나가 있는 반면 여성들은 주로 어류 가공 시설에서 일한다.(당연히 이러한 가공회사들을 경영하는 게 아니라 잡무를 맡는다.) 그러나 그러한 추세를 거슬러 직접 소유한 가축을 기르거나 선박을 모는 여성들도 있다. 지난 수십 년, 수백 년 동안 일부 여성들은 바다에 나간 남성들이 돌아오지 않으면서 본의 아니게 책임을 떠맡게 되었을 수 있지만 오늘날의 여성 농부와 어부들은 스스로 자신의 길을 선택한다.

이러한 여성들은 종종 업계를 구성하고 있는 동업자 남성들에게 온전히 받아들여지기 앞서 그 분야에서 자기 역량을 입증해 보여야 한다. 이 여성들은 스스로를 개척자로 여기지 않을 것이며, 실제로 드물긴 하지만, 유일무이하거나 최초의 여성도 아니다. 그들은 성별에 상관없이 꿈을 쫓고 있을 뿐이다. 그들은 평등을 촉구하는 법률이 제정되기를 기다리지 않는다. 그들은 스스로 변화를 일으키며, 법률로 정해졌건 아니건, 롤 모델이건 아니건, 어떤 것에 마음을 쏟으면 할 수 있다고 믿는다.

농업과 어업 분야에서 직업적인 꿈을 쫓는 것 외에도, 여성들이 점점 더 발언권을 갖고 있는 또 다른 분야가 있다. 잘 훈련된 수천 명의 자원 봉사자 여성들이 전국에 기반을 둔 존경받는 수색 구조대의 일원으로 시골—과 도시—에서 영웅적인 임무를 수행하고 있다. 육체적 부담이 따르는 일임에도 불구하고 이 구조대는 아마도 우리나라에서 가장 젠더에 구애받지 않는 조직 중 하나일 것이다. 여성들은 여전히 소수이긴 하지만 그 수는 증가하고 있다. 진입 장벽—이러한 소수정예 집단의 일원이 되기 위해 충족해야 하는 육체적, 정신적 요구 사항—은 모든 사람에게 높기 때문에 여성들이 특별히 추가로 패기를 보여줄 필요가 없다. 아마도 여기서 우리는 젠더에 상관없이 성취한 가장 훌륭한 성공 사례를 볼 수 있을 것이다.

헤이다 구드니 아스게이르스도티르는 아이슬란드 남쪽 지역 도로 끝자락에 살고 있다. 서쪽의 레이캬비크와 동쪽의 에이일스타디르 중간쯤에 있는 마을이다. 인구밀도가 워낙 희박한 지역이라 비포장도로로 방향을 틀기 전 마지막 교차로에 게시된 커다란 지도에는 각 농장(모두 이름이 있다)이 표시되어 있다. 르요타르스타디르라고 불리는 65km²에 달하는 농장(영국해협에 있는 건지섬 정도의 크기)은 헤이다가 나고 자란 고향집이기도 하다. 상대적으로 고도가 높아 일찌감치 눈이 내리며, 풀이 무성한 비탈길이 많아 400여 마리의 양 떼가 짧은 여름 동안 자유롭게 풀을 뜯어 먹는다.

"우리는 자연이 필요하지만 자연은 우리를 필요로 하지 않아요." 농장을 방문했을 때 그녀가 말했다. "농부에게는 특히 자연이 필요해요. 여름철 날씨가 좋으면 결과가 더 좋고 겨울철이 추우면 결과가 더 나쁘죠. 이곳에 사는 우리는 자연과 긴밀하게 연결되어 있어요. 폭풍우가 휘몰아칠 때면 나란 존재가 아주 하찮은 것처럼 느껴지죠."

르요타르스타디르 농장은 아이슬란드에서 가장 위협적인 화산인 카틀라에서 불과 24킬로미터 떨어져 있다. 카틀라 화산의 용암과 화산재는 900년이 넘는 역사 동안 여러 번 농장을 폐허로 만들었다.

헤이다는 이 영속적인 위협에 대해 특유의 낙관론을 펼친다. "내일 화산이 폭발할지도 모른다는 생각으로 하루를 보낸다면 오늘 우리는 아무것도 할 수 없지 않겠어요." 그녀가 어깨를 으쓱하며 말했다.

키가 크고 흰 피부, 도드라진 광대뼈, 아마도 직접 다듬었을 법한 앞머리를 가지런히 자른 긴 금발 머리는 전형적인 북유럽인 외모이다. 헤이다는 지혜, 연민, 정직, 선행을 베풀고자 하는 의지가 물씬 풍기고 있었다. 그녀는 2016년에 아이슬란드어로 출판되어 호평을 받은 책의 주인공으로 수도에 사는 도시 거주자들에게 요즘 농부의 삶이 어떤지를 전형적으로 보여주고 있다.[31]

헤이다는 자신이 유명인사라는 점에 대해 불편해하는 듯한 인상을 주었는데, 동물과 농기구와 함께 홀로 일하는 안전한 지역을 떠나는 게 늘 마음이 편한 것은 아닌 내향적인 사람이지만 때로는 우리 모두가 그렇게 해야 할 의무가 있다고 믿는다. 헤이다의 경우, 환경에 대한 열정적인 지지와 그녀가 사는 지역의 땅이 개발업자들에게 팔리는 것을 막기 위한 일환으로 세상 밖으로 나오게 되었다. 그녀는 외국인 소유의 알루미늄 제련소에 에너지를 공급할 새로운 발전소를 짓기 위해 섬세한 자연을 이용하는 것에 반대했다.

헤이다가 농장 부엌에서 진한 블랙커피를 마시며 말했다. "그들이 멋지게 차려입은 남자들을 가서 커피나 한 잔 마시라고 보내면 남자들은 전에는 그런 큰돈을 본 적이 없는 사람들 앞에서 돈을 흔들어 보이죠. 그리고는 좀 멀리 떨어진 곳에 작은 댐을 건설하도록 허락해 주기만 하면 그 돈을 갖게 해준다고 해요. 그리고는 휴대전화 수신도 더 잘 되고, 도로도 더 좋아질 거라고 약속하죠." 그녀는 어이없다는 표정을 지었다. "난 절대 내 땅을 팔지 않을 거예요."

그렇지만 그녀가 사는 지역의 일부 농부들은 정부가 개발 계획을 승인할 경우 그들의 땅에서 물을 사용할 수 있는 권리를 팔기로 동의했다. 그러나 헤이다는 전형적인 농부가 아니다. 그녀의 성별이 그 첫 번째 증거이다.(농장에서 일하는 여성들은 아주 많지만 대다수가 부부가 운영하기 때문에 그 여성들 중 소수만이 실질적으로 소규모 사업체의 공식 지주이자 경영자이다.) 따라서 헤이다와는 여러 차례 만나 커피를 마시며 짜디짠 감초사탕을 먹어봤자 아무 소용이 없었다.

헤이다는 다섯 자매 중 막내로 이 땅에서 자랐다. 그중 한 명은 헤이다가 겨우 세 살 때 죽었다. 위의 세 언니는 어머니가 1967년 눈사태로 사망한 첫 남편과의 사이에서 낳았다. 농장을 운영하는 작은 동네에서 헤이다의 어머니는 그 힘든 오랜 세월 동안 주위에 있던 남자와 유대감을 형성하여 결혼까지 이르게 되었다. 고인이 된 남편의 형제였다. 어머니는 두 번째 남편과의 사이에서 헤이다를 포함하여 두 딸을 낳았다.

"나는 항상 농부가 되어 내 두 손으로 일하고 싶었어요." 그녀는 모든 농사일이 요구하는 노동집약적인 일에서 잠시 벗어나 귀하게 얻은 휴식 시간 동안, 내가 앉아 있는 식탁 맞은편 한쪽에 절묘하게 놓인 낡은 레이지보이 의자에서 휴식을 취하며 말했다.(누구나 부엌에 리클라이닝

의자가 있어야 한다는 것을 그녀를 보면서 깨달았다. 손님이 식탁에 앉아 커피를 마시는 동안 근면한 농부는 발을 올려놓고 편안하게 쉴 수 있다.) "우린 온갖 일을 다했어요. 농사일은 남자들의 세계이고 지금까지도 마찬가지인데 우리 경우는 집안에 남자가 전혀 없었어요. 우리 네 자매는 근본적으로 골수 페미니스트이고 무엇이든 우리 힘으로 할 수 있죠."

헤이다는 이러한 신념이 당당하다. 그녀의 아버지는 1929년에 태어났는데 "페미니스트라는 단어를 쓴 적은 없었지만, 당연히 우리를 자랑스러워했어요"라고 말했다. "그래도 아버지는 여전히 내가 계속 여기에 있으려면 남편이 필요하고, 농장을 물려줄 누군가가 필요하다고 생각했죠. 다른 사람들이 사는 식으로 결혼도 하고 아이도 낳아야 한다는 등 편협한 생각을 갖고 있던 거예요. 그 생각 자체로는 별 문제될 게 없지만 그렇게 해야 한다는 압박감이 너무 크죠."

마찬가지로 외부세계에도 농부라는 사실을 납득시키느라 애를 좀 먹었다. 뉴욕에서 이틀간 모델 화보 촬영을 한 적이 있었는데, 이로 인해 BBC 방송국에 아이슬란드의 모델이 된 농부로 소개가 되었다. 사실 그 화보 촬영은 그녀가 언제나 하고자 했던 것, 즉 가업을 물려받는 일에서 일시적인 상황 변화에 불과했다. "기자들에게 유전자 복권에 당첨된 행운아일 뿐 모델 일을 직업으로 삼고 싶지 않다는 말을 계속해야 했어요."

농대에서 학업을 마치고 돌아와 동네 학교에서 교사와 경찰로 근무한 뒤, 그녀는 농부이자 또 다른 직업 중 하나인 양털 깎는 일로 역량을 입증해 보여야 했다.(요즘 같은 시대에는 농사만 지어서는 먹고 살 수 없다.) 그녀는 또한 지방자치구 의회 의장이며 "좌파녹색운동" 정당의 대리의원(의원 부재 시, 의원이 지명한 사람으로 의원의 모든 권리, 책임, 의무를 갖는다-옮긴이)이기도 하다.

헤이다는 두 번째 직업에 대해 설명했다. "아이슬란드에서는 양털 깎기를 하는 여성들이 거의 없어요. 특히 다른 농장의 양털을 깎는 일은 거의 안 하죠. 그 일을 시작하자 사람들은 내가 관심받는 데 안달나서 그 일을 하는 거라고 수군거렸어요. 그 일이 재미있고 또 내가 잘 할 수 있는 일이라고 생각해서 하는 게 아니라요. 굉장히 남성 우월적인 환경이죠."

헤이다는 레이지보이 의자 옆에 아이슬란드가 그려진 세계 전도를 붙여놓았다. 그 지도에는 양털 깎기, 도보 여행 등등으로 방문한 장소가 작은 압정으로 표시되어 있었다. 각 활동에는 고유의 색상이 있었다. 압정은 뉴질랜드까지 이어졌는데, 뉴질랜드 남쪽 해안 도시인 인버카길에는 빨간색 압정이 꽂혀 있었다. 2017년 당시 그녀는 양털 깎기 대회에 참여한 유일한 여성 참가자였다.

그러나 날마다 농장에서 "대부분의 시간을 혼자 일한다"며 유쾌하게 말했다. "휴대전화와 인터넷의 등장은 모든 것을 변화시켰고 세상을 훨씬 더 작게 만들었어요." 그녀가 감초 과자를 두어 개 더 먹었다. "하지만 나는 사람들하고 어울리는 걸 지독히도 싫어하는 성격이라 혼자 있는 게 훨씬 좋아요."

헤이다가 자주 접하는 직업적 교류는 양털 깎기를 통해 이루어진다. 즉, 다른 농장으로 가서 수북하게 자란 양털을 깎는 것이다. 이 일을 하면서 그녀는 아이슬란드의 농업 부문에서 여성의 역할에 대한 관찰자적 지식을 많이 얻었다.

헤이다가 열변을 토했다. "농사일을 하는 여성들은 겉으로는 잘 안 보여요. 농장은 법적으로 남편 명의로 운영되지만, 보통 여성들은 마구간에서 일하거나 장부 정리, 예산 편성, 출산기의 암양을 돌보는 일 등 무수히 많은 일을 해요. 농장을 방문했을 때 보면, 두 사람이 똑같은 책임하에 일을 하고 있는데도 불구하고 대표자는 남편인 경우가 많아요. 내가 방문한 농장들에서는 부부가 바깥에서 열심히 일하다가 아내가 맛있는 점심을 차리면 남편은 그냥 들어가 앉아 식사를 하고 아내는 커피를 따른다든가 시중을 들며 서 있곤 해요. 꼭 남자들이 왕인 것 같더군요."

헤이다는 사고방식의 변화만이 이 문제를 해결할 수 있다고 확신한다며, 예를 들어 남성들이 여성들에 대해 말하는 "남성 우월적 방식"에서 몇 가지 개선점을 보았다고 했다.

"그런 방식은 더 이상 용납할 수 없는 것으로 간주되죠." 그러면서 "농장을 남편 명의로 하는 재정적 합의 역시 여성들을 억압하는 거예요"라고 지적했다.

일부 여성들은 그럴 수도 있겠지만 헤이다는 아니다. 혼자서 농장을 운영하고 있기 때문이 아니다.

"나는 (농부로서의)역량을 입증해 보였어요." 헛간으로 농기계를 수리하러 돌아가기 전에 그녀가 말을 마쳤다. "하지만 그건 지난한 과정이었죠."

≫ ≪

아이슬란드 여성들에게 있어 역량을 입증해 보여야 하는 것은 비단 농업 분야에만 국한된 것이 아니다. 또 다른 전통적인 경제적 중추인 어업 산업도 여전히 상대적으로 분리되어 있다. 어획한 생선들을 가공하는 수산물 가공 공장에서 여덟 시간 교대로 단조로운 일을 하는 저임금의 노동 집약적인 일은 여성들이 주로 하는데, 요즘은 대다수가 외국 출신 여성들이다. 3미터 크기의 작은 어선에서부터 스무 명의 선원이 타는 커다란 저인망 어선에 이르기까지 선박에는 남성이 노동력의 90퍼센트 이상을 차지한다. 여성은 선장 면허증의 1퍼센트만 보유하고 있다. 이 일은 수익성이 아주 좋을 수 있지만 오늘날에도 여전히 잠재적으로 위험한 직업으로 여겨진다. 2004년 이래 26명의 아이슬란드인이 바다에서 목숨을 잃었다.[32]

물론 이 규칙에는 주목할 만한 예외가 있다. 19세기 초에 명성을 떨친 선장이었던 투리두르 에이나르스도티르는 바다에 나가 있는 동안 남자 선원복을 입을 수 있는 특별 허가를 받았는데 어획량에 있어서도 큰 성과를 올렸다. 여성들은 어느 시대를 막론하고 곧장 일에 뛰어들 자세가 되어 있었지만 최근에서야 선장 자격증을 취득하거나 해양 엔지니어가 되려고 공부하는 여성의 수를 늘리기 위해 아이슬란드 항만연합이나 레이캬비크 기술대학, 농수산부에서 여러 활동을 벌이고 있다.[33]

그렇지만 유전적 특질에서 여성의 삶이 남성의 삶보다 훨씬 더 애로사항이 많다는 것을 가리키는 부문이 있다면, 그건 바로 북대서양의 작은 배에서 혼자 방수 작업복을 입고 있는데 용변이 급할 때이다.

"정말로 흥미진진하죠." 8미터 정도의 배인 안드리호의 선장 할도라 크리스틴 우나르스도티르가 말했다. "선내에는 화장실이 없어요. 그래서 입고 있는 큼직한 작업복 전체를 다 벗어야 하는데, 특히 배가 흔들릴 때 물에 빠지지 않도록 조심해야 해요. 하지만 그런 것도 모두 경험의 일부예요. 호강은 꿈도 못 꾸죠."

친구들이 도라라고 부르는 할도라 크리스틴은 열두 살 때 처음으로 어선을 탔다. 어촌에서 자란 아이슬란드인들에게는 그 나이에 배를 타는 것이 드문 일이 아니었다. 아버지와 할아버지 모두 어부였는데 140명이 사는 리프 마을 항구에서 광활한 브레이다피오르두르만까지 1년 내내 50미터에 달하는 어선을 타고 다니며 대구, 해덕, 명태를 잡으며 긴 하루를 보냈다. 도라의 어머니는 마을의 수산물 가공시설 감독자였다.

사실상 리프에 사는 거의 모든 사람들은 어떤 식으로든 바다와 연결되어 있다. 마을은 쥘 베른의 소설 『지구 속 여행』의 시작 지점인 빙하로 유명한 스나이펠스네스 반도의 서쪽 끝 근처에 있다. 조류학자들도 근처에 둥지를 틀고 있는 북극제비갈매기들을 보려고 그곳에 모여든다. 이러한 관광 명소들과 그 주변에 생겨난 여러 시설에도 불구하고 마을을 존속시키는 것은 바다의 풍요로움이다.

도라가 말했다. "그곳에서 자라서 정말 좋았어요. 밖에 나가서 누군가를 만나 수다를 떨다 보면 모든 사람을 알게 돼요. 마치 영화 속에 있는 것 같다니까요."

도라는 그 일을 하는 모든 사람들이 남성이라는 사실에 관계없이, 기억할 수 있는 한 바다에서 일하는 게 오랜 꿈이었다. 겨울철에 레이캬비크에서 청소년 선도위원으로 일하는 그녀를 만났다. "가족들은 내가 하고 싶은 일을 한다고 해서 전혀 달리 대하지 않았어요. 내 계획은 언제나 아버지가 하던 일을 물려받는 거였죠. 여자가 배를 타는 건 자연스러운 일이라고 생각해요."

고등학교 졸업 후 노르웨이에 있는 영화학교에 잠깐 다닌 후 레이캬비크의 항해학교로 돌아와서 일명 "고환 테스트"로 알려진 15미터에 달하는 어선을 모는 선장 자격증을 취득했다. 이 테스트를 완료하는 사람이 거의 전적으로 남성이라는 사실 외에도, 이 용어는 "작은 배"를 뜻하는 아이슬란드어 말장난이기도 하다. 도라는 2012년도 졸업반에서 유일한 여성이었다. 아버지와 할아버지는 항상 그녀를 지지했다. 현역에서 물러난 어부들도 마찬가지였다. 그들은 그녀가 학업을 마친 것을 높이 평가한다며 "대단하다"고 치켜세웠다.

도라는 쾌활하고 시원시원하면서도 겸손한 태도로 경험한 바를 자세히 전했다. 자신감 넘치면서도 자기 비하적인 어투는 그녀가 여러 지역 축제와 행사에서 스탠드업 코미디언으로서 관중을 사로잡는 이유일 것이다.(아이슬란드인은 실제로 다양한 직업적 역할을 동시에 맡는다.)

"그들 일행에 껴도 좋다는 허락을 받아야만 했죠." 도라는 선장 면허증을 취득한 뒤 처음으로 혼자 안드리 호를 항해했던 때를 회상했다. "주변에 마초들이 넘쳤어요. 다른 선장들은 킬킬거리며 "니네 아빠는 니가 배 몰고 있는 거 아냐?"라고 말하곤 했어요. 처음 바다로 나갔을 때는 어디로 항해해야 할지에 대한 계획이 없었죠. 다른 배들이 모두 동시에 출조하기에 어디로 가느냐고 물었더니 각자 알아서 간다고만 하더군요. 그런데 가만 보니까 그들이 서로 가까이 무리 지어 있더라고요. 그래서 혼자 멀리 떨어진 곳으로 갔는데 결국 엄청난 양의 물고기를 잡게 되었죠!" 그녀는 그때의 기억을 떠올리며 흡족한 표정으로 말했다. "다른 남자들보다 훨씬 일찍 항구로 돌아오자 사람들은 그 많은 물고기를 어디서 찾아냈는지 궁금해 죽으려고 하더군요. 며칠 연속 그런 일이 벌어졌죠."

도라는 "운이 좋았을 뿐"이라고 말했지만, 그날 이후로 그들은 모두 함께 계획을 논의하고 서로 조언을 해줬다. 그리고 그녀는 "물고기 대통령"이라는 별명을 얻었다.

도라는 여름철이면 브레이다피오르두르만 주변에서 물고기를 잡으며 다른 선박들과 함께 흥겨운 시간을 보낸다. 안드리 호에서 홀로 있는 시간을 이용해 큰 소리로 노래를 부르거나 스탠드업 코미디를 위해 새로운 개그를 짜기에 "지루할 틈이 없다." 새벽 여섯 시쯤 출발해 보통 오후 늦게나 밝은 저녁에 돌아온다. 그녀는 몇 시간 동안 출항해서 물고기를 잡기 위해 줄을 내리고 잡은 물고기를 힘들게 끌어올린 뒤에는 얼음을 붓고 저장하는 일을 반복한다. 안드리 호에서 하루에 잡을 수 있는 어획량은 거의 650킬로그램에 달한다. 어군 탐지기는 수면 아래 깊숙한 곳에 서식하는 물고기 떼를 감지하여 탐지 화면에 아주 작은 점들로 보여주는데 물고기 떼를 어디서 찾아야 하는지 알려주는 다른 표식들도 있다. 즉, 새 떼들이 모여 빙빙 도는 것은 청어 떼가 수면 가까이에서 유영하고 있다는 것을 뜻하며, 이는 더 큰 물고기가 바닷속 깊이 있다는 것을 뜻한다. 그런 식으로 청어 떼가 있는 곳에서는 고래 떼를 발견할 수 있다.

"바다에 있으면 무척 자유로워요. 카타르시스를 느끼죠. 눈물이 저절로 흐를 정도로 춥긴 하지만 자연에서 일하는 것에는 뭔가 특별한 게 있어요. 나 자신에 대해, 또 여러 생각을 차분하게 정리하는 좋은 시간을 가질 수 있어요. 그래서 설령 물고기를 찾지 못하더라도 숨을 깊이 들이쉬면서 '아, 이런 게 인생이지'라고 생각하게 되죠. 배를 잘 조종하는 법을 배우면 삶의 다른 곳에도 적용할 수 있어요. 내 경우에는 바다에 나가 있는 게 더 나은 사람이 되는 데 도움을 줬지요."

모든 안전 장비와 최신 기술에도 불구하고 아드레날린을 유발하는 순간들이 있다. "반도 반대편에 있을 때는 날씨가 아주 좋았는데 배를 돌려 집으로 올 때는 바람이 사정없이 휘몰아칠 때가 있어요. 해류를 거슬러 항해하고 있는데 조그만 배에 파도가 덮쳐 배가 위아래로 출렁거리고 있으면 '아이고, 이제 정말 물에 빠져 죽겠구나' 생각하게 되죠. 그럴 때면 겁에 질려 엉엉 울기도 했었어요. 그리고는 살아서 나간다면 다시는 바다에 안 나온다고, 이번이 마지막이라고 다짐도 했었죠."

"물고기 대통령"으로서의 신망을 쌓은 후, 사람들은 이제 도라를 어엿한 선장으로 여긴다. "이 일을 시작했을 때가 기억나네요. 텔레비전 방송국에서 나를 인터뷰하고 싶어 했어요. 여자 선장이면 사람들의 시선을 끌 수 있겠구나 생각했겠죠. 사람들은 나를 페미니스트라고 부르지만, 나는 바다에서 일하는 여성이라고 해서 딱히 특별하다고 생각하지는 않아요. 이 일을 하는데 어떤 생식기를 가지고 있는지가 무슨 상관이에요?"

도라는 낙천적이기도 하다. "전반적으로 지금은 성차별이 훨씬 덜해요. 남성들이 이제 상황을 더 잘 인식하고 있는 데다가 여성들은 이러한 일을 할 때 눈에 더 잘 띌 뿐이죠. 바다를 둘러싸고 일하는 여성들이 없었다면 사람들은 아마 여전히 똑같을 거예요." 그리고 롤 모델이 중요한 영향을 미친다고, 그녀는 생각한다. "십 대 소녀들이 이 일에 조금이라도 관심을 보이면 용기를 북돋워 주려고 하죠. 내게 선장이라는 것은 자랑스레 떠벌리거나 전시용으로 보여주려고 하는 것이 아니라 나란 존재의 일부일 뿐이에요. 그리고 우리는 때때로 원하는 것을 성취하기 위해 열심히 싸워야 해요. 하지만 자신을 믿지 않으면 싸울 수 없습니다. 그게 가장 중대한 변화를 만들어냅니다."

⤞ ⤝

토르게르두르 브라크는 아이슬란드 영웅담에서 강하지만 그 진가를 인정받지 못하는 많은 여성 중 한 명이다. 훗날 자라서 아이슬란드가 가장 사랑하는 시인이 된 말썽꾸러기 소년 에일 스카틀라그림손의 일대기를 그린 『에일스 영웅담』에서 그녀는 에일의 보모로 나온다. 그렇지만 아버지인 스카틀라그리무르가 홧김에 에일을 죽이려 했을 때 토르게르두르 브라크가 어린 에일의 목숨을 구하지 않았더라면 결코 그런 성공을 거두지 못했을 것이다. 아들을 죽이는 데 실패하자 아버지는 분노의 화살을 보모에게 돌렸다. 그녀는 그를 피하기 위하여 서아이슬란드의 보르가르네스 근처 바다로 뛰어들었다. 스카틀라그리무르는 바닷속에 빠진 그녀에게 돌을 던졌고, 그녀는 목숨을 잃었다.

그 극적인 사건이 발생한 장소에는 현재 토르게르두르 브라크의 이름이 새겨진 기념비가 있다. 같은 지역에서, 이 맹렬하고 용감한 순교자를 기리기 위해 자원봉사자들이 운영하는 수색구조대 명칭도 브라크라도 붙였다.

아이슬란드 전역에는 93개의 수색구조대가 있는데 모두 자원봉사자가 운영한다. 이들은 토르게르두르 브라크의 감탄할 만한 특성을 보여주는 완벽한 본보기다. 그들은 눈 더미에서 차를 밀어내고, 폭풍이 불어 공중에 날려간 트램펄린을 찾아내고, 오도 가도 못하는 채 어선에 발이 묶인 선원들을 헬기에서 하강해 구조하고, 부상당한 등산객들을 돕기 위해 산에 오르고, 실종자들의 위치를 찾아낼 준비가 된 잘 훈련되고, 용감하고, 강인한 사람들로 구성되어 있다. 갤럽의 정기 조사에 따르면, 인구의 약 90퍼센트가 아이슬란드의 수색구조대를 신뢰하고 있는데 이는 아이슬란드의 어떤 공무원이나 기관보다도 높은 신뢰도를 자랑한다.(내가 점수를 매긴 것이 아니라 대통령실이 2위이다!)

수색구조 대원의 약 3분의 1만이 여성이며, 여러 조직에서는 그보다 훨씬 적은 비율—93개의 조직 중 8개의 조직—만이 여성 지도자를 두고 있다. 2020년 봄, 첫 여성 대장인 에린 마트티르두르 크리스틴스도티르를 발탁한 브라크도 그 중 하나이다.

11월 상쾌한 어느 날, 에린과 내 딸 에다와 함께 산책을 나섰다. 토르게르두르 브라크도 잘 아는 시골길이었다. 에다는 얼어붙은 물웅덩이를 폴짝 뛰어넘으려고 중간중간 멈춰 섰고, 열세 살 먹은 래브라도 개인 클레오는 우리 옆에서 충직하게 걸었다. 48세의 에린은 도시에서 자랐지만 해마다 여름이면 시골에서 조부모와 함께 보냈고 성인이 되어서는 작은 마을에서 살았다. 처음에는 스나이펠스네스반도의 스티키스홀무르에서,

나중에는 에일 스카틀라그림손이 문지방이 닳도록 드나들었던 곳인 보르가르네스가 그녀가 산 곳이다. 현재 살고 있는 집은 마을에서 차로 30분 거리로, 가족이 운영하는 낙농장 부지에 있다. 자연을 사랑하는 완전한 채식주의자임에도 불구하고 소 등등의 동물을 비롯 그녀를 둘러싸고 있는 모든 환경에 만족한다는 것은 아이러니하긴 하지만 굉장히 와닿는다.

교직을 이수한 교사인 에린은 지역 초등학교에 마음챙김 프로그램을 새로 도입하여 학생들과 지역사회에서 칭찬을 받았다. 사생활 면에서 보자면, 한부모로 네 딸을 키우고 있음에도 지역 합창단에서 노래를 부르고 적십자가 운영하는 근처 "아름다운 가게"에서 일하는 등 항상 지역사회를 위한 봉사활동에 적극 나서고 있다.

좁은 개울가에 트랙터가 지나다니는 길을 걸어갈 때 에린이 말했다. "혼자일 때는 모든 것을 책임져야 하는 등 어려움이 많아요. 하지만 꼭 해야 할 일을 할 수밖에 없죠. 그러다가 나 스스로 무언가를 할 수 있다는 것을 깨닫거나 도움을 요청해서 배우는 단계에 이르게 돼요. 설령 세탁기를 고치는 방법에 대해 유튜브 동영상을 검색하는 것과 같은 일일지라도요."

딸들이 나이가 좀 들면서 제 앞가림을 할 수 있게 되고, 유튜브 동영상에 입문하고 난 뒤, 에린은 자신이 가진 재능을 다른 곳에 적용할 수 있겠다는 기분이 들었다. 그녀는 브라크 수색구조대에 합류하였다. 육체적으로 편안하게 사는 것에서 벗어나 자기 계발의 다음 도전에 나선 것이다.

순간적으로 차가운 바람이 훅 불어 숨이 턱 막힐 때 에린이 말했다. "수색구조대에 합류하는 데는 정말 험난한 2년간의 과정이 필요해요." 에린이 여성으로서 구조대에 합류할 자격을 얻은 경험이 남성의 경험과 다를 바 없다고 느낀 이유는 아마도 그 혹독한 훈련 때문일 것이다. 빙하에서 추락하는 것을 버티기 위해 얼음도끼를 사용하는 법을 배울 수 있다면, 얼음장 같은 물속으로 들어가거나 산비탈을 오를 수 있다면, Y 염색체를 가지고 있는지 여부는 하나도 중요하지 않다.

자격을 얻는 과정은 아주 치열하다. 여러 코스에는 모든 육체적 요건뿐만 아니라 응급 처치, 등산, GPS 내비게이션과 같은 실전 기술이 포함된다. 훈련을 수료하면 자원봉사자들은 해당 지역의 수색구조 긴급 대기 명단에 추가된다. 112(유럽식 119)를 통해 센터로 전화가 오면 해당 지역의 수색구조대 모두에게 문자메시지가 전송된다. 1단계로 지정되는 긴급 호출은 1분 1초가 중요하므로 지금 하고 있는 모든 일을 중단하고 현장으로 달려가야 한다. 2단계는 빨리 도착하려고 노력해야 한다. 3단계는 주변에 있어서 도움을 주고 싶다면 마침 잘 됐다는 뜻이다.

아이슬란드의 직장은 수색구조 자원봉사자들을 지원하는 데 대해 찬사를 받을 만하다. 직장에서는 그 일의 특성상 들어가는 시간과 마지막 순간의 중요성에 대해 거의 보편적으로 이해하고 있으며, 이러한 인명구조 역할에서 직원들이 자원봉사에 나설 수 있도록 일시적으로 업무를 중단한다든가 기타 지원에 대해 유연하다.

항상 낙천주의자인 에너지 넘치는 에린은 지역사회에서 활동하는 많은 사람들과 같은 이유로 수색구조대에 들어갔다. 즉, 자신이 받은 것을 돌려주고, 가장 가까운 지역에 시간을 쏟고, 능력과 자신감을 더욱 개발시키기 위해서이다. 그녀는 수많은 현지 인터뷰에서 늘 얼마나 고소공포증이 있는지에 대해 언급했지만, 일단 매듭을 올바로 묶는 방법과 천천히 내려가는 방법을 배우자 절벽을 오르는 데 아무런 저항감이 없어졌다고 했다.

"안전장치가 어떻게 작동하는지 배우고, 또 그것을 믿을 수 있다는 것을 깨닫자 실제로 아주 재미있어졌죠. 확실히, 아드레날린이 하늘을 찌를 듯 치솟지만 그만큼 경험을 풍부하게 해주었어요. 사람들이 왜 스스로 그런 위험한 일을 자처하는지 궁금했었는데 일단 자기 자신과 돌아가는 상황을 믿게 되면 더는 위험하지 않더라고요."

수색구조 자원봉사자들이 지원할 수 있는 여러 하위 전문분야 중에서 에린은 수색 방법론을 택했다. 그녀는 치매로 길을 잃은 사람과 날씨를 과소평가한 관광객을 찾아내는 데 있어 서로 접근법을 달리 해야 한다는 것을 알고 있다.

모든 훈련을 받았음에도 불구하고 처음에는 인내심과 용기를 시험하는 것이었다. 에린은 어느 가을날 스나이펠스네스반도의 짙은 안개 속에서 길을 잃은 경험 많은 두 뇌조 사냥꾼을 찾으려고 (2단계 긴급호출을 받고)나선 250명 중 한 명이었다.

"날씨가 완전 미쳤었죠. 보통 때는 지도에 표시조차 되지 않을 정도로 작은 개울을 맞닥뜨렸는데 비가 억수같이 쏟아지는 바람에 개울이 불어나 힘겹게 헤쳐 나가야 했어요. 옷을 제대로 갖춰 입었어도 소용없었죠. 우리는 완전히 물에 빠진 생쥐 꼴이었어요."

다행히도 밤새도록 수색한 끝에 그 2인조를 발견했다. 하지만 그들과 구조대원들은 다시 문명세계로 돌아가야 했고, 다시 밤이 찾아왔다.

"이제 개울이 엄청나게 불어서 다시 헤치며 되돌아가는 것이 불가능했어요. 그래서 특수수상구조대를 불러야 했습니다. 그들은 안전선을 설치하고 거대한 6륜 소형 모터사이클을 강 한가운데로 몰았어요. 개울이 이제 완전히 강으로 변해 있었거든요. 그들은 우리를 위해 인간 사슬을 만들어 빠르게 흐르는 깊은 강을 건너도록 도와주었어요."

아이슬란드의 구조대는 세계에서 유일하게 자원봉사자가 이끄는 구조대는 아니지만 수색 및 구조를 모두 포괄하는 전국적 조직으로서는 유일무이하다. 폭풍우가 몰아치는 바다에서 과감하게 탈출시키거나 이루

말할 수 없이 혹독한 날씨에 고지대를 수색하는 것에서부터 눈밭에 빠진 차를 밀어내거나 (생각보다 많이 발생하는)집 찬장에서 잠들어 있는 실종 아동을 찾는 것에 이르기까지 그들을 호출하는 경우는 다양하다.

에린은 브라크에서 주도적인 역할을 맡은 소수의 여성 중 한 명일 것이다. 그러나 그녀는 선구자가 되기 위해 그 일을 하는 것이 아니다. 그녀에게 수색구조대 채용 과정은 바로 성별에 의한 차별 금지가 무엇인지를 보여주는 것이다. 그녀에게 "남자들이 하는 일을 여자들은 하지 못한다"고 생각하는 남자들을 만난 적이 있는지 물었다.

"어딘가에는 있을지도 모르죠. 조직에 여자들이 많지는 않지만, 브라크에서는 그런 태도를 보인 남자를 본 적이 없어요. 수색구조대에 있다 보면 살면서 다른 곳에서도 유용하게 쓸 수 있는 안도감과 자신감을 쌓는데, 이는 여성과 남성 모두에게 도움이 됩니다."

실제로 수색구조대에 여성들이 있다는 사실은 비교적 새로운 현상이다. 여성의 숫자가 조금씩 증가하기 시작한 1990년대까지는 아주 드물었다.

이러한 증가는 유기적으로 일어나고 있다고, 에린은 믿는다. "전체적으로 자원봉사자들을 더 많이 끌어들이기 위한 일반적인 계획 외에 딱히 더 끌어들이기 위한 계획 같은 건 필요하다고 보지 않아요." 그녀가 잠시 멈추더니 계속해서 말했다. "여성들에게는 때때로 "자신을 믿어라"는 격려가 더 많이 필요하긴 하겠지만요."

쌀쌀한 날씨의 산책길을 마치고 우리는 에린의 집으로 돌아왔다. 그녀의 배우자인 토르 토르스테인손(참고로 전국 수색구조대 대장)이 핫초콜릿과 빵을 직접 구워놓고 있었다. 에린은 롤 모델이 되는 개념에 대해 다음과 같이 말했다. "나는 내가 여성이기 때문에 역량을 입증해 보여야 된다고 생각하지 않아요. 난 그저 남성과 여성이 다 있는 그룹의 한 명일 뿐이에요. 수색구조대에서 성별은 중요하지 않아요. 우리는 이러이러한 계획과 업무와 책임이 있는데 각자 해야 할 일을 하고 있는 거죠."

에린은 특히 이제 나이가 들어 독립해 살고 있는 딸들에게 영향을 준 거 같아서 좋다고 했다. "내가 한 일을 보고 딸들이 자신들에게도 모든 선택권이 열려 있다는 것을 알게 된다면 그것만큼 기쁜 게 어디 있겠어요."

그러나 현재 70년 넘게 가동되고 있는 이 수색구조대에 참여하면서 뇌조 사냥꾼들을 구조하는 등 4년 넘게 긴급 대기 명단에 이름을 올리고 있음에도 나는 그녀가 여전히 고소공포증이 있는지 궁금했다.

"네, 하지만 덜 하죠." 그녀가 미소 지었다. "단단히 묶여있다는 걸 알면 괜찮아요. 안전하다고만 생각하면 돼요. 그게 굉장히 중요하죠."

⟫ ⟪

아이슬란드에서 산 지 1년이 되어갈 무렵, 활기 넘치는 동료들이 퇴근 후 함께 하이킹하지 않겠냐고 물었다. 거의 견딜 수 없을 정도로 길고 어두운 겨울 끝자락이라고 여겼던 4월의 평범한 월요일로, 나중에서야 북위 64도의 전형적인 날씨라는 것을 깨달았다. 매년 이맘때쯤이면 저녁 아홉 시가 훨씬 지나서야 해가 진다. 그날 근무를 마친 뒤, 우리는 30분 남짓 차를 몰고 햇살이 어룽거리는 나지막한 산 가장자리에 주차를 하고 등산화 끈을 묶었다.

목적지에 도달하기 위해 나지막한 산 사이로 상당히 완만하면서도 구불구불한 거친 흙길을 올라가는 데는 45분밖에 걸리지 않았다. 바위들과 움푹 패인 땅 사이로 구불구불 흐르는 다소 평범하게 보이는 개울이 목적지였다. 내가 보기엔 그 개울의 특이한 점이 김이 올라온다는 것

뿐이었다. 그 맑은 개울은 약 40도였다.

우리는 관목 뒤에 몸을 숙여서 수영복으로 갈아입고 물에 잠시 몸을 담근 다음 수건으로 닦아내고는 캄캄해지기 전에 다시 산을 내려왔다.

하루 종일 일하고 도시 경계를 넘어 차를 몰고 가 상쾌하게 하이킹을 하고 천연 온천수에 몸을 담글 수 있다면 아이슬란드에서 매일 맞이하는 어두운 아침이 그럴 만한 가치가 있다고 생각했던 기억이 난다. 사회가 아무리 도시화되었다 해도 아이슬란드에서는 자연이 정말로 바로 옆에 있다는 사실도 깨달았다.

"사람은 세상에 태어났다 사라지지만 지구는 그대로이고 산도 그대로예요. 나머지는 덧없는 것이지요." 헤이다의 농장을 방문했을 때 그녀가 한 말이었다.

아이슬란드인의 대다수가 농업이나 어업으로 생계를 꾸리는 시대는 지났을지 모르지만 어업은 여전히 긴요한 경제 산업이며, 이 두 분야와 시골 지역은 아이슬란드의 정신을 이루는 강력하고 필수적인 부분이다.

아이슬란드 여성들은 항상 이 분야에서 이름을 떨쳐왔다. 헤이다와 도라는 전통적으로 남성의 영역이었던 농어촌 지역으로 이주하면서 역량을 입증해 보여야 했다. 홀로 네 딸을 키운 뒤 에린은 엄격한 수색구조 훈련을 통해 육체적, 정신적 인내력을 증명해 보였다.

세 여성 모두의 공통점은 주위 사람들이 그들에게 뻔히 예상했던 길에도 불구하고 열정을 따라갔다는 것이다. 그들은 자신들이 선택한 분야에서 롤 모델이 부족하다는 것이 그 길을 따르는 데 장애물로 여기지 않았다. 성별에 관계없이 꿈을 실현하기 위한 경로로 보았다. 그 꿈을 좇는다는 것은, 설령 그것이 일반적인 것이 아닐지라도, 설령 구시대의 여성상과 맞지 않는다 할지라도, 이 여성들이 성취하고자 하는 것에 대해 아무엇도 모를 정도로 "깡촌 출신"이라는 것을 의미하지 않는다. 그것은 그들이 자신의 운명을 만들어 냈다는 것을 의미한다. 자신을 믿고 자신의 능력을 신뢰했다는 것을 의미한다. 도움을 청하는 것, 즉 다른 사람들에게 배우고자 하는 열린 마음이 약점이 아니라 강점임을 보여준다는 것을 그들이 알고 있음을 의미한다. 스스로 설정한 목표에 도달하는 것은 때로는 도전정신을 필요로 하지만 그들은 그들 자신과 동료들 사이에서 만족과 인정을 받았다. 이를 완수하면서 그들은 다른 사람들에게도 야망을 실현하도록 힘을 북돋워 주고, 들판, 바다, 산, 계곡 등—이 섬과 우리의 아름다운 행성 다른 어느 곳이든—우리를 둘러싸고 있는 환경이 무엇이든 간에 필수적인 연결고리를 유지하도록 격려한다.

8.
평등을 위한 도구로써의 예술

책이 없는 사람은 눈뜬장님이다°

° Blindur er bóklaus maður. 읽고 쓰는 능력에 대한 숭상과 지식의 중요성 모두를 의미한다.

2020년 2월 10일 월요일 오전 3시 42분, 많은 아이슬란드 사람들이 국영방송인 루브에 텔레비전 채널을 맞추고 있었다. 수많은 태블릿, 휴대폰, 노트북들이 공식 생방송에 접속하고 있었다. 열의로 가득 찬 일부 아침형 인간들은 일찌감치 알람을 설정해 놓은 터였다. 또 어떤 사람들은 전날 밤 열 시경 더블 에스프레소 한두 잔을 마시고 오랜 시간 버티며 깨어 있었다. 마지막 순간까지 힘을 내도록 카페인의 힘을 빌린 것이었다.

그 순간을 목격하려고 애쓴 사람들은 보상을 받았다. 7,000킬로미터 떨어진 캘리포니아주 로스앤젤레스에서 작곡가 힐두르 구드나도티르는 영화 "조커"의 영화음악을 작곡하여 아카데미상을 수상한 최초의 아이슬란드인이자 역대 세 번째로 오스카상을 받은 여성이 되었다.

"내면에서 음악이 가득 차오르는 소리를 듣는 소녀들, 여성들, 어머니들, 딸들이여." 37세의 그녀가 눈동자를 반짝이며 관중들에게 다정하게 말했다. "부디 목소리를 내주세요. 우리는 여러분의 목소리를 들어야 합니다."

이 수상으로 아이슬란드는 아카데미 시상식에서 1인당 가장 많은 상을 받은 나라가 되었다.° 감정의 분출로 평가하자면(아이슬란드 스타일: 눈물도 쏟지 않고 소리도 지르지 않지만 수상 소식이 발표된 뒤 느낌표가—심지어 두 개나!—달렸고, 다음 날 아침 엘리베이터에서 낯선 사람에게 미

° 점수를 매기는 분이 있다면 아이슬란드 1인당 세계최고 기록에 1점을 더 보태시라.

소도 지어 보였을 것이다) 중요한 스포츠 시합에 진출하거나 유로비전 송 콘테스트에서 두 차례나 2위를 차지한 것에 비견될 만한 업적이었다.

모두가 그날의 영웅과 어떻게 사적으로 연결되는지 재빨리 인맥 찾기에 돌입했다. **"다들 몰랐어요? 그녀가 내 사촌이란 거?"** 시인이자 작가인 게르두르 크리스트니는 페이스북에서 7세대 전부터 같은 조상이었음을 보여주는 국가 온라인 유전자 데이터베이스의 스크린숏을 게시하면서 굵은 글씨로 자랑했다. 다른 많은 사람들도 마찬가지로 자국에서 자란 신예 유명인사와 가족과의 유대관계를 과시했다.

권위 있는 아카데미상 수상으로 인하여 국제적으로 검증받으면서 힐두르의 성공은 아이슬란드의 성공이 되었다.

적은 인구 덕에 아이슬란드에서는 성공과 실패를 더욱 절감한다. 스포츠 영웅들은 텔레비전이나 수집용 카드에서만 보는 얼굴이 아니다. 우리는 쇼핑몰과 영화관에서 그들을 우연히 마주친다. 학교, 병원, 스포츠 클럽 등을 방문한 그들을 가까이에서 보며 젊은이들은 비현실적으로만 보이는 꿈도 이루어질 수 있다는 영감을 받는다.

크고 작은 업적을 이룬 스타들을 통해 우리는 대리만족하며 살지만, 운동선수들만 유일한 스타는 아니다. 예술가, 무용수, 음악가, 배우, 작곡가, 작가, 시인, 영화 제작자들도 있다. 우리는 그들이 성취한 것을 쫓고 실패한 것을 아쉬워하고 최근 선보인 것에 대한 의견을 피력하며, 심지어 그들과 어떻게 연관되는지 페이스북에 게시하기도 한다.(가수 비요르크를 제외하고는 말이다. 족보 데이터베이스가 개시된 첫 주에 모든 사람이 몇 촌인지 계산했다.)

실상, 우리의 비공식 문화 대사들과 운동선수들의 예에서 볼 수 있듯, 그들만큼 사회적으로 우리의 열정을 일깨우거나 국민적으로 단결시

세계 성평등 1위 아이슬란드의 비밀-스프라카르

키는 것은 찾아보기 힘들다.(남편이 들려주기 제일 좋아하는 일화 중 하나는 "민족주의의 종말 가능성"에 대한 질의응답에 참석해달라고 초청받은 역사 강연과 관련된 것이다. 주최 측은 남자 핸드볼 국가대표팀 경기가 텔레비전으로 중계되는 시간과 부득이하게 겹친다는 것을 알게 되자 연기해야 했다.)

그러나 모든 스포츠가 평등할까? 문화적 산출량이 우리 사회의 다양성을 반영하고 있을까? 성평등 안경을 끼고 봤을 때, 사라 비요르크(아이슬란드의 여자 축구선수-옮긴이)가 최근에 골을 넣는 모습을 길피(아이슬란드의 남자 축구선수-옮긴이)의 모습만큼 자주 볼 수 있을까? 팝스타 힐두르(여성)의 노래를 래퍼 조이피&클롤리(남성)의 노래만큼이나 따라 부를 수 있을까?

대답은 곧장 "아니오"일 테지만, 그것은 비관론자의 대답일 수도 있다. 아이슬란드의 문화와 스포츠 분야에서 완전한 동등성은 아직 실현되지 않았지만, 불평등에 대한 인식이 현재의 상태를 개선하고, 사회 전반에 걸쳐 도처에 존재하는 성 불평등에 대해 더 크고 보편적인 각성을 불러일으킨 여러 분야를 지적할 수 있다.

축구와 핸드볼 여자 국가대표팀 선수들은 이제 남자 선수들과 동일한 보너스를 받는다.[34] 여성들이 쓴 책은 남성들이 쓴 책만큼이나 잘 팔린다.

그러나 이러한 분야의 진전은 밀물처럼 밀려왔다가 썰물처럼 빠지는 식으로 되풀이된다. 변화는 발전 속도를 밀어붙이는 법안에 의해 추진되는 것이 아니다. 또한, 이를테면, 아이슬란드 퀴어협회가 트랜스젠더의 권리를 법으로 규정하도록 영향력을 행사하는 식의 조직적인 지지 활동과 같은 것으로 이루어지는 것도 아니다. 그러나 사회 여러 분야에 대한 대중의 열정은, 순전히 가시적인 상징적 방식 이상으로, 대단히 중요한 영역에서 기울어진 운동장을 공평하게 만든다. 문화와 운동 분야에 종사하는 많은 사람들에게 평등은 개인적인 것이다. 나머지 우리에게 그것은 우리가 진정한 진전을 이루고 있는지, 아니면 단순히 물감만 휘젓고 있는지를 판단할 수 있는 캔버스이다.

⇉ ⇇

가수 비요르크의 장난기 가득한 개인적인 감각은 차치하고라도, 아이슬란드가 세계 문화에 기여한 것이 무엇인지 생각할 때 대부분의 사람들은 문학적 유산을 떠올린다. 영웅담은 바그너에서 톨킨에 이르기까지 창의적인 사람들에게 영감을 주었다.

영웅담은 오늘을 살아가는 많은 아이슬란드인들에게도 영감을 주었다. 여러 출처에 따르면 아이슬란드인 열 명 중 한 명은 살아가는 동안 책을 출판할 거라고 주장한다. 책은 가장 인기 있는 크리스마스 선물이며, 따라서 그해 책의 대부분이 10월 중순부터 12월 중순까지 출간된다. 그해 출간된 책을 소개하는 책자를 간절히 기다리는 전국의 가정에 배달되기 시작하는 때이기 때문이다. 고맙게도 다음과 같은 아이슬란드 관용구 덕이다. "책이 없는 사람은 눈뜬장님이다." 명절 동안 읽을 게 없는 사람들의 운명을 경고하는 것이다. "크리스마스 책 홍수"로 알려진 크리스마스를 앞둔 몇 주 동안 작가들과 시인들은 서점, 직장, 심지어는 야외 온천 수영장에서도 낭독과 같은 행사로 하루를 꽉 채운다. 여러 영향력 있는 중세 필사본을 펜으로 쓴 것으로 알려진 13세기의 스노리 스툴루손의 생가에서부터 60년대식의 세련된 우물식 거실과 지평선이 맞닿은 것처럼 설계된 수영장을 갖춘 노벨상 수상자 할도르 락스네스의 집에 이르기까지, 많은 작가들의 옛집은 전국에 위치한 박물관이다. 슬프게도, 익히 예상할 수 있듯 여성 작가들에게 헌정하는 박물관은 거의 없다.(성평등이 아무리 많이 진전했다 하더라도 상대적으로 적은 수의 여성 필경사들의 생가를 기념할 만큼 오랜 세월까지 거슬러 올라가지는 않는다.)[35]

그렇기는 해도, 요즘에는 확실히 여성 작가들이 안 끼는 자리가 없다. 아이슬란드의 위인들 신전에서 그들이 확고히 자리를 잡은 것은 축제가 더 이상 무심코(든 아니든) "남성 패널"들만 선보이거나 문학 팟캐스트에서 남성만을 인터뷰하지 않는다는 것을 의미한다.

현직 두 작가가 오늘날 아이슬란드에서 젠더와 문화의 현 상태가 어떤지를 잘 보여준다. 그들은 각각 1970년대 초반과 후반에 레이캬비크에서 태어났다. 한 사람은 스스로 수십 년 동안 작가로 살아왔다고 말한다. 다른 한 사람은 반자전적 소설을 단 한 편 출간했고, 두 번째 소설을 구상하고 있다고 한다. 한 사람은 이 분야에 매달려 전업으로 일하고 있으며 각종 문학축제에 참여하기 위해 해마다 여러 차례 해외를 여행한다. 다른 한 사람은 주간에는 아이슬란드 대학교에서 사서로 일한다. 한 사람은 최근 해안경비대 함선 60주년을 기념하는 시를 써달라는 의뢰를 받았다. 다른 한 사람은 냉소적이고 날카로운 트윗이 입소문을 타면서 책 한 권 분량의 작품을 쓰는 게 어떻겠냐는 제안을 받았다. 두 사람 모두 익히 알만 한 이름이고, 당당한 페미니스트이며, 신랄한 유머를 구사하는 언어의 마술사로, 특권적인 양육이 궁극적인 성공에 미치는 영향에 대해 잘 인식하고 있다.

게르두르 크리스트니와 카밀라 에이나르스도티르는 서로 스타일이 다름에도 아이슬란드 문학계에서 어떻게 하면 성평등을 이룰 것인가 하는 열망을 논하는 데 있어 상호 보완적인 한 쌍이었다. 우리는 어느 추운 겨울날, "그륀달의 집"에서 만났다. 그곳에 살았던 작가인 베네딕트 그륀달의 삶과 작품을 기리는 곳이다. 레이캬비크 중심에 있는 아늑하고 천장이 낮은 그 집은 현재 작가들을 위한 레지던스 겸 문화센터로 이용되고 있는데, 덧붙이자면 레이캬비크는 유네스코에서 세계 최초로 비영어권 문학도시로 지정되었다. 우리 셋은 채식주의자용 샌드위치와 미지근한 코스모폴리탄 디바 한 병을 나눠 먹었다. 무알코올 스파클링 와인으로 어쩜 이렇게 중년의 여성 작가들 모임에 찰떡같이 어울린다며 농담을 나누었다.

"이곳에선 지루할 틈이 없어요." 아이슬란드 문학계를 요약하며 (오스카상 수상자인 힐두르 구드나도티르와 칠촌임을 자랑스러워하는)게르두르가 팔라펠(병아리콩 또는 누에콩을 갈아 둥글게 빚어 튀긴 요리-옮긴이)을 바사삭 깨물며 말했다. "사람들은 책을 읽고 싶어 해요. 우리는 사람들이 책을 쓰고 출간하면 곧장 읽어봐요. 새로운 작가가 혜성처럼 등장하기를 손꼽아 기다리죠. 굳이 젊을 필요는 없어요. 새로운 이야기들을 써주기만 하면 돼요. 우리는 또 특히 좋아하는 기성작가들의 이야기도 잔뜩 기대하며 기다리고 있어요."

게르두르는 기성작가의 범주에 속한다. 그녀는 중등학교 이래 스스로를 시인이자 작가라고 말해 왔는데, 그 이후 얼마 지나지 않아 그 분야에서 활동하며 묘한 매력이 있는 저음 목소리와 진중한 말솜씨로 청중을 사로잡았으며, 창의적인 아이슬란드어를 발명해내면서 찬사를 받았다. 전업작가로 크리스마스 때마다 시집이든 아동소설이든 소설이든 새로운 작품을 발표한다. 그녀의 작품은 여러 시상식에서 후보로 지명되었다. 「운문 에다(Poetic Edda)」(북유럽 신화의 근간이 되는 시와 노래 및 서사시들을 엮은 책-옮긴이)의 서사시 중 하나인 "스키르니르의 서사시"를 페미니스트적으로 재해석한 「블러드후프(Bloodhoof)」는 아이슬란드 문학상을 수상했다. 그 중 한 연은 다음과 같다.

나는 머물겠네

남아 있기로 했네

온갖 후미진 곳과

개울을

알고 있는 곳에

강들이

내 온 핏줄 사이로 흐르는 그곳에[36]

게르두르가 말했다. "페미니스트로 살다 보면 영감이 많이 떠올라요. 내 말은 그러니까, 지금 당장 도서관에 가서 페미니즘을 주제로 한 온갖 책을 읽는 것 같은 게 아니에요. 페미니스트로 산다는 것은 할 말이 얼마나 많이 남아있는지를 깨닫게 해주는 거예요."

금발로 염색한 머리에 문신을 새긴 사서인 카밀라 에이나르스도티르도 쾌활하게 웃으며 동의했다. "도서관에서 일하다 보니 아이슬란드 남성들이 어머니에 대한 글을 써서 여성들을 다루는 책을 모두 읽게 돼요. 그러다가, '어이쿠, 과연 누군가가 실제로 어머니라는 존재에 대해 현실적인 이야기를 쓸 수 있을까?'라는 생각이 들죠."

카밀라가 2018년에 바로 그 일을 했다. 소셜 미디어에서 그녀를 팔로우하는 현지 출판사의 연락을 받아 『코파보구르 연대기』를 썼다. 어린 엄마가 딸에게 힘든 연애를 하며 왜 엉망진창으로 살았는지에 대해 주저하며 이야기하는 반자전적 블랙 코미디이다. 그녀가 그렇게 살 수밖에 없었던 가장 큰 원인은 수도 외곽의 중산층 지역인 코파보구르에서 계속 살아야 했기 때문이다. 이 책은 비평가들의 찬사를 받으며 연극으로도 각색되었다.

올해의 "가장 흥미로운 섹스 장면"으로 명명되기도 했던 짧고 인상적인 구절로 인해 카밀라는 의도가 불순한 "노털들"로부터 페이스북 친구를 맺자는 요청을 수도 없이 받았으며 "스냅챗 세대"에게는 현대 생활의 직설적인 전문가로서의 직업적 명성을 굳혔다고 말했다. 카밀라가 특히 애착이 가는 구절 중 하나는 다음과 같다고 밝혔다.

코파보구르에서 사람들과 하룻밤 즐기기 좋은 때였어. 엔기야틀리 로드에 있는 아이슬란드 식료품점에서 재고품 관리를 하는 슬픈 눈동자의 사내와 같은 사람들 말이야. 그 사내는 여자들의 허벅지 안쪽에서 눈물을 훔치는 걸로 유명했지.[37]

카밀라가 회상했다. "낭독하러 갔던 어떤 곳에서는 청중들의 평균 연령이 대략 아흔여섯 살 정도였어요. 책이 상당히 노골적이어서 좀 긴장했었는데 다들 흥미진진하고 재미있게 여기더라고요. 평생 책을 읽어온 분들이라 아마 내가 묘사한 모든 것들을 해보지 않았을까라는 생각이 퍼뜩 들었죠. 그분들은 전혀 눈살을 찌푸리지 않았어요."

게르두르가 덧붙였다. "신예 작가들을 둘러싼 열기가 대단해요."

게르두르와 같은 작가들이 글을 써서 생계를 유지할 수 있게 하는 것은 정부에서 보조하는 이른바 "예술가 지원금"이다. 이 지원금은 원래 사람들이 아이슬란드어로 작품을 만들 수 있도록 하여 아이슬란드어를 보존하는 데 도움을 주기 위해 만들어졌다. 지원금은 이제 시각 예술과 음악과 같은 다른 분야로도 확장되었다. 매달 지급되는 이 제도는 수백 명의 사람들이 작품에 집중할 수 있도록 돕고 있다.[38] 그리고 경제적으로 허리띠를 졸라매는 시기일 때 일반 대중이 지원금을 베푸는 것에 대해 불평을 할지는 몰라도 주요 정당들은 각 분야의 지원금 철폐를 전혀 고려하지 않았다.

"2008년 경제 위기 이후(몇 년 뒤), 보수 정치인이었던 당시 문화부 장관은 언론에서 그 관행을 옹호했어요." 그해 3년간의 "작가 지원금"을 받는 세 명의 작가 중 한 명이었던 게르두르가 당시를 회상했다. "그는 우리가 예술가들을 지원할 수 없다면 과연 어떤 사회에서 살고 싶은지 물었죠. 정말 멋졌어요."

카밀라가 덧붙였다. "난 이런 제도가 있는 게 정상이라고 생각해요. 농부나 채소 재배자에게 지급하는 지원금이나 마찬가지죠."

이러한 지원금은 시인들이 아이슬란드에서 시를 쓸 수 있는 중요한 이유이기도 하다. 아이슬란드의 온라인 전화번호부˚에 자신을 시인이자 작가로 소개하는 게르두르가 말했다. "아이슬란드 사람들은 항상 새로운 시에 관심을 갖고 있기 때문에 시인이 되는 것은 가슴이 뭉클해지는 일이에요." 그녀는 디바가 든 잔을 들더니 한 모금 마셨다. "우리는 (시집)한 권을 500~1,200부 이상 팔아요." 이는 미국에서 시인 1인당 100만 부 이상 팔리는 것과 맞먹는다.

베스트셀러에 오른 여성 시인들은 회고록에서부터 아동문학, 범죄물에 이르기까지 모든 부문에서 매년 베스트셀러 목록에 등장하는 다른 여성들과 합류한다.

˚아이슬란드의 온라인 전화번호부는 그 자체로 흥미로운 연구 대상이다. 우리나라에는 비요르그 마그누스도티르라든가 온 욘이 너무 많아서 서로를 구별하기 위해 작성자들은 이름 옆에 직업을 포함시킬 수 있다. 그래서 조종사 시그룬 비요른스도티르가 아니라 배관공 시그룬 비요른스도티르에게 전화할 수 있다. 하지만 등재된 항목은 심사되지 않으므로 아이슬란드에는 적어도 한 명의 햄스터 전문가와 수십 명의 사자 조련사가 있는 것으로 보인다. 지금은 제 기능이 없어진 전화번호부책에는 알파벳순으로 이름이 나열되어 있었다. 아이슬란드는 격식에 얽매이지 않아서 (가부장적인)성은 중요하지 않기 때문이다. 선생님, 의사, 심지어 대통령에게 말할 때도 이름만 부르면 된다.

게르두르가 말했다. "아직도 쓸 게 너무 많아요. 그리고 우리에게는 길을 닦아준 강력한 여성 롤 모델들이 있어요. 여성으로서 그리고 여성의 관점에서 글을 쓴다는 건 멋진 일이죠. 내가 남자였다면 「블러드후프」를 쓸 수 있었을 거 같지 않아요. 『코파보구르 연대기』는 어떨까요? 남자가 쓸 수 있었을까요?" 그녀는 카밀라를 바라보며 단호하게 고개를 저었다. "절대 못 썼겠죠."

여러 이유로 여성들은 자신의 관점에서 자유로이 글을 쓸 수 있으며, 미디어의 관심이나 심지어 책 판매를 위해 경쟁할 필요도 별로 없다고 느낀다. 그리고 작가들의 공통된 시련, 즉 새로운 아이디어를 떠올리는 것에 대해 카밀라는 웃으며 농담조로 말했다. "도서관을 돌아다니다 보면 정말 따분한 책들이 수도 없이 출간된 것을 보게 되는데, 그럼 마음이 한결 놓여요. 내 책이 결코 최악의 책이 될 일은 없을 거라는 확신이 생기죠."

디바를 마지막 한 모금까지 깨끗이 들이키고 샌드위치를 마저 다 먹은 뒤, 두 작가는 오래된 젠더 고정관념이 속출하는 진부한 부문을 떠올렸다. "문학 축제에서 내 약력을 읽고 있는데 광고 문구가 "그녀는 아이가 셋 있다"로 시작되더군요." 카밀라가 회상했다. "(아이슬란드 작가)도리 디엔에이도 그 자리에 있었는데 그에게도 자녀가 셋 있었고 첫 책을 홍보하고 있었지만, 그의 광고 문구는 그런 식으로 시작되지 않았어요. 나는 사람들한테 굳이 내 약력을 바꿀 필요 없다고 했지만 사람들은 그의 약력도 같은 방식으로 시작해야 한다더군요." 그녀는 그런다고 근본적으로 변하는 것은 아니라는 식으로 어깨를 으쓱해 보였다. "여성에게 아이가 있다면 그것이 정체성의 중심이 되지만, 남성의 약력에서는 열일곱 번째 줄에 쓰여질 수 있죠. 여성 작가가 약력 맨 뒤에 아이에 대해 썼다면 엄마가 되는 데 온전히 전념하지 않은 나쁜 사람인 것처럼 보이게 해요."

게르두르가 아이슬란드 문학계에서 여성의 초상화를 지나치게 이상주의적으로 그리지 않은 것이 다행이라는 듯 웃으며 끼어들었다. "아, 적어도 우리가 찬물을 끼얹을 순 있겠네요!"

그러나 이상주의에 대해 말이 나왔으니 말인데, 나는 우리가 이야기하는 전통, 즉 수많은 아이슬란드 사람들이 추운 겨울 저녁에 좋은 책을 벗 삼아 따뜻한 곳에 몸을 파묻고 있는 전형적인 이미지에서 벗어나고 있다는 우려가 있지 않은지 의문이 들었다. 혹은 어린아이들이 그 유명한 영웅담 구절을 암송할 수 없다든가, 노벨상 수상자인 할도르 락스네스의 책보다 레고를 선물 받고 싶어 하지 않을까 궁금했다.

우리는 그러한 시절은 이미 지나갔다는 데 동의했다. 하지만 "그래도 우리는 아직 플레이스테이션(비디오 게임) 나라는 아니잖아요. 우리는 책의 나라입니다"라고 게르두르가 주장했다. "적어도 그랬으면 좋겠네요."

외국에서 온 많은 손님들은 아이슬란드 대통령실이 수수한 것을 보고 놀란다. 레이캬비크 인근의 조용한 주택가에 위치한 그곳은 이전에 가정집이었다. 약속하고 온 방문객들은 의자 두 개와 커다란 L자 모양의 책상이 있는 작은 안내실에서 기다린다. 대통령 개인 집무실과 회의실 가구와 예술품은 아이슬란드 고유의 디자인을 선보인다. 그렇지만 대기실 바깥에는 가로세로 110cmx60cm 크기로 벽에 걸려있는 사진이 내방객들을 맞이한다. 2016년 9월 16일에 찍힌 사진으로, 아이슬란드 여자 축구 국가대표팀이 슬로베니아를 4-0으로 꺾고 이듬해 여름 유럽축구선수권대회에 세 번째로 출전권을 확보한 것을 축하하는 장면이다.

파란 유니폼을 입은 선수단 한가운데 남편이 웃는 얼굴로 포즈를 취하고 있다. 대통령직에 어울리는 모직 트렌치코트를 입고, 목에는 국가대표팀 스카프를 느슨하게 두르고, 두 손을 꽉 모으고, 입을 헤 벌리고, 기쁨에 넘쳐 눈썹을 치켜올리고 있다.(대표팀의 출전 그 자체보다 스포츠 영웅들을 직접 만나는 행운을 누리게 되어 기뻐죽겠다는 표정이다.) 이 사진이 국민들에게 보내는 메시지는? 우리는 성공을 다 같이 축하한다는 것이다. 이 대통령은 비교적 격식에 얽매이지 않는 사람이라는 것이다. 그리고 우리는 남자 선수들만큼이나 여자 선수들이 자랑스럽다는 것이다.

우리 중 많은 이들이 예술을 책이나 음악, 연극, 그림으로 생각한다면 마르그레트 라라 비다르스도티르에게 예술은 축구이다. 수비수들 장벽 너머로 치솟는 아름다운 프리킥, 필드에서 공을 몰고 갈 때 필요한 정교한 기교, 판도를 뒤집는 골을 막으려고 우아하게 실행하는 태클, 개개인의 힘이 하나로 응집되는 마법과도 같은 결합. 열광하는 팬들은 자리에서 일어나 모두가 하나 되어 종종 위협적인 "바이킹 천둥박수"를 치는 것으로 국제 대회에서 유명하다.

아이슬란드 여자 축구 국가대표팀의 공격수로 최다 득점 기록을 세운 뒤 지금은 은퇴한 마르그레트와 지역구단의 클럽하우스에서 만났다. "나는 예술적 의미에서 그림을 그리거나 글을 쓰거나 무언가를 창조해낼 수는 없지만, 축구로 예술을 발산할 수는 있어요."

발루르 팀의 매 로고는 아이슬란드 스포츠계에서 잘 알려져 있다. 1911년 창단 이래 축구, 농구, 핸드볼°에서 100회 이상 출전했다. 그들의 성과 중 적지 않은 것이 여자 팀이 거둔 수많은 상이다. 이러한 성공에 힘

° 핸드볼은 주로 유럽 대륙에서 인기 있는 단체 스포츠로 북미와 영국에서는 거의 알려져 있지 않다. 아이슬란드 남자 대표팀은 2008년 베이징 올림픽에서 은메달을 획득했다. 단연코 단체 종목에서 올림픽 메달을 획득한 가장 작은 나라이다.

입어 발루르는 평등주의 스포츠클럽으로 명성을 얻게 되었다. 마르그레트와 내가 부드러운 갈색 소파에 앉아 이야기를 나누는 아늑한 클럽하우스 벽에는 트로피들, 오래된 티셔츠들, 남자 우승팀들과 여자 우승팀들이 찍힌 사진들이 늘어서 있었다.

마르그레트 라라는 아이슬란드 남부 연안에 위치한 군도인 베스트만 제도에서 자라는 동안 스포츠에 푹 빠져 있으면서 언제나 자신이 운동에 소질이 있다는 것을 알고 있었다. 여덟아홉 살 때부터 동료들보다 월등히 기량이 뛰어났으며 대부분의 경기에서 우승 트로피를 들어올렸다.(아이들 시합에서 득점을 기록하지 못하도록 하기 전의 일이었다.) 그러나 마르그레트 라라는 성장해 가면서 프로축구 선수가 아닌 대학에서 스포츠를 공부하고 싶었다. 비슷한 또래의 남자아이들이 프로축구 선수가 될 꿈에 밤늦게까지 잠 못 이루는 것과는 크게 대조적이었다. 이유가 뭘까? 그녀는 특유의 허스키한 목소리로 말했다. "프로축구 선수라는 게 존재하는지도 몰랐어요. 텔레비전에서 축구 경기를 방영해주지 않았거든요. 여자 국가대표팀이 뭔지도 몰랐죠."

그 이후 20여 년 동안 아이슬란드의 여성 스포츠에는 많은 변화가 있었다. 이 분야는 여전히 심각한 불평등을 겪고 있다. 남성 선수들이 더 잘 알려져 있고 돈을 훨씬 더 많이 번다. 그러나 전반적으로 성평등이 진전을 보이면서 그 격차가 눈에 띄게 좁혀졌다. 국가대표팀에 지급되는 보너스가 동등해진 것 외에도 여성 스포츠 영웅들은 후원 계약을 맺고 있으며 소셜 미디어에서 영향력을 행사하는 스타들이 되었다.(특히 크로스핏 챔피언의 경우 더욱 인기가 높다.)

마르그레트 라라는 현재 아이슬란드에서 가장 인정받는 선수 중 한 명이다. 스웨덴과 독일에서 활동한 것을 포함하여 프로선수 생활을 그만두면서 2019년에 국가대표팀에서 은퇴하긴 했지만 124회의 세계 경기에 국가대표로 출전하여 79골을 기록했다. 꼭 알맞은 때에 꼭 알맞은 위치에서 패스를 받아 골라인으로 공을 몰고 가는 신비로운 기술은 그녀를 팀에서 가장 주목받는 선수 중 한 명으로 만들었다. 그녀는 현재 축구선수들을 위한 심리사이자 여러 경기에서 해설자로 활약하고 있는데 통찰력 있고 개인적 의견을 서슴없이 내는 호감 가는 해설자라는 평판을 얻고 있다.

롤 모델이 없었음에도 그녀는 항상 열정을 쫓았다. 고등학교 시절에는 야간 축구 연습을 하려고 연례 파티도 건너뛰었다.

"다음 날 선생님은 내게 별일 없는지, 파티에 참석하는 데 무슨 문제가 있는 것은 아닌지 굉장히 진지하게 물어보더군요. 나로서는 파티에 가는 대신 축구를 연습하는 게 당연한 일이었는데 말이에요. 내가 남자아이였다면 그런 질문을 받지 않았겠죠. 사람들은 파티에 참석하는 것을 내 미래에 대한 투자로 봤을 테니까."

열여섯 살에 그간 가외로 연습까지 한 데 대한 보답을 받았다. 당시 국가대표팀 코치에게 스카우트된 것이었다. 그녀는 대형 보험사와 계약을 맺어 전국을 돌아다니며 스포츠의 중요성에 대해 아이들에게 이야기했다. 그녀의 사진이 광고판에 등장했고 아이들은 그녀의 이니셜과 번호—"MLV9"—가 새겨진 축구공을 선물받았다. 후원 계약으로 돈을 버는 국내 최초의 여자 운동선수가 된 것이었다. 그녀는 이제 친숙한 얼굴이었다.

후원과 광고 노출은 여자 선수들의 경기를 홍보하는 데 중요했다. 마르그레트 라라는 이렇게 단언했다. "그로 인해 여자 축구가 더 인기를 얻게 되면서 직업적으로 축구 선수가 되는 것에 사람들이 더 관심을 갖게 되었어요."

세계 성평등 1위 아이슬란드의 비밀—스프라카르

아이슬란드의 광고판에 있는 그 얼굴들은 실제로 현실에 존재하는 사람들로 보통 한두 단계만 거쳐도 인맥으로 연결된다. 마르그레트 라라가 말했다. "나라가 작아서 얼마나 운이 좋은지 몰라요. 식료품점이나 쇼핑몰에 가면 롤 모델을 실물로 직접 볼 수 있잖아요. 뭐랄까, 손을 뻗으면 꿈에 닿는다고나 할까요. 그것은 "나도 성취할 수 있다"고 믿는 데 큰 도움이 됩니다."

조금씩 유명세를 타면서 마르그레트 라라는 베스트만제도를 떠나 1부 리그인 발루르에서 뛰려고 수도로 옮겨갔다. 처음 선수 생활을 시작하면서 같은 클럽 내에서 남자팀과 여자팀을 동등하게 대우한다는 것을 한눈에 알 수 있었다. 발루르의 남자팀과 여자팀은 정규 구장에서 연습 시간을 가졌다. 용품과 의복도 남자 선수들과 동일한 품질이었다. 그녀는 심지어 오늘날의 아이슬란드에서도 다른 여러 축구 클럽들은 그러한 기본적인 세부사항들이 지켜지지 않고 있다고 했다. "남자 선수들과 동일한 품질의 용품과 연습 시간을 갖게 되면 더 많은 변화를 가져올 수 있고, 그러면 더 많은 존중을 받을 수 있다는 것을 알게 되고, 그 보답으로 존중심을 보여주게 되죠."

몇 년 동안 실력을 갈고닦은 후 마르그레트 라라는 유럽으로 눈길을 돌리면서 더욱 많은 팬을 끌어들이는 훨씬 큰 경기장에서 세계적 수준의 선수들과 코치들과 함께 프로 선수로 뛸 수 있었다. 하지만 놀랍게도 과거 아이슬란드에서의 여러 시설들이 더 나았다고 했다. "아이슬란드에는 탈의실에 자쿠지(물에서 기포가 나오도록 만든 욕조-옮긴이)가 있었어요. 근력운동을 할 수 있는 헬스장도 있었죠." 그녀는 동료 선수들, 코치들, 물리치료사들과 같은 인적 자원은 해외가 더 수준급이라는 점은 인정했지만, 그녀가 뛰었던 독일 최고의 팀에서조차도 다음 경기를 치르기 위해서는 열 시간 동안 버스를 타고 이동해야 했다. 반면 분데스리가의 남자 선수들은 전용기를 타고 날아갔다.

이러한 극명한 대조는 자본이 어떻게 경기를 몰고 가는지를 보여준다. 남자팀은 더 재원이 많기에 더 많은 수익을 창출하고 있으며, 따라서 더 대형 스폰서와 미디어를 확보하면서 더 인기가 높아진다. 남자팀은 자금 지원을 더 많이 받고 여자팀은 관심을 끌기 위해 더 열심히 뛰는 식이 반복된다. 그러나 이것은 또 다른 것을 가리키기도 한다. 간단히 말해서, 마르그레트 라라가 말했듯, "아이슬란드 사회에서는 불평등이 용납될 수 없다"는 것이 그것이다. 여기에는 스포츠도 포함된다. 스포츠 부문은 세계적으로 용인되는 성차별의 마지막 보루 중 하나이기는 하지만, 남성이 지배하는 다른 영역에서는 입에 발린 소리로라도 "평등"이라는 말을 하지 않는 경우가 다반사다. 그러나 아이슬란드 사회는 그 이상을 기대하게 되었다. 마르그레트 라라가 말했다. "축구 경기를 중계하는 텔레비전 방송국에서 여자팀 경기를 방영하지 않는다고 하면 시청을 거부하겠다고 위협하는 사람들도 있어요."

평등의 본래적 가치에 대한 이러한 집단적 이해는 여자팀이 동일한 수준의 보너스를 받을 수 있게 해주었다. "동일하게 제시하지 않았기 때문에 당연히 싸워야 했죠. 하지만 우리는 언론에 대고 대규모 캠페인을 벌이겠다고 위협할 필요까지는 없었어요."

그러한 성과는 해외의 동료들 사이에서 주목받을 만했다. "그들은 그게 정말 중요하다고 생각해요. 예를 들어 독일에서는 같은 팀 선수가 남자 선수들과 동일한 대우를 해달라고 요청했다면 안타깝게도 다른 선수들은 비웃기만 했을 거예요."

세간의 이목을 끄는 국가대표팀의 성공은 다른 사람들에게도 그들의 선례를 따르도록 용기를 북돋웠다. 2004년 이후, 여성들로 조직된 축구팀 (미취학 연령 이상부터)의 수가 두 배 이상 증가했다. 임원진 측면에서 보자면, 아이슬란드에서 최초로 축구협회 사무총장을 역임한 클라라 비아르트마르츠는 세계에서 몇 안 되는 임원진 중 한 명이다.

이제 마르그레트 라라는 유명인사가 되었으며, 그녀가 자라면서 보지 못했던 롤 모델일 수 있다. 그녀는 "롤 모델이 되는 것 자체가 영광"이라며 웃었다. "여섯 살짜리 아이가 가게에서 나랑 이야기하고 싶어 한다면 얼마나 멋진 일이겠어요."

그녀와 그녀의 전 축구 동료들은 남자 동료들과도 긴밀한 관계를 유지하고 있는데, 그들 중 다수는 에버튼 FC와 FC 아우크스부르크와 같은 정상급의 축구 클럽에서 여섯 자리 수의 연봉을 받고 있다.

"남자 선수들은 진심으로 우리 편이에요." 그녀가 말했다. "우리가 국가대표팀에서 동등한 보너스를 받으려고 싸우고 있을 때, 묻지도 않았는데 자기들이 보너스를 얼마 받고 있는지 말해줬어요. 그들이 우리보다 더 많이 받는 것은 그들 잘못이 아니에요."

여자 스포츠 경기를 보는 것이 남자 경기를 보는 것만큼 흥미진진하지 않다고 여전히 소리 높이 주장하는 목소리가 있다. 그러나 그것은 사과와 오렌지를 비교하는 것과 같다고, 마르그레트 라라는 여긴다. "남자 축구와 여자 축구를 볼 때는 다른 안경을 쓰고 봐야 해요. 같은 종목이지만 천성적으로 다르기 때문이죠."

실상 예술의 형태로 비유하자면, 피카소와 모네를 비교하는 것과 같다. 둘 다 창의적인 천재로 작품 활동을 했지만 서로 대조하기가 어렵다. 그녀는 스포츠에서 평등을 위해 계속 노력하는 데 가장 중요한 요소는 결국엔 "존중"이라고 했다.

아이슬란드에서 축구는 누구나 좋아하는 스포츠이다. 축구가 가장 돈을 많이 벌고 선수들도 가장 잘 알려져 있다. 그러나 축구에서 젠더의 성공은 다른 분야에도 퍼졌다. 아이슬란드 여성의 이름 뒤에는 도티르란 접미사가 아주 흔하게 붙는다. 이제 해시태그가 붙은 도티르(#dottir)는 국가대표팀 경기에서 유행이 되었다. 아이슬란드를 대표하는 항공사인 아이슬란드에어는 여러 국가대표 스포츠 팀을 자랑스럽게 후원하고 있으며 남녀 선수 모두에게 동등한 관심을 기울이고 있다.

커다란 격차가 여전하다는 것은 틀림없다. 현재 수많은 "마르그레트 라라들"은 프로로 간다고 해도 일곱 자리 수의 연봉을 받을 거라 기대할 수 없다. 여자 경기 티켓은 여전히 남자 경기 티켓보다 저렴하고 광고 수익도 현저히 낮을 것이다.° 축구뿐만 아니라 다른 종목에서도 마찬가지다. 남자들이 자동으로 가지고 있는 코칭스태프, 용품, 시설을 갖기 위해 싸워야 할 것이다. 그럼에도 불구하고 아이슬란드에서 스포츠는 사람들이 불평등을 인식하고, 천천히 그러나 확실히 바로잡기 위해 노력하는 분야 중 하나이다. 반가운 소리라고, 발루르의 과거 여성 스포츠 영웅들의 활짝 웃는 사진을 바라보며 마르그레트 라라가 말했다.

"그건 내 목소리나 다른 여자들의 목소리에 관한 것이 아니에요. 사회의 목소리에 관한 것입니다."

축구가 #도티르 등으로 계속해서 세계적인 운동계에서 길을 내고 있는 동안 다른 딸들은 아이슬란드의 음악계에서 파문을 일으키고 있다.

° 단, 농구 경기는 예외이다. 농구는 남녀 경기 티켓값이 동일하고 광고 수익도 비슷하다.

세계 성평등 1위 아이슬란드의 비밀-스프라카르

자칭 랩 그룹으로 표방한 "레이캬비크의 딸들(Daughters of Reykjavík)"은 총리실에서 주최한 미투(#MeToo)를 주제로 한 성평등 컨퍼런스에서 (나 포함)수백 명의 페미니스트가 귀리 라떼를 마시는 가운데 히트곡인 "레파 헤이민"을 공연했다. 멤버들은 수도권의 여러 유치원에서 온 초롱초롱한 다섯 살짜리 아이들을 위해 "제기랄"이나 "맥주"와 같은 단어들은 부지런히 삭제했지만 "젠더 불순응"이라든가 "반문화"와 같은 가사들은 그대로 부르며 무대를 뒤집어놓았다. 금요일 밤 생방송 채팅쇼에 출연하는 동안에는 노골적인 가사들과 함께 성행위 도구들로 성행위를 묘사하는 춤 동작을 선보이면서 논란을 일으켰다. 그러한 다양성은 아이슬란드의 많은 음악가들에게 있어 당연한 것으로, 이들 중 대부분은 다른 전문적인 직업에도 매진하고 있다.("레이캬비크의 딸들"의 경우 그래픽 디자이너, 댄스 교사, 클래식 피아니스트 및 여러 배우들로 구성되어 있다.)

"레이캬비크의 딸들"은 이 나라의 오랜 전통인 리무르(음악적인 리듬에 복잡한 말장난을 합체시키는 운율)를 21세기식으로 응용해서 세계적인 풍류를 더한 창작자들로, 무엇보다도 래퍼로 알려지고 싶어 한다. 2020년 여름 「뉴욕타임스」에 소개되었는데, 이는 다른 많은 음악 동료들에게는 없었던 성과였다. 그들의 콘서트는 음악 공연이라기보다는 쇼에 가깝다. 가수는 저마다 상의를 거칠게 풀어헤치거나 사타구니를 움켜잡는 식의 쇼를 벌이면서 차례대로 무대를 휘어잡는다. 이는 남성 랩 그룹에서는 모두 전형적인 퍼포먼스이지만 무대에 선 여성들에게 전통적으로 예상되는 행위는 아니다.

가사 때문이든 의상 때문이든 아니면 전체 공연 때문이든, 코로나19가 기승을 부리면서 콘서트를 관람할 기회가 없어진 어느 날 저녁, 그 그룹 멤버 셋을 만났을 때 밴드의 창립자 중 한 명인 투리두르 블라이르요한스도티르는 "우리는 주로 페미니스트적인 쇼를 하는 그룹으로 알려져 있어요"라며 투덜거렸다. "난 그렇게 규정하는 것에 전혀 동의하지 않아요. 만약 당신이 래퍼인데 여성이라면, 당신은 자동적으로 페미니스트 의제를 밀어붙이려고 페미니스트적인 공연을 하는 가수가 됩니다. 우리는 그냥 그렇게 하는 게 너무 좋아서 할 뿐이에요. 나는 페미니스트인 게 자랑스럽지만 다른 사람들이 내게 그런 꼬리표를 붙여서 내가 하는 다른 일들을 끌어내리는 데 써먹는 게 싫어요. 남자가 랩을 하기 시작하면 사람들은, 아, 그래, 랩을 무척 좋아하는구나 생각하죠. 우리도 동기는 똑같지만 여성이라는 이유로 사람들은 뭔가 꿍꿍이가 있다고 생각해요."

이러한 가정은 아마도 아이슬란드 음악 산업 내에서의 평등 의식(또는 그것의 결여)을 나타내는 지표일 것이다. 블라이르가 말했다. "그들은 말 따로 행동 따로예요. 많은 남성 뮤지션들이 여성 뮤지션들이 얼마나 대단한지 말하면서도 정작 여성 뮤지션들과는 함께 작업하지 않아요."

평등의 중요성에 대해 립 서비스는 많이 하지만 실행하는 것을 보기는 어렵다고, "레이캬비크의 딸들"은 주장한다. "그들이 여자들을 의식적으로 무시하려고 하는 건 아니에요." 멤버들 중에서도 특히 패션의 아이콘으로 인정받고 있는, 디사로 알려진 인스타그램 스타이자 배우이자 가수인 토르디스 비요르크 토르핀스도티르가 말을 이어갔다. "그들의 레이더에 잡히지 않을 뿐이죠."(그녀는 6장에서 북쪽의 작은 마을인 코파스케르를 비방한 혐의로 온라인에서 뭇매를 맞은 극단의 단원이기도 하다.)

사실 "레이캬비크의 딸들"은 블라이르와 친구인 콜피나 니쿠라스도티르가 참가자들로 문전성시를 이룬 "시와 랩의 밤"을 조직한 후인 2013년에 돌발적으로 결성한 그룹이다.

블라이르는 "우리는 그룹을 결성할 거창한 계획 같은 게 없었다"고 설명했다. "사람들이 계속 (처음부터 아이슬란드식 이름인)레이캬비쿠르 다이투르라고 부르며 공연을 예약했어요. 처음에는 그룹이 좀 정신이 없었지만 시간이 지나면서 자리를 잡았죠." 한때 그룹은 멤버들이 들락날락하면서 스무 명까지 늘어났었다. 개인적인 일에 매진하기도 했고, 더러 아기를 낳기도 했다. 지금은 아홉 명으로 고정되었다.

한편, "레이캬비크의 딸들"은 아이슬란드의 주류 여성 뮤지션을 대표하지는 않지만, 여성 뮤지션들 중 다수(특히 비요르크)는 종종 아이슬란드 여성 뮤지션들이 천상의 아름다움을 지닌 사차원 가수라는 후광을 톡톡히 받으며 세계무대에서 성공적인 커리어를 쌓았다. 그렇지만 그들은 다른 뮤지션들과 대조적으로, 스토리텔링을 랩으로, 퍼포먼스를 도발로 선보이는 거의 포스트 페미니스트적인 개념을 압축하고 있기도 하다.

그들의 대담한 스타일과 시끌벅적한 콘서트는 아이슬란드에서 남성이 주도하는 랩씬을 뒤흔들었다. "레이캬비크의 딸들"에 따르면, 이를테면, 다른 래퍼들의 가사와 뮤직비디오에서 여성혐오적 행위와 대상화가 중단되었다. 그리고 그들이 데뷔한 첫 해에는 대중들로부터 고무적인 피드백을 많이 받았지만 (노골적으로 그렇게 의도한 것은 아니었을지라도) 점점 더 충격적인 공연을 한다는 평판이 쌓이면서 주류 음악을 선호하는 일부 사람들이 점점 더 비판적이 되기 시작했다.

블라이르가 씁쓸하지만 덤덤하게 말했다. "우리는 아이슬란드에서 역대급으로 미움받는 그룹이에요. 음, 우리하고 나일론하고요." "스파이스 걸스"를 모델로 한 걸 그룹 "나일론"은 2000년대 초반에 최고의 명성을 얻었다.

그룹의 숨겨진 악동이자 인기 있는 즉흥공연단의 일원이기도 한 스테이니 스쿠라도티르가 덧붙였다. "우리가 자리를 너무 많이 차지한다고 생각하는 남자들이 제일 욕을 많이 하는 거 같아요. 대놓고 그렇게 말하지는 않지만요."

아이슬란드 일부 지역에서 반감의 목소리가 커지자 "레이캬비크의 딸들"은 유럽으로 진출해 공식적으로 영어식 이름을 채택했으며, 현재 바르셀로나에서 그린란드까지 클럽에 관객들을 가득 메우고 있다.

블라이르가 말했다. "우리가 해외로 진출하자 사람들은 우리를 처음으로 보게 되었어요. 아주 여러 곳에서 우리는 아이슬란드보다 상황이 좋지 않다는 걸 깨닫게 되었죠. 사람들은 우리와 같은 공연을 이전에 본 적이 없던 거 같았어요." 그들은 대부분 아이슬란드어로 공연하지만, 관객들이 그들의 공연이 확실히 다르다고 느끼는 것은 그 이유 때문은 아니다. "사람들은 우리가 말하는 것을 이해할 필요가 없어요. 우리가 어떤 그룹인지를 이해하죠."

블라이르, 디사, 스테이니는 아이슬란드의 음악 산업이 아이슬란드의 다른 문화 분야보다 더 남성우월적이라고 믿는다. 그리고 그 점에 대해 목소리를 높이는 사람들은 더욱 역풍에 직면한다. 레이캬비크 시립극장에서 배우로 일하며, 호평 받는 아이슬란드 TV 미니시리즈 "총리(The Minister)"에 출연한 블라이르는 "극단에서는 그런 걸 전혀 본 적이 없었다"라고 했다. 음악 산업은 직업적 보장이 안 되는 데다 내부 고발자들은 원팀으로 보이지 않을 경우 향후 공연에서 설 자리를 잃을까 봐 전전긍긍한다.

"레이캬비크의 딸들"도 남성 래퍼들과 강한 유대감을 느끼지 않는다.(물론 예외는 있지만.) "남성 래퍼들을 만난 적이 있었는데 아주 괜찮더라고요. 그런데 우리가 자리에 없을 때 우리에 대해 무슨 말을 해왔는지 듣게 되었죠." 스테이니가 덧붙였다. "(우리나라에서 가장 인기 있는 래퍼들 중 한 남자의 이름을 발설하며)우리 멤버들 여러 명하고 자려고 안달

세계 성평등 1위 아이슬란드의 비밀-스프라카르

이 났었더라고요."

아이슬란드의 다른 업계와 마찬가지로, 음악 산업의 자금은 대부분의 지역 축제를 주관하는 남자들의 손에 달려 있다. 블라이르가 말했다. "그(주최 측)는 오로지 티켓만 파는 데 혈안이 되어 있는데, 남성 뮤지션들이 티켓 파워가 있다고 여기죠. 그러면 여성 뮤지션 열 명을 위한 자리가 있어야 할 때 겨우 한 명만 들어갈 수 있어요."

디사가 덧붙였다. "그러면 결국 여성 뮤지션들끼리 서로 겨루게 되죠."

그런 안타까운 얘기가 나오자 맞다고 인정하면서 속상해 죽겠다는 말을 중얼거렸지만 대화는 재빨리 치유되었다. 스테이니가 말을 꺼냈다. "남자를 위한 자리가 아홉 개라면 여자를 위한 자리가 하나라는 생각을 버려야 해요. 자리는 열 개인 거예요."

"여자들만 나오는 콘서트지만 누구도 그것에 대해 토를 달지 않는 콘서트 포스터가 보고 싶어 미칠 거 같아요." 블라이르가 덧붙였다.

나와 이야기를 나눈 이 세 명은 음악 페스티벌에서 성비를 5:5로 맞추는 것에 찬성했다. 이것은 새로운 개념은 아니다. 유럽에서 "키체인지 운동(Keychange movement, 음악 산업의 성평등을 위한 유럽 내 움직임으로 2022년까지 음악 페스티벌 라인업의 성비를 5:5로 맞추자는 취지를 담고 있다-옮긴이)은 2018년에 개시되어 유럽연합의 크리에이티브 유럽 프로그램(Creative Europe Programme)이 후원하고 있는데, 음악 산업에 불충분한 성비를 균형있게 맞추는 것을 목표로 하고 있으며, 국내 최대 페스티벌인 아이슬란드 에어웨이브(Iceland Airwaves)를 포함하여 450개 이상의 축제와 단체가 제휴하고 있다. 키체인지 운동은 무대에서 보기 힘든 인재를 위한 경력 개발 프로그램 외에도 음악 관련 조직들이 성비 균형 "서약"을 지키도록 장려하고 있다. 나는 여러 나라 사람들과 더불어 음악 산업 전반의 성비 격차에 대한 관심을 호소하고, 소비자 등등으로 하여금 변화를 요구하도록 동기를 부여하는 아이슬란드 홍보대사 두 명 중 한 명이다.

"하지만 (행사 라인업에서 성평등은)작은 마을에서 열리는 지역축제에서도 적용되어야 해요." 스테이니가 말했다. "여자들이 출연하지 않는 광고를 또 보게 되어 그걸 트윗하고 관심을 끌게 하는 것도 너무 지치거든요. 사람들로 하여금 그런 점에 대해 구체적이고 장기적으로 생각하게 할 필요가 있어요. 사람들은 그러면 이번에는 티켓이 덜 팔릴 수도 있다는 점을 인정하지만 다음 세대를 위해서 그렇게 해야 해요. 남성 뮤지션들 못지않게 실력있는 무명의 여성 뮤지션들에게 기회를 줄 수 있도록 도와야 합니다."

악플러들이나 더러 올라오는 부정적인 리뷰에 구애받지 않고 "레이캬비크의 딸들"이 후회 없이 해왔던 것처럼, 그것은 더 많은 여성 뮤지션들이 자신의 열정을 시험할 수 있는 계기가 될 것이다.

디사가 눈을 감고 소파에 등을 기댄 채 미소 지으며 말했다. "나는 무대에 섰을 때 카타르시스의 극치를 느껴요."

→→ ←←

2019년 4월 어느 날, 아이슬란드 북부의 아쿠레이리에 있는 호프 문화센터에서 열린 모차르트 레퀴엠 공연에 참석했다. 나는 아이슬란드가 비교적 낯설었을 때 아이슬란드를 대표하는 아마추어 합창단에서 노래를 불렀는데 합창을 들을 때면 항상 마음이 편안해지며 고양되는 느낌을 받았다. 하지만 이 유명한 작품의 공연에서 주목할 만한 점은 지휘자였다. 지휘를 맡은 핀란드인인 안나-마리아 헬싱은 핀란드 교향악단의 첫 여성 지휘자였다. 공연이 끝난 후 그녀와 잡담을 나누며(내 위치의 특전이다!), 클래식 음악 공연에서 여전히 보기 드문 여성 지휘자를 보게 되어 얼마나 기쁜지 말했다.

그녀는 미소 지으며 감사하다고 했다. "사람들이 나에 대해 직업적으로 이야기할 때 성별에 대해서만 논하고 싶어 하는 것 같아 답답했었어요." 실력이 아니라 여성이라는 점으로 논점을 가져가는 게 그녀로서는 무척 실망스러웠다고 했다. "그런데 어느 날 비행기에 탔는데 조종사가 기내 방송을 시작했어요. 여자더라고요. 얼마나 짜릿했는지 몰라요! 그 후로는 사람들이 나를 여성으로 인식하고 싶어 하는 것에 대해 더는 신경쓰지 않게 되었죠. 여성들의 활약을 알 필요가 있고, 그럴 때 우리 모두 행복해진다는 것을 깨달았어요."

문화 활동의 중요성을 중시하는 사회는 공동의 정신을 기르는 가치를 중시한다. 우리가 우리를 인간으로 정의하는 데 도움이 되는 이러한 무수한 차원을 풍요롭게 하는 것을 소홀히 할 때, 우리가 가진 잠재적 능력은 온전히 발휘하지 못하게 된다. 하지만 성평등을 위한 투쟁에서 돈과 시간을 어떻게 우선시하는가에 관한 문제로 넘어가면 음악, 문학, 심지어 스포츠에 쏟아붓는 열정과 같은 것은 과외 활동으로 보여진다.

이러한 모든 문화 활동이 평등한 것은 아니며, 특히 이 분야에서 생계를 꾸리는 여성의 경우에는 더욱 그렇다. 하지만 생각해보면 대부분의 사람들에게 예술, 문화, 스포츠는 모두 창작자라기보다 소비자인 영역이다. 이것은 대화의 틀을 잡는 데 도움이 될 수 있다. 여성 캐릭터들이 남자 주인공들의 들러리로만 존재하는 것처럼 보이고, 대사도 훨씬 적은 영화를 보려고 돈을 지불하고 싶은가? 아이들이 여성 스포츠 영웅이 아닌 남성 스포츠 영웅의 카드만 수집하기를 원하는가? 다양한 성 정체성, 능력, 배경을 가진 사람들에 대한 이야기를 읽기를 바라는가?

아이슬란드에서는 책(쓰여진 문자)을 존중하고 장려하는 오랜 전통이 기울어진 운동장을 평평하게 만드는 데 크게 도움이 되었다. 마르그레트 라라가 선택한 스포츠 분야에서 아이슬란드 여성들은 최근 몇 년 동안 가장 크게 성 격차를 좁히며 장족의 발전을 이루었다. 그러나 괄목할 만한 성취를 했음에도 불구하고 아직도 불공정한 격차의 골이 깊이 패여 있다. 음악 분야에서 우리는 립서비스 이상의 것에 집중해야 한다. 페스티벌 라인업에서 성비 균형은 중요하지만 그렇다고 음악 협회들이 사람들의 관행과 인식을 좌우할 수는 없다. 이 분야에서 가장 큰 변화는 콘텐츠 제작자와 콘텐츠 소비자, 즉 뮤지션과 팬 사이의 근본적인 관계에서 비롯될 것이다. 법률이 그 간극을 메울 여지가 거의 없기 때문에 이는 만만치 않은 일이긴 하지만 대단히 희망적인 일이기도 하다. 특히 "레이캬비크의 딸들"과 같은 롤 모델들과 함께 저절로 일어날 수도 있기 때문이다.

이러한 분야를 뒤에 남겨두고 갈 순 없다. 또한 우리 개개인이 예술과 스포츠의 다양성을 지지하는 것만으로도 더 많은 가시적인 결과를 가져올 수 있는 영역이기도 하다. 바로 이러한 대중적인 영역에서 여러 채널을 통해 공공연하면서도 미묘하게 신호를 보내 변화를 만들어낼 수 있다면 여성들은 조용하고 수동적이어야 한다는 사회의 메시지를 재정의하는 데 도움을 줄 것이다. 우리는 여성들의 이야기를 들려주고, 여성들의 승리를 축하해주고, 여성들의 노래를 불러야 한다. 오스카상 수상자인 힐두르 구드나도티르의 말을 조금 바꿔 표현하자면, "어쩌면 우리에게 필요한 것은 우리 안에서 넘쳐흐르는 평등을 느끼는 것일 게다."

―국민을 단결시킨 스프라카르

평등을 공인하기 위한 제스처로 유엔은 1975년을 "세계 여성의 날"로 지정했다. 그 해에 아이슬란드 국회의원 중 여성은 5퍼센트에 불과했다. 집 밖에서 일하는 여성들은 남성들이 받는 봉급의 60퍼센트만 받았다.

여성들이 기여하는 바가 얼마나 큰지를 증명하기 위해 아이슬란드 여성들은 하루를 휴업하기로 결정했다. 전국적으로 90퍼센트의 여성이 10월 24일 시위에 참가한 것으로 추정된다. 집이나 농장에서 일하던 여성들은 그날 육아, 청소, 식사 준비에서 손을 뗐다. 집 밖에서 일하는 여성들은 직장에 모습을 드러내지 않았다.

초등학교가 휴교되었다. 유치원도 문을 닫았다. 전화 연결도 되지 않았다. 은행에서는 관리자들이 하급 여성 직원들이 일하던 창구를 채웠다. 수산물 가공 공장들도 폐쇄되었다. 대개 여성들이 갓 잡은 수산물을 가공했기 때문이다. 라디오와 텔레비전 뉴스에서는 그날은 아빠들이 아이들의 주보호자라는 뉴스를 전했다. 항공편이 지연되었다. 자식들을 위한 준-건강식 저녁거리를 마련하느라 가게에서는 핫도그가 동났다.

2만 5천 명의 여성들(당시 전체 인구의 10퍼센트 이상)이 레이캬비크 중심가에 의기양양하게 모여들었다. 젊은이든 노인이든, 그들은 총리실 근처의 풀밭 언덕으로 우르르 몰려가 "할 수 있다. 할 수 있다. 할 것이다!"라는 그 행사 기간 동안 유명해진 구호를 외치며 열정적인 연설, 시, 노래에 귀 기울였다.

그날 레이캬비크 시내에 모인 수천 명의 여성 중에 비그디스 핀보가도티르라는 시립극장의 예술 감독이 있었다. 그녀는 모든 여성 직원들에게 참여하자고 독려했다. 시내 한편에서는 어머니와 함께 시위에 참여했다가 집으로 돌아온 십 대 아이들인 호름프리두르와 비야르니가 휘핑크림과 잼을 곁들인 팬케이크를 배불리 먹었다고 "아이슬란드 용암 쇼"를 설립한 호름프리두르의 딸 라그느힐두르는 당시의 일화를 회상했다. 그날은 할아버지는 어떠한 일이 있어도 맛있는 간식을 맛볼 수 없다는 말을 들었기 때문이다. 그것은 여성들에게만 주어지는 보상이었다.

그날 시위에 참여한 사람들은 도시 거주민들만은 아니었다. 53세의 마르그레트 요한스도티르는 아이슬란드 남서부의 시골 지역인 바튼스레이수스트론드에 있는 집에서 여자친구들과 함께 여정에 나섰다. 그녀의 남편은 집안일을 하는 데 익숙하지 않았지만 아내에게 수도로 가서 역사적인 사건이 될 게 틀림없을 거라며 시위에 참여하라고 권했다. 당시 13세였던 마르그레트의 딸 시그룬 시모나르도티르는 어머니가 돌아온 뒤 며칠 동안 그날 있었던 일을 이야기하면서 흥분으로 들떠 있었던 것을 기억한다. 45년 뒤, 시그룬은 나와 아이슬란드의 여성협회에 대해 이야기하려고 "부바 하우스" 식당에서 만났을 때 "엄마의 경험이 얼마나 자세했는지 꼭 내가 직접 참여했던 것처럼 느껴진다"고 했다.

그 사건은 사회에 파장을 일으켰다. 1년도 안 되어 아이슬란드 의회는 남성과 여성의 평등권을 보장하는 법안을 통과시켰다. 그러자 영국의 「더 타임스」와 같은 해외의 각종 신문들은 그 기사를 1면으로 다루었고, 미국의 "전미여성기구"도 미국에서 비슷한 시위를 벌이자고 촉구했다.

그러나 그게 끝이 아니었다. 아이슬란드의 여성들은 과감히 할 수 있다는 것을 몸소 보여주었다. 그들은 이 나라가 얼마 지나지 않아 여성 국가원수를 맞이할 준비가 되어 있을 거라는 판단을 내렸다. 그리고 그 꿈은 5년 뒤에 실현되었다.[39]

9.
어떤 여성도 혼자가 아니다

"저 사람들"

사랑. 자연. 말들. 취업. 공부. 모험. 안전. 이민자들이 북극권에 파묻혀 살기로 선택한 이유는 사람들 자체만큼이나 다양하다. 2003년에 내가—사랑을 위해—이주했을 때, 내 나이와 배경은 사람들이 깜짝 놀랄 정도로 특이하지는 않았지만 주기적인 질문 공세를 모면할 정도로 평범한 것도 아니었다. 왜 아이슬란드로 이주했을까? 왜 우리는 캐나다가 아니라 이곳을 택했을까? 언제면 언어를 배울 수 있을까? 그리고 작은 나라 콤플렉스로 괴로워하는 모든 사람들에게 가장 민감한 질문, "아이슬란드 어때? 마음에 들어?"(그럼! 마음에 들고말고!)

9세기 후반, 최초의 정착민들이 이 섬에 왔을 때 쫓아내거나 착취할 토착민은 없었다. 수 세기 동안 거주민들은 노르드인과 켈트인이 섞여 있었고 가끔 길을 잘못 들어선 바스크인 포경선, 프랑스인 선원 또는 영국인 무역상이 덤으로 추가되기도 했다. 1996년까지만 해도 인구의 2퍼센트만이 이민자였다. 이후 25년 동안 유럽 시민들 및 취업 관련 법안으로 문호를 활짝 개방하면서 경제적으로 번영해졌을 뿐 아니라 그 수치도 15.2퍼센트로 급증했다. 미국보다 외국 출신 거주자 비율이 더 높다.[40] 실제로 현재 아이슬란드에는 노령 시민권자보다 외국 여권을 소지한 거주자가 더 많다.°

° 이 수치는 나처럼 외국에서 태어나고 자랐지만 아이슬란드 시민권을 취득한 사람들은 제외된 것이다.

거의 20년 전에 아이슬란드로 이주했을 때, 나는 아이슬란드에 온 다른 이민자들에게 자연히 마음이 끌렸다. 최근에 이곳에 와서 새로운 언어를 배우고 삶의 길을 찾고자 애쓰는 사람들뿐 아니라 오래 산 사람들과도 친구가 되었는데, 그중 많은 사람들이 이 작은 나라에서 오랫동안 살아남은 데다 잘 살기도 해서 거의 전설적인 지위를 얻은 상태였다. 그들은 호박 통조림이라든가 찾기 힘든 간식을 어디서 사야 할지, 또 "두 개 사라"라는 말을 거절할 수 있는 온갖 방법에 대한 식견을 나눠주었다.(언어를 배우는 우리와 같은 사람들은 적어도 수십 가지 버전이 있다는 것을 뽐낼 수 있는 권리가 있다.)

나는 대다수의 백인 이민자 중 하나였으며, 그랬기에 한눈에 보아도 알 수 있는 소수자 이민자들처럼 시선을 끌지는 않았다. 그러나 내 이름에는 아이슬란드 알파벳에서 쓰이지 않는 "z"자가 있어서 내가 말을 꺼내기도 전에 외국 출신이라는 것을 알려주었다.

영어를 모국어로 사용하고 아이슬란드 남자와 결혼한 배울 만큼 배운 이성애자 시스젠더(Cis gender, 생물학적 성과 성 정체성이 일치하는 사람-옮긴이) 백인 여성으로서 나는 가장 특권적인 신참자 그룹에 속했다. 이 나라에서 모국에 있는 것처럼 편안하게 지내려고 애쓰면서 직면했던 어떤 "장애물"도 비교적 사소한 것이었다. 그 당시 일부 구직 지원서는 내 개인 정보뿐만 아니라 부모님의 이름과 신분증명번호까지 쓰도록 되어 있었다.(짐작건대, 고용주가 될 사람이 가장 뽑을 가치가 있는 지원자들과 인맥으로 연결될 수 있는 가능성을 높이기 위해서였을 것이다.) 새로운 시민에게 공식으로 승인된 이름 목록에서 아이슬란드어 이름을 채택하도록 요구하는 법안은 일찌감치 10년 전에 폐기되었다.[*] 뉴스 매체는 거의 아이슬란더 일색이었으며, 온라인 뱅킹 및 의료 서비스는 아이슬란드어

세계 성평등 1위 아이슬란드의 비밀–스프라카르

로만 이용할 수 있었다. 동의서도 이해할 수 없는 데다가 영어를 완벽하게 구사하는 직원이 통역을 해주지 않아 헌혈할 수도 없었다.

낯선 사람들에게 내가 아이슬란드어 초보자라는 것을 미리 알리기 위한 일환으로, 새로운 이민자들에게 여러 서비스를 제공하는—지금은 없어진—비영리 단체인 "인터컬처럴 하우스(Intercultural House)"에서 구입한 검은색 티셔츠를 가끔 입었다. 현지인들이 이 나라의 언어를 배우는 이민자들에게 인내심을 가지도록 격려하기 위해 그 단체에서는 이민자들을 향해 경멸적으로 사용되었던 문구를 역으로 뒤집으려고 고안한 일련의 셔츠를 제작했다. 내 셔츠에는 아이슬란드어로 "나는 "저 사람들" 중 하나입니다"라고 쓰여 있었다. 나는 그것이(신분과 셔츠) 자랑스러웠다.

20년이 지난 지금, 많은 이민자들의 상황은 훨씬 개선되긴 했지만 관료주의적인 것투성이이기도 하다. 현재 많은 서비스가 영어와 폴란드어로 제공되고 있는데 폴란드어는 이 나라에서 단연코 가장 큰 이민자 집단의 언어이다.° 많은 학교들은 학부모들에게 여러 언어로 통지서를 보낸다. 레이캬비크에는 이슬람교 사원이 있으며, 유대교 성일에 예배를 담당하는 상주 랍비가 있다. 그렇지만 우리 모두는 여전히 "외국" 이름을 가진 사람들에 대해 부지불식간에 재빨리 판단을 내리고, 유색인종은 매일같이 미세하게 인종 차별을 당한다.

여성으로서의 정체성과 이민자로서의 정체성은 떼려야 뗄 수 없는 관계이다. 내 경험은 대체로 긍정적이었다. 이 나라의 대부분의 사람들은 그 점에 대해 흡족해하는 것 같았다. 2020년 갤럽 조사에 따르면 아이슬란드인들의 이민자들에 대한 관용도가 (최대 9점 만점에)8.41로 전 세계

° 2020년, 폴란드 출신 시민은 아이슬란드 전체 인구의 5.4퍼센트를 차지했다.

순위에서 내 모국인 캐나다에 이어 2위를 차지했다.[42]

그러나 이민자들이 겪는 일은 저마다 각기 다르다. 나처럼 시부모 인맥을 구축해서 이곳으로 이주하여 전공과 관련된 직업을 찾는 여성들도 있지만, 이 나라의 노동권에 대해 알지 못하기 때문에 불안한 환경에서 쥐꼬리만 한 봉급을 받으며 착취당하는 또 다른 여성들도 있다. 망명 신청자들은 박해를 피해 평화와 안정을 찾아 얼마 안 되는 소지품을 가지고 도착한다. 수십 년 동안 이곳에 살면서 흠잡을 데 없는 언어를 구사하는 여성들이 있는가 하면, 다른 소수 이민자들과만 즐겁게 어울리며 본토박이들과는 거의 교류하지 않고 몇 달 혹은 몇 년을 보내는 여성들도 있다. 일부는 외견상 동질적인 작은 공동체에서 외롭게 생활하게 된다. 또 일부는 새로운 기회와 방향을 찾아 꿈을 실현한다. 모든 이민자들에게 동일하게 도전하고 동일한 야망을 가지라며 모두를 같은 식으로 판단하는 것은 누구에게도 도움이 되지 않는다.

아이슬란드의 외국 출신 여성들은 이름이 도티르(-dóttir)로 끝나는 본토 여성들이 맞닥뜨리게 될 가능성이 적은 특유의 시험에 직면하게 된다. 우리는 필히 복잡한 새로운 언어를 배워야 한다. 죽마고우들과 일가친척들의 지원 네트워크가 구축되어 있지 않고, 필요할 때 사회적 지원을 받기 위해 어디를 찾아가야 할지 늘 아는 것도 아니다. 출신 국가, 인종, 말투, 종교에 따라 편견에 직면할 수 있다. 우리는 수도의 여성 쉼터를 과도할 정도로 차지하고 있으며, 필요할 때 이용할 수 있는 법적 권리와 보호에 대해 잘 알지 못한다. 아이슬란드에서 여성 이민자들은 남성 이민자들보다 구직 시 월등히 높은 자격 요건을 갖추고 있을 가능성이 크고, 현지에서 태어난 여성들보다 장시간 교대 근무를 할 가능성이 더 크다.[43]

#미투 혁명이 아이슬란드에도 이르렀다. 가장 목소리를 높인 집단 중

하나는 이민자들이었다. 그들이 당한 성적, 신체적, 심리적 학대에 대한 이야기는 본토박이 아이슬란드인들을 충격에 빠뜨리며, 성평등을 이루기 위해 우리가 아직도 얼마나 먼 길을 가야 하는지에 대한 불편하지만 꼭 필요한 담론을 만들어냈다.

아이슬란드는 일반적으로 여러 단체나 회사, 미디어에서 성비 동수를 고려하는 점에 있어서는 성실하지만, 인종 다양성을 고려해야 하는 문제는 걸핏하면 잊는다. 우리는 엄청나게 증가하는 다양성에 빠르게 반응하고 있다. 대부분의 사람들은 긍정적인 면을 보고 있지만, 젠더 문제가 평등을 향해 천천히 그러나 확실하게 앞으로 나아가는 것만큼이나 특히 많은 여성 이민자 문제에 있어서는 뒤처져 있다. 여성 이민자들의 고민을 얼마나 실질적으로 경청하느냐가 성평등 성공 국가로 가는 길에 궁극적인 영향을 미칠 것이다.

섬 한 바퀴를 빙 둘러 다시 돌아온다고 하여 "링 로드(Ring Road)"라고 이름 붙인 1번 국도는 총 길이가 1,300킬로미터에 달한다. 2019년이 되어서야 완전히 포장된 이 도로의 수많은 다리는 여전히 1차선이다. "링 로드"는 한쪽에서는 검은 모래사장과 바다를 볼 수 있고, 다른 한쪽에서는 빙하, 화산, 산악 내부의 경치를 바라볼 수 있어 직접 차를 몰고 다니는 관광객들에게 인기가 높다. 날씨가 좋은 날이면 총 운전 시간이 열여덟 시간밖에 안 걸리지만, 대부분의 관광객들은 일부 명소를 둘러보는 데 최소한 일주일 정도를 잡는다.

레이캬비크에서 출발해 "링 로드"를 따라가면 85번 도로로 가는 분기점이 있다. 사람들 발길이 드문 외딴 모퉁이 지역인 그곳은, 좋든 나쁘든,

2010년 직후에 시작된 관광 붐의 영향을 가장 적게 받았다.

85번 도로를 따라 45킬로미터 떨어진 곳에 인구 659명의 보프나피오르두르 마을이 있다. 그곳의 대기는 태곳적 자연 그대로란 말이 무엇인지를 정확히 보여준다. 춥고 맑은 겨울밤에는 하늘에서 북극광이 눈부시게 춤을 춘다. 여름철에는 바다에서 뛰어노는 고래를 해안에서도 곧잘 볼 수 있다. 집들과 자동차들 문은 거의 늘 잠겨있지 않다. 마을에는 레스토랑이 세 곳 있는데 그중 하나인(그중 두 곳은 매년 겨울에 문을 닫는다) 탄기호텔 레스토랑은 맛있는 "보프나피오르두르 버거"를 메뉴로 내놓고 때로는 라이브 음악도 선사한다. 차로 10분 거리에 있는 세라강 옆에는 이 나라에서 최고급 산장 중 하나가 있는데 세계의 부자들이 고독을 즐기며 연어 낚시를 하며 세상사를 잊을 수 있는 은신처로 유명하다.(잡은 연어를 그 자리에 다시 놓아주는 낚시만 가능하다.) 학교에는 1학년부터 10학년까지 78명의 학생이 다닌다. 운이 좋은 해에는 아홉 명 정도의 아이들이 1학년으로 입학한다. 2021년에는 아직 취학 가능한 연령의 아이들이 없다.

동네에 수입을 가져오는 관광업이 없으면(외국인 소유이므로 논란의 여지가 있는 최고급 산장을 제외하고는) 그곳의 경제는 수산물 가공 공장, 어획량, 현지 농부들에 의존한다.

몬세라트 아를레테 모레노가 농가의 커다란 창문 바깥에 펼쳐진 잿빛 북대서양을 가리키며 말했다. "당신은 지금 세상의 끝에 있어요. 바다로 나가면 아무것도 없어요. 북극만 있죠."

아를레테는 멕시코시티에서 자랐다. 멕시코와 미국의 18개 지역에서 살았기에 스페인어와 영어를 유창하게 구사했으며, 하버드에서 비즈니스 커뮤니케이션 과정을 이수했다. 2020년 여름, 그녀는 보프나피오르두르에서 10년 넘게 살고 있었는데 수세기 동안 그 땅을 경작해 온 한 농부와 결혼했다. 인터뷰하던 당시 그녀는 노인 요양원에서 일하면서 여성협회에서도 활발한 활동을 하고 있었다.

상대적으로 세계적인 도시인 레이캬비크에서 이민자가 된다는 것은 해안가에 흩어져 있는 작은 공동체에 살고 있는 종종 간과되는 많은 사람들과는 다른 세계이다. 더욱 외진 이곳 보프나피오르두르에서 아이들은 자유롭게 뛰놀고, 상습적인 범죄자들은 개장 시간이 끝난 후 마을 온천 수영장에 침입하는 십 대들이며, 불과 50킬로미터 떨어진 곳에서 자란 사람들조차도 외부인으로 간주되기 일쑤다. 20개 이상의 국적을 가진 사람들이 이곳에 살고 있으며, 수산물을 가공하는 일에 종사하는 외국 태생 주민이 인구의 약 4분의 1을 차지한다. 외국인 노동자의 유입은 이러한 마을들의 불안정한 경제를 유지하는 데 도움을 주고 있으며 대략 지난 20년 동안 다문화 지방자치단체로의 전환은 문제가 없지는 않지만 일반적으로 긍정적인 발전으로 여겨진다. 이들 이민자들은 상대적으로 보수가 좋은 일자리뿐만 아니라 깨끗하고 그림 같은 자연환경, 친목과 안전과 접근성이 좋은 마을 환경, 그리고 나라가 제공하는 온갖 사회보장망도 이용할 수 있다.

나는 아를레테를 레이캬비크에서 열린 "아이슬란드 작가 워크숍"에서 자원봉사할 때 처음 만났다. 그녀는 지역 여성협회로부터 워크숍 행사 기간 동안 수도에 가서 호텔에 머무를 수 있는 지원금을 받았다. 온화하고 열성적인 아를레테는 천성적으로 사람들과 잘 어울리며 열심히 일하는 환영받는 사람이다. 그녀는 행사에 참석한 해외 참석자들에게 나누어 주려고 북동부 관광안내 책자까지도 한 움큼 갖고 왔었다.

그런데 몇 년 뒤 어느 여름, 보프나피오르두르 바로 외곽에 있는 농장으로 찾아갔을 때 이렇게 고백했다. "아이슬란드에 와서 좀 내성적인 성격으로 변했어요." 그 말에 내가 깜짝 놀랐다는 것을 알아차린 게 틀림없었다. "이곳으로 이주한 지 오랫동안 남편과 아들 외에 다른 사람들과는 전혀 대화를 나누지 못했거든요." 그녀가 차를 한 모금 마셨다. "처음에는 힘들었는데 이제는 습관 돼서 괜찮아요."

아를레테는 사랑을 위해 이 나라로 이주한 사람들 범주에 속한다. 그녀는 온라인에서 남편을 만났다.

"아이슬란드가 아주 멀리 떨어져 있다는 것 외에는 아무것도 몰랐어요. 그래서 나는 우리가 온라인상에서만 친구일 뿐 실제로는 서로 만나지 못할 거라고 생각했죠. 나는 인구가 80만 명 정도인 멕시코의 작은 마을에 살고 있다는 말을 했어요." 그녀가 당시를 회상하며 애틋한 미소를 지었다. "그는 아무렇지도 않게 "아, 이곳이 조금 더 작네요"라고 하더군요. 그를 찾아 처음 왔을 때 저녁에 "시내"로 나가자고 해서 옷을 쫙 빼입었죠. 시내에 도착하자 "이게 다"라고 하더군요. 난 농담하는 줄 알고 깔깔 웃기 시작했어요. 술집도, 디스코텍도, 극장도 없었죠."

하지만 긍정적인 면도 있었다면서 재빨리 덧붙였다. "아쿠레이리까지는 차로 두 시간 반밖에 걸리지 않더라고요."(아이슬란드 북부에서 가장 큰 도시인 아쿠레이리의 인구는 약 19,000명이다.)

새로운 나라로 이주해 한 단계 도약하겠다고 결정할 때 대부분의 이민자들은 예상되는 희생과 기대되는 보상의 수지타산을 맞추면서, 은유하자면 일종의 거래원장을 만든다. 아를레테는 아이슬란드로 이주할 때 직업적 기회를 얻는 대신 가족과의 친밀감을 포기한다는 사실을 알고 있었다. 그렇지만 딸에게는 깨끗하고 안전한 환경에서 자랄 수 있는 기회를 줄 수 있을 터였다. "살다 보면 자식과 자신의 야망 사이에서 선택해야 하는 순간들이 있어요." 그녀가 솔직하게 인정했다.

시원섭섭했지만 결정적으로 힘든 선택은 아니었다. 아를레테는 2월에 보프나피오르두르로 이주했다. 태양이 하루에 단 일곱 시간 동안만 수평선 너머로 반짝이고 있을 때였다. 그러나 남편의 가족은 그녀를 따뜻하게 맞이했고 아이슬란드어로만 말을 했기 때문에 언어를 매우 빨리 익히는 데 도움이 되었다.

"해마다 열리는 (비기독교도의 전통 축제인)토르라블로트에 초대받았어요. 시어머니가 양고기 수프, 생선 수프, 아이슬란드식 도넛 만드는 법을 가르쳐 주셨죠. 마을에서 동료들이 외국인에 대해 이야기할 때면 나를 그 그룹에 포함시키지 않더군요. 내겐 현지인 가족과 연줄이 있었기 때문이죠. 내가 여기로 이주해 와서 다른 나라 이민자와 결혼했다면 같은 방식으로 받아들여지지 않았을 거예요."

보프나피오르두르는 이 나라에서 가장 외딴 거주 지역 중 하나일지는 몰라도, 그림 같은 바닷가 풍경을 끼고 있다. 아를레트는 자녀와 손자, 손녀와 함께 이곳에 살고 있는 대가족이 세 가족 정도 있으며 이들이 현재 지역사회에서 중추 역할을 하고 있다고 말했다.

"이곳은 아름다워요. 안전하고요. 공기도 깨끗하죠. 학교 교육도 잘 받을 수 있어요." 이러한 장점들은 대도시에서의 삶의 혜택을 희생시킬 가치가 있다고 했다. "나에겐 특히 그래요. 멕시코는 너무 위험해서 11년 동안 가족을 보지 못했어요.(그렇지만 그녀는 미국에서 가족을 본 적이 있다.) 아이들도 여기서 자라는 게 좋아요." 남편은 일 년 내내 매일 오랜 시간을 농장에서 일하지만, 그녀는 그게 바다에 나가서 며칠씩 보내는 직업보다 더 낫다고 했다.

"아주 멋진 나라예요. 살기 좋은 곳이죠. 안전하기도 하고요. 하지만 확실히 해두어야 할 게 있어요." 그녀가 강조했다. "여행하러 온다면 무척 아름다울 테지만 살려고 올 생각이라면 아이슬란드 사람들이 외국인을 받아들일 준비가 되어 있는지 확실히 알고 와야 해요."

원칙적으로는 새 이민자에 대해 관용적인 태도, 다른 문화와 전통에 대한 호기심, 경제에 기여하려는 이민자의 의지에 대한 감사의 마음이 있다. 그렇기는 해도 아를레테는 여러 어려움을 겪었다. 그중 일부는 어디에서나 맞닥뜨릴 수 있는 것이었고, 다른 일부는 외딴 지역 특유의 생활방식에서 비롯되는 것이었다.

아를레테는 2010년에 아들을 낳은 뒤 산후우울증을 앓았다. 우울증 치료제를 처방받았지만 6년 동안 증상이 점점 더 심해진 뒤에야 아쿠레이리의 의사한테 혈액 검사를 받은 뒤 정신건강 질환이 아니라 갑상선 장애라는 진단을 받았다.

그녀가 힘들었던 점은 정신적인 것보다 육체적인 것이었음에도 불구하고 그녀는 이렇게 주장했다. "외딴곳으로 옮겨가고자 한다면 정신건강을 정말 잘 챙겨야 해요. 나는 이곳에서 외국인 여성들과 많은 대화를 나누었는데, 약 70~75퍼센트가 이곳으로 이주해오기 전에는 복용하지 않았던 우울증 약을 복용하고 있어요." 그녀는 현재 "이민자들을 위한 튼튼한 정신건강을 유지하는 법"에 관한 책을 쓰고 있다.

그녀는 보프나피오르두르로 이주한 직후부터 하루 종일 일하기 시작했다. 동네에 사는 한 여성이 그녀가 고립된 것처럼 보인다는 것을 알아차리고 적십자가 후원하는 이민자 축제 조직위에서 보조로 일하는 게 어떻겠냐고 제안했다. 그녀는 성인들에게는 줌바를, 아이들에게는 댄스를 가르쳤고, 그런 다음에는 초등학교에서 영어 대체교사로 일했다. 그렇지만 미국에서 교사 자격증을 취득했음에도 정규직 교사 자리는 얻지 못했다.°

"교장은 교과 과목을 이수하지 않은 젊은 사람들을 채용하고 있었어요. 이유를 물었더니 내 경력을 자세히 적은 이력서를 읽어보지도 않았더라고요." 그녀는 현재 지역 요양원에서 가정 간병인으로 일하면서 사람들을 만나는 일을 즐긴다.

아를레테는 이민자들에 대한 고정관념에 시달렸었다고 덧붙였다. "내가 배울 만큼 배웠다고 하면 사람들이 깜짝 놀래요. 보통 이민자들은 청소나 뭐 그런 일자리를 찾고 있다고 생각하거든요… 네, 맞아요. 그게 우리가 얻는 일자리예요." 그녀는 또한 현지인 가족의 친구들이나 친척들에게 좋은 일자리가 돌아가는 원인이 족벌주의라고 여겼다.

아를레테와 대화하는 동안, 그녀는 극도로 외진 아이슬란드 마을에서 멕시코인으로 산다는 것에 대한 부정할 수 없는 어려움과 계속 적응해야 하는 사람들, 장소에 대한 애정 사이에서 자주 괴로워하는 것처럼 보였다. "이곳에서의 삶은 좋아요. 큰 문제가 없죠. 뉴스를 볼 때마다 세상이 미쳐 돌아가고 있더라고요. 여기로 이주한 것이 올바른 결정이었다고 생각합니다. 여러 가지로 축복받은 것 같아요."

그러나 내면의 싸움에서 현실주의가 승리했다. "어떤 식으로든 얼마 동안은 효과가 있겠죠. 평생 동안은 아닐지 몰라도."

보프나피오르두르에서 아를레테와 대화를 나눈 지 2주 만에 그녀 삶의 대차대조표에 변화가 생겼다. 그녀의 딸은 이제 수도에서 대학에 다니고 있었고, 열 살 난 아들은 점점 독립적이 되어 가는 반면, 정작 본인의 직업적, 사회적 기회는 침체되었다. 열여덟 번째로 이사했다고 했다. 이번에는 아들과 함께 레이캬비크로 옮겨갔는데 딸과 더 가까이 지낼 수 있기 때문이었다. 남편은 가족 농장에 남아 있었다.

° 해외에서 자격증을 취득했다고 해서 국내에서 부여한 자격에 준하는 가치로 공식적으로 인정되지 않는 한, 국내 어디서든 해당 자격 관련 취업을 보장하지는 않는다.

⋙ ⋘

클라우디아 아샤니 윌슨이 2001년 자메이카에서 아이슬란드로 이주했을 때 국외에서 태어난 거주민은 6퍼센트 미만이었으며, 그들 중 소수만이 그녀처럼 한 눈에 봐도 알 수 있는 소수 민족이었다.

"사람들은 내게 항상 흑인을 처음 만났을 때의 이야기를 들려주고 싶어 했죠. 나를 만나기 전에 벌써 흑인을 만난 적이 있을 정도로 대단히 범세계적인 사람들이라는 것을 은연중에 풍기려고 했어요!"

클라우디아는 십 대 때 이 나라로 이주했다. 이쪽으로 오면서 비행기를 처음 타봤다고 했다. 그녀는 몬테고만 근처에서 어머니, 형제자매, 조부모, "상황에 따라" 왔다 갔다 하는 여러 사촌들로 이루어진 확대가족 사이에서 자랐다.

레이캬비크에서 세네갈식 식사를 하는 자리에서 그녀는 내게 다른 무엇보다도 교육에 역점을 두는 사랑하는 가족이 있음에도 불구하고 "다른 곳에서 살면 훨씬 더 좋을 거라는 생각을 늘 품고 있었다"라고 했다.(세네갈 식당에서 식사를 하는 식으로 우리 이민자들은 다른 이민자들의 사업을 도와주고 싶어 한다.)

매콤한 졸로프 라이스를 한입 가득 먹으면서 클라우디아는 새로운 나라에 처음 왔을 때가 아직도 "생생하게" 기억난다고 했다. 그중에서도 특히 잊히지 않는 것은 아이슬란드에서 보낸 첫 일요일이라고 했다.

"내가 여기 아이슬란드에 있다는 게 좀 기이하다고 생각했던 기억이 나네요. 당시 어떤 옷을 입고 있었는지 또 방은 어떻게 생겼으며 침대 시트는 어떤 무늬였는지도 기억해요. 그리고 이곳에 온 목적을 찾아야겠다고 굳게 다짐했죠. 당시에는 그게 뭔지 몰랐지만 언젠가는 찾아낼 거라

세계 성평등 1위 아이슬란드의 비밀-스프라카르

고 믿었어요."

청소년기에 온 그녀는 처음에는 현지인들과 교류하면서 인종차별이라고 할 만한 것들을 딱히 인식하지 못했다. "주변 환경에 대해 조금씩 알게 되었죠. 더욱 많은 것을 볼수록 더욱 많은 것들에 의문이 들기 시작했어요."

예를 들어, 현지 대학에서 한 과목을 마칠 무렵 같은 과 친구들은 그녀가 자메이카에서 졸업생 대표를 했는데도 불구하고 그룹 프로젝트에 껴주지 않았다. "내 아이슬란드어 수준이 자기들 성적에 영향을 미칠까 봐 걱정된다고 하더군요." 다른 과목에서는 약간 나이가 많은 학생과 한 조로 지리 과제를 수행했다. 몸집이 큰 근육질 남성으로 온몸에 요란하게 문신했는데 일반적인 대학생 기준에 어울리지 않는 사람이었다. 알고 보니 대학 졸업장을 딸 무렵 인근 교도소에 수감되어 있던 재소자였다. 클라우디아가 당시를 떠올리며 흐뭇한 미소를 지으며 회상했다. "우리 둘만이 유일하게 기말고사를 볼 필요가 없을 정도로 과제를 잘 제출했죠. 그 일로 자신감을 갖게 되었어요."

클라우디아는 "누가 봐도 인종차별주의자인 사람들을 만난 적이 있다"라는 점을 인정했다. "사람들은 내 살갗이나 머리카락을 만져도 되냐고 묻는 등, 자신들이 하는 말이 얼마나 모욕적인지조차 깨닫지 못하는 짓들을 했어요. 점원들은 매장에서 나를 졸졸 따라다니며 일거수일투족을 감시했죠." 기회가 되었다면, 그렇듯 아무렇지도 않게 가하는 모욕이 자신과 다른 사람들에게 미치는 영향을 알리기 위한 문화적 감수성에 대해 좀 더 집중할 수 있었을 테지만 "난 그저 살아가기도 바쁜 어린 학생일 뿐이었다"라고 했다.

요즘 클라우디아가 직업적으로나 개인적으로 큰 관심을 갖는 것은 인종과 젠더의 교차성이다. 이 나라에 와서 처음 몇 년 동안 그러한 경험을 한 뒤 그녀는 공부를 계속했다. 많은 사람들은 이민자들, 특히 아이슬란드로 이주하는 것만으로도 충분히 "성취했다"고 여겨지는 나라들에서 온 이민자들에 대해 높은 기대치를 갖고 있지 않다. 하지만 클라우디아는 미래를 위해 무엇을 준비해야 하는지를 알고 있었다. 그녀는 끈질기게 버텼고 마침내 아이슬란드 변호사 시험을 통과한 최초의 외국 태생 여성이 되었다. 이는 아이슬란드어로 시험을 치러야 하는 어려운 도전이기 때문에 더욱 칭찬할 만한 성과이다.

2016년 변호사 자격을 취득한 이래, 인권법에 역점을 두고 있는 클라우디아는 2018년 "여성의 날" 휴무(UN이 1975년 공식적으로 여성의 날을 지정한 이래 여성의 날 행사는 정기적으로 개최되어 왔는데, 성별 임금격차가 좁혀지면서 해마다 조금씩 늦은 시각에 시작된다)에서 군중들을 대상으로 한 열성적인 연설에서부터 아이슬란드 체제에서 길을 찾으려는 망명 신청자들, 여성들, 그리고 기타 취약 계층을 위한 강력한 옹호자로서의 평판에 이르기까지 점점 더 국민적인 관심을 받고 있다.

"나는 내 목소리를 이용해 사회의 다양한 영역에서 나타나는 문제에 대한 경각심을 일깨우고 싶어요. 남성과 여성을 기준으로 한 성평등에만 의존할 수는 없습니다. 그 대화에는 이민자 여성을 포함시켜야 해요. 이민자의 지위가 우리를 취약하게 만들 수도 있다는 사실을 무시한다면, 우리는 간단한 해결책이 있을 수 있는 문제를 만들어낼 뿐만 아니라 문제를 무시하는 꼴이 됩니다"라고 그녀는 설명했다.

그러한 여러 난제 중 하나로 "타자"라는 인식이 있다. 이제 10대인 클라우디아의 쌍둥이 혼혈 아들은 레이캬비크에서 태어나 아이슬란드어를 모국어로 쓰고 있는데도 사람들은 수시로 어느 나라에서 왔는지 묻는다.

클라우디아는 여성, 이민자, 유색인종의 롤 모델 역할을 하고자 하는 열망과 씨름하기도 하지만, 다양성에 대해 립 서비스만 제공하려 드는 공개 토론회에서 "꿔다 놓은 보릿자루" 식의 소수자가 되는 것도 피하고자 한다.

그러나 결국 모든 것이 사람들을 돕는 것으로 귀결된다. "나는 흑인이라서가 아니라 남들과는 다른 삶의 경험을 가지고 있기 때문에 누군가에게 기여할 수 있는 게 뭐가 있을까 생각해요. 나의 유일한 한계는 나 자신이에요. 그리고 내가 허용하지 않는 한 누구도 나를 제한할 수 없습니다."

↠ ↞

2005년에 로즈°를 처음 만났다. 당시 비교적 최근에 아이슬란드로 온 동일한 그룹의 이민자들을 자꾸 마주치게 되었는데 우리가 제한된 사회적 집단이었기에 서로 겹쳐질 수밖에 없었다. 내 좋은 친구들은 이 섬에 새로 온 신참자들이었다. 우리는 영어로 대화를 주고받았고, 이 나라에서 새로이 시작하는 삶의 장점과 단점을 이야기하며 서로 위로하곤 했다.

로즈와 나는 그다지 친하지는 않았지만, 우리에게는 서로 아는 친구가 많이 있었다. 우리 둘 다 외향적이고 붙임성 있는 20대였다. 비슷한 중산층 출신에다 내가 가장 최근에 살았던 곳이자 그녀의 고국인 잉글랜드에 대해 함께 이야기하는 게 재미있었다. 그녀는 처음에는 대학에서 전공하는 인류학 공부의 일환으로 1년 동안 아이슬란드에서 지내기로 하고 왔지만 얼마 안 가 아이슬란드 남자와 정착하여 아들을 둘 낳았다. 나는 아이가 없는 젊은 여성으로서 아기 둘을 키우며 흥미로운 일을 하는 데다 우리 이민자들이 밤에 시내에서 식당이나 극장에 다니며 놀 때 흥을

° 로즈는 필명이다.

북돋는 그녀의 능력에 감탄했다. 그녀는 틈만 나면 아이슬란드가 고국과 어떻게 다른지, 날씨가 얼마나 나쁜지, 고를 만한 싱싱한 농산물이 어떻게 하나도 없는지, 언어가 얼마나 배우기 어려운지에 대해 불평하는 새로 온 이민자들과 사뭇 달랐다. 그녀는 대화에 긍정적인 활기를 불어넣었는데, 이는 상대적으로 고립된 새로운 나라로 이주했을 때 예민한 시기인 초기 몇 달이나 몇 년 동안 주변에서 보기 드문 매우 훌륭한 자세였다.

아이를 낳기 시작하고 "아이슬란드 작가 워크숍"을 설립한 뒤, 제2의 조국에서 처음 알게 된 사람들과 만나는 횟수가 점점 줄어들었다. 로즈와 연락이 끊겼다. 2017년에야 그녀의 이름을 다시 볼 수 있었는데 이번에는 훨씬 다른 맥락에서였다. #미투를 주제로 한 아이슬란드의 외국 출신 여성 비공개 페이스북 그룹에서 로즈는 학대 상황에 처한 여성들이 학대자들을 떠날 용기를 찾도록 격려하려고 분명하면서도 간절한 호소문을 게시했다.

"떠나는 것은 쉽지 않다. 사실 내 인생에서 두 번째로 어려운 일이었다. 더 힘들었던 유일한 것은 학대 관계를 유지하는 것이었다."°

충격적이었다. 게시물에서 그녀는 10년 이상 정신적 학대를 당했다고 언급했는데, 그 상황은 그녀가 여성 쉼터에 연락해 3개월 동안 아이들을 그곳에 머물게 한 뒤에야 끝났다고 했다. 게시물로 판단하건대, 과거 파티에서 알던 항상 행복하고 잘 놀고 활기 넘치는 여자가 언제나 두려움과 트라우마를 안고 집으로 돌아가고 있던 것이었다. 내 본능적인 반응은 상투적인 것이었다. 즉, 나는 전혀 몰랐으며, 그런 일은 누구에게나 일어날 수 있구나, 라는 것이었다.

°이 글은 로즈의 허락을 받아 인용했다.

가정폭력은 학력, 배경, 지역, 계층에 관계없이 누구에게나 일어날 수 있고 실제로 일어나고 있다. 세계에서 여성이 가장 살기 좋은 나라로 자주 호명되는 아이슬란드에서는 살해된 여성의 절반이 남성 파트너에게 살해당한다.(전 세계적으로 이 수치는 38퍼센트이다.)[44] 국가는 여성에 가하는 폭력과 싸우기 위해 고안된 이스탄불 협약을 비준했지만, 그럼에도 젠더 기반 폭력에 대한 신고는 계속되고 있다. 이러한 통계는 아이슬란드 여성이 젠더 기반 폭력을 신고하는 것에 대해 다른 나라 여성보다 더 안심한다거나 가정폭력과 폭행에 대한 국가의 법적 정의가 다른 나라보다 더 광범위하다는 주장을 제시할 수 있지만(정신적 학대에 대한 법적 정의가 있지만, 가정폭력에 대한 고발 또는 양육권 소송에서 금지 명령을 내리는 타당한 사유로 간주되지는 않는다), 증가하는 가정폭력 신고는 성평등에 각별한 자부심을 갖고 있는 나라에서 여전히 위기의식으로 남아 있다.

더욱이 젠더 기반 폭력 신고 발생률이 점점 증가하고 있는데도 유죄 판결로 더 많이 이어지지는 않는다. 2008~2009년 조사에 따르면, 강간 혐의 중 11퍼센트만이 유죄 판결을 받았다.(가장 최근에 입수된 수치이다.)[45] 슬프게도 이 수치는 다른 나라에 비해 높다.°

아이슬란드의 외국 태생 여성은 가정폭력에 과도할 정도로 노출되어 있다. 2020년 기준, 여성 쉼터 거주자의 65퍼센트가 외국 출신인데, 이는 아이슬란드가 이러한 여성들에게 지원하는 네트워크가 제한되어 있

° 2021년 초, 성폭력 및 가정폭력 가해자들이 자신들이 저지른 범죄에 대해 법적 책임을 지지 않는다는 암울한 통계에 질린 아홉 명의 여성들이 유럽인권재판소에 소송을 제기하는 전례 없는 조치를 취했다는 발표가 있었다. "성폭력 및 폭력 생존자를 위한 교육상담 센터"의 지원을 받은 여성들은 아이슬란드 정부가 경찰과의 거래를 통해 자신들의 인권을 보호하지 않았으며 학대 혐의자들에 대한 고발이 철저히 조사되거나 기소되지 않았다고 주장했다. 주최 측은 이번 조치의 의도는 체계적인 문제에 대한 관심을 불러일으키고, 아이슬란드 정부가 국제무대에서 이에 대한 답변을 하는 데 있다고 말했다.

다는 것을 나타내는 통계이기도 하다. 그들 중 대부분은 결국 학대자들에게로 돌아간다.

로즈는 자신이 겪었던 시련을 떠올리며 "외국에서 온 여성으로서 우리는 자동으로 권한이 박탈된다"라고 말했다. 외국 태생의 여성들에게는 대체로 의지할 수 있는 일가친척이라든가 친구가 없다. 특히 아이슬란드인 배우자에게서 탈출할 때는 갈 곳이 없다. 또한 법적 권리라든가 도움이 필요할 때 어디로 가야 하는지도 잘 알지 못한다. 외국 태생의 여성들은 이 두 가지 요건을 모두 갖추고 있기 때문에, 자신들의 권리를 알지 못하거나 쉽게 착취할 수 있는 피해자를 찾는 학대자 남성들의 표적이 될 수 있다.

로즈는 자신의 상황에 대해 "돌릴 수 있는 방향이 없다고 생각했다"라고 했다.

여성 쉼터에서 지낸 이후 몇 년 동안, 로즈는 자신과 같은 상황에 처한 여성들의 권리에 대해 거침없이 말해왔다. 제도 내에서 옳은 일을 하고 싶어 하는 개인들과 경찰에 대한 폭넓은 사회적 신뢰는 인정하지만, 아이슬란드가 평등에 매진하는 것이 역설적으로 그녀에게는 도움이 안 된다고 느낀다.

"마치 평등의 추가 원래의 논리에서 벗어나 방향을 휙 튼 것 같았어요. 그 기간 동안 평등의 원칙이 나에게 불리하게 작용하고 있다고 느꼈죠."

짐을 좀 챙겨 아이들과 함께 여성 쉼터로 옮겨가는 "위대한 발걸음"을 내딛은 뒤, 로즈는 배우자와 법적으로 헤어지는 절차를 밟기 시작했다. 전 배우자를 가정에서 내쫓아 두 자녀와 함께 살 집으로 돌아갈 수 있기를 바랐다.

"하지만 법은 그에게 집에서 살 동등한 권리가 있다고 인정했어요. 경찰에 전화해서 어떻게 하면 아이들과 돌아갈 수 있는지 물었더니 기본적으로 내가 집으로 돌아갔을 때 나를 구타하면 내보낼 수 있지만 그렇지 않으면 어쩔 도리가 없다고 하더군요. 심지어 아이들이 우리 집에서 살 권리도 그가 집에서 지낼 권리를 이기지 못했어요."

당연하게도 평등을 기본 원칙으로 하는 바로 그 제도가 로즈와 같은 상황에 처한 여성들을 저버릴 수 있다. 그녀에 따르면, 요점은 남자들을 불공정하게 대우하자는 게 아니라 폭력 피해자들과 그 자녀들이 제도의 볼모가 되는 것을 막아야 한다는 것이다. 이 제도에서는 학대자들이 항소에 들어가면 막대한 비용이 발생할 수 있으며, 특히 정신적 학대를 입증하는 것은 극도로 어려울 수 있다.

결국 로즈는 직접 경찰서로 찾아가 자신의 사연에 공감하는 여성 경찰과 이야기를 나눴다. "그 경찰은 이렇게만 말하더군요. "정말 징글징글하군요. 오늘 중으로 처리할게요."" 로즈가 당시를 회상했다. "경찰은 집에 가서 아마도 그에게 해서는 안 될 말을 한 거 같아요. 그가 하루 만에 집에서 사라졌어요."

로즈의 곤경은 집을 팔고 돈을 나눠 가진 뒤에도 끝나지 않았다. 거액의 미납 세금 고지서를 받았는데 전 남편의 예금액은 개인 사업에 투자하여 세무서가 손을 쓸 수 없기에 세금을 지불할 법적 책임이 없다는 말을 들었다. 그녀는 값비싼 법적 소송을 걸어서 전 남편이 아이들을 돌볼 수 없다는 사실을 입증할 수 없는 한, 자동적으로 전 남편과 공동 양육권을 갖고 있기 때문에 자녀를 데리고 이 나라를 떠날 수 없었다. 이는 외국 태생의 여성들에게 큰 문제이다. 즉, 평등을 위해 분투하는 아이슬란드의 사법 제도는 한쪽 부모에게 단독 양육권을 주지 않는 경우가 많다. 로즈는 그러한 판단이 나온 배경은 이해되지만, 그러한 관행이 18년에 달하는 가정폭력에서 탈출하려는 외국 태생 엄마들을 실질적으로 가

두어 고국으로 돌아갈 수 있는 선택지—더 많은 지원을 받을 수 있는 곳에 가는 길—를 실질적으로 차단한다는 생각이 든다고 말했다.

"내 아이슬란드 친구들은 이 상황이 얼마나 난감한지 알고는 충격받았어요. 제도권 내의 사람들한테 이야기하자 모두들 나를 돕고 싶어 했지만 그 상황을 알게 되자 똑같이 좌절했죠. 그건 마치 컴퓨터가 '아니오'라고 말하는 것과 같아요. 결국엔 쉼터와 배짱 두둑한 여경에게 의지해야 했죠."

로즈는 여성 쉼터에 대해 극찬했다. "동료가 처음 쉼터에 대해 얘기했을 때는 과연 내게 도움이 될까 싶었어요. 그분들의 시간을 낭비하고 싶지 않았죠." 하지만 그곳 직원들과의 첫 만남에서 그간 살아온 사연과 두려움, 고통을 털어놓자 상담사가 차분하게 "미래의 자신이 잘 대처해 나갈 수 있다는 걸 믿으세요"라고 했다.

아이슬란드에서의 경험이 전적으로 부정적인 것만은 아니었다. 또한 아이슬란드에서는 가정폭력의 생존자로 밝혀져도 전혀 낙인찍히지 않는다. "영국에서라면 아마 직장을 잃었을 거예요. 그런데 이곳의 고용주는 나에게 3개월의 유급 휴가를 주면서 상담과 법률 서비스에 들어가는 비용까지 보태줬어요."

현재 로즈는 예전과 똑같이 좋아하는 일을 하며 행복한 십 대 아들 둘을 키우며 새로운 다정한 파트너와 함께 살고 있다. 그러나 여전히 힘겨운 제도를 헤쳐 나가야 하는 다른 여성들, 특히 외국 출신 여성들을 적극적으로 지원하고 있으며, 가정폭력의 생존자들을 보호하려고 고안되었을 제도가 균열을 내며 좌초하고 있다고 느끼는 영역에서 목소리를 높이고 있다.

"이곳은 사회가 매우 작고 거의 모든 사람이 지원 네트워크를 가지고 있기 때문에 잘 작동해왔어요. 그런데 그런 게 없는 사람에게는 작동하질 않아요."

남편과 내가 왜 캐나다가 아닌 아이슬란드를 보금자리로 삼았냐는 질문을 자주 받곤 했다. 처음에는 현실적인 대답을 했다. 즉, 그는 잉글랜드에서 공부하는 동안 어린 딸을 무척 그리워했으며(해마다 여름이면 딸과 함께 지내려고 돌아오긴 했지만) 필요 이상으로 계속 떨어져 살지 않으려고 했다.

나는 그런 질문을 받을 때마다 약간 놀랐다. 아이슬란드를 우리 집으로 삼지 않을 이유가 있을까? 안전하고 깨끗하고 편견이 없고 시민에 대한 사회적 책임을 지는 나라인데 말이다.

이곳으로 이주한 이래 오랜 세월에 걸쳐 계획에 없던 여러 이정표를 달성하면서 "나는 이곳 사람이다"라고 주문처럼 되뇌었던 것이 진실임을 확신하게 되었다. 처음에는 구드니의 누군가로 인식하고 거리를 거닐던 때가 있었는데 이제는 반대로 내가 사람들에게 구드니를 소개시켜 주어야 했다. 새해 전야에 연례행사로 내보내는 풍자 뉴스를 보면서 마침내 (아이슬란드어)농담을 이해하게 되기도 했다. 혹은 "비요르크"를 자주 목격했을 때도 그런 생각이 들었다.(세계적으로 유명한 가수인 그녀는 아직도 고향에 살고 있다.)

힘든 과정이었다. 세계 여러 나라에서 일한 경험, 옥스퍼드 대학 졸업, 영어와 프랑스어를 구사함에도 불구하고 필사적으로 구직 활동을 할 때 마케팅 분야 학위가 아니라는 단 하나의 이유(그렇게 들었다) 때문에 글로벌 마케팅 직무 면접에서 떨어졌었다. 현지인들이 여는 소박한 파티에 참석하자 이방인이라는 이유로 갑자기 다들 조용해지더니 자신 없어 더듬거리는 아이슬란드어로 내 소개를 하자 아무 말도 없이 굳은 표정으로 맞이했었다. 오늘날까지도 구드니와 내가 대통령 관저에서 대규모 리셉션을 주최할 때면 내게 아이슬란드어가 아닌 영어로 먼저 말하는 손님이 항상 적어도 한 명은 있다.(아마 나를 편안하게 해주려는 의도로 그러겠지만, 이는 거의 20년 동안 이곳에서 살았음에도 불구하고 여전히 내가 아이슬란드어를 잘 구사하지 못할 거라는 본심을 잘 드러내는 대목이다.)

당연히 나는 아이슬란드에서 사는 게 무척 좋다. 이곳이 나의 집이자 가정을 꾸리는 나라가 된 것이 감사하다. 아를레테, 클라우디아, 로즈 또한 이곳에서 풍요롭고 보람찬 삶을 꾸려왔다.

30년 전만 해도 우리 같은 여성들은 수도는 물론 다른 지역에서도 그리 흔치 않았다. 이에 대해 대다수의 아이슬란드 사람들은 긍정적인 발전이라고 대답할 것이다. 나도 확실히 그렇다고 생각한다. 그러나 우리 이민자들이 이곳에서 최대한 잘 살고, 우리 사회가 최선을 다해 이 나라의 모든 사람에게 이로움을 주려 한다면, 외국 출신 여성들이 직면하는 난제들을 인식해야 한다. 지원 네트워크가 구축되지 않은 고립된 지역에서 생활하고, 편견과 씨름하고, 법적 시각에서 공정한 대우를 받을 권리를 인식하는 것과 같은 난제들 말이다. 우리는 아이슬란드의 성평등에 대한 접근법이 당연히 자랑스럽다. 그러나 그것을 성취하는 데 가장 큰 걸림돌 중 하나는—낙관적으로 봐서 의도한 것이라기보다는 누락된 것이라고 믿는데—나와 아를레테, 클라우디아, 로즈와 같은 "저 사람들"을 동등하게 대하는 것을 간과하는 것이다. 정책뿐만 아니라 현실적인 면에 있어서도 그렇다. 우리는 모든 인간에게 존중과 친절을 베풀어야 하지만, 일자리에 고용할 사람을 선택하거나, 기사를 쓰려고 인터뷰할 사람을 선택하거나, 동기, 능력, 경험에 대해 사전에 추정할 때 한층 더 노력을 기울이는 것이 중요하다.—이러한 순간들이 큰 차이를 만든다. 이렇듯 한결같은 노력을 경주할 때야만 진정한 성평등이 이루어질 것이다.

─유리천장을 부순 스프라키

5년 전 국민적 "휴업"이 놀라운 효과를 거둔 이후, 아이슬란드 여성운동 진영은 사회가 여성 정치 지도자를 맞이할 준비가 되어 있다고 결정했다. 50세의 교사이자 연극 감독인 비그디스 핀보가도티르는 이 나라에서 가장 눈에 띄는 인물 중 한 명이었다. 그녀는 고등 교육을 받았고 여러 언어에 능통했으며 극단의 감독이었기에 미디어를 다뤄본 경험이 많았다.

몇 달간의 선거운동을 끝낸 후, 비그디스는 (역대) 최다 출마 대통령 선거 후보자들을 제치고 불과 1.5퍼센트의 근소한 차이로 아이슬란드의 4대 대통령에 당선되었다. 그녀는 민주적으로 선출된 세계 최초의 여성 국가원수였으며, 16년 동안 대통령직을 유지했는데 이는 직선제로 선출된 여성 국가원수를 통틀어 가장 긴 임기였다.

아이슬란드 역사에서 결정적 순간으로 꼽히긴 했지만 비그디스의 당선은 뻔한 결과와는 거리가 먼 것이었다. 아이슬란드 대통령 선거운동이 일반적으로 비방하거나 독설을 퍼붓는 판이 아님에도 불구하고 선거운동이 진행되면서 비그디스는 남성 후보들과 다른 방면에서 철저한 검증을 받아야 했다. 직업적 배경과 자격은 의심의 여지가 없었다. 그녀가 이혼했고 입양한 딸을 둔 한부모라는 사실조차도 전혀 문제가 되지 않았다. 다른 나라 같으면 틀림없이 젠더에 기반해 온갖 비판을 쏟아냈을 법한 문제였을 것이다.

그녀는 유방 절제술 후 완치된 유방암 생존자이기도 했다. 가슴이 하나밖에 없다는 것이 대통령으로서 불리한 점일 것 같냐는 질문을 받았다. 본인은 대통령으로서 국가에 모유 수유를 하지 않을 거라고, 비그디스는 자신있게 대답했다. 가부장제에 관한 우려라든가 현안에 대한 문제, 선거운동에 대한 진지한 질문들이 이어졌다.

1980년 6월 말, 비그디스의 당선은 전 세계 신문의 헤드라인을 장식하며 아이슬란드를 세계무대로 끌어올렸다. 그녀는 유리천장 하나를 깨트렸지만 그 경험은 이제 시작에 불과했다. 그해 8월 1일 취임식에서 그녀는 참석한 100여 명 중 단 다섯 명밖에 되지 않는 여성 중 한 명이었다. 그녀가 취임했을 때 전 세계적으로 단 세 명의 여성 국가원수가 있었는데 모두 비선출직 여왕들이었다.(16년 뒤 퇴임했을 때 그 숫자는 두 명밖에 늘지 않았다.)

비그디스는 품성이 따뜻하고 문화에 관심이 많은 대통령으로 알려졌으며, 정치적으로 중립을 지키며 여러 정론을 통합하는 인물로서의 역할을 했다.

그러나 처음으로 (그리고 아이슬란드에서 지금까지 유일하게)대통령직을 맡은 여성이라는 사실로 인해 당연히 많은 사람들에게 롤 모델이 되었다. 롤 모델이 누구냐는 질문을 받았을 때, 1980년대와 1990년대에 성년이 된 아이슬란드 여성들 중 비그디스의 이름을 빼먹는 사람은 거의 없을 것이다. 그녀가 임기를 마친 뒤 공직에 입문한 여성 정치인들은 그녀의 당선을 결정적 계기로 꼽는다. 그녀는 침착함, 품위, 유머, 지성, 온화함으로 남성의 세계를 이끈 여성 지도자였다. 오늘날까지 비그디스는 한 사람이자 대통령으로서 아이슬란드 담론에서 거의 흠잡을 데 없는 인물로 여겨지고 있다.

비그디스가 대통령직을 유지하고 있을 때 성장한 젊은이들은 이제 다양한 모습으로 살고 있다. 그 아이들은 어른이 되고, 가정을 꾸리고, 회사를 운영하고, 의석을 차지하고, 어린 세대들을 가르치는 일을 한다. 그들은 이혼한 한부모가 국가원수인 것에 전혀 문제가 되지 않는다고 생각하며 자랐다. 그리고 들리는 바에 의하면, 때로는 아이들이 선생님들이나 어른들에게 천진난만하게 묻는다고 한다. "남자아이들도 대통령이 될 수 있나요?"[46]

10.
내 방식대로 정치

"할 수 있다, 할 수 있다, 할 것이다"

1975년 "여성 휴업" 시위대의 구호는 "할 수 있다, 할 수 있다, 할 것이다"였다. 그 이후로 선출직에 "과감히" 도전하는 아이슬란드 여성의 수가 증가했는데, 그들 중 다수는 아이슬란드에 여성 대통령이 재임했던 16년 동안 성년이 된 세대였다. 1982년, 비그디스의 당선에 힘입은 여성들은 "여성당"을 창당했다. 이는 북유럽 국가들, 그리고 아마도 세계에서도 유례가 없는 독특한 현상이었다. 그들은 시의회 선거에서 후보자를 출마시켜 이듬해에는 전국 무대에 진출했다. 애쓴 결과, 1983년 선거에서만 여성 국회의원 수가 5퍼센트에서 15퍼센트로 세 배로 늘었으며 모든 주요 정당들이 공천 후보자 명단에 여성의 수를 늘리도록 영향을 미쳤다. 2016년~2017년 회기 당시 아이슬란드는 47.6퍼센트로 세계에서 여성의원 비율이 가장 높았다.[4]

여성은 단지 정치에서만 두각을 나타내는 것이 아니다. 정당의 정견보다 인물 됨됨이에 더욱 의존하는 경우가 많은 지방자치단체에서는 롤 모델도 그만큼 중요하며, 때로는 현 상태를 무너뜨리기 위해 유리천장을 두드린 경험이 있는 사람들을 택하기도 한다. 그러나 21세기에 들어섰음에도 거의 반세기 전 시위자들이 했던 것처럼 강철 같은 결의가 있어야 성공할 수 있다. 음주, 여성혐오, 아이폰과 관련된 수많은 국회의원들이 연루된 최근의 스캔들은 우리가 얼마나 관용적인 사회로 발전했는지—혹은 못했는지—에 대한 분노와 냉소적인 체념을 촉발시켰다.

특히 아이슬란드에서 가장 규모가 크고 오래된 교육기관인 아이슬란드 대학의 학생 운동은 정치 활동이나 네트워크 구축에 발을 담그고 싶어 하는 젊은 여성들에게 인기 있는 또 하나의 발판이다. 아이슬란드는 고등교육을 받는 학생 대다수가 여성이며, 그 결과 학생회도 여학생이 대다수를 차지하고 있으며 그들이 하는 활동 중 일부는 국민적 관심을 받고 있다. 그러나 이처럼 국민적 단계로 가는 인기 있는 경로에도 불구하고 대학 차원에서의 여성의 정치적 지배력이 의사당에서 의석수를 차지하는 여성들의 수에 비례하는 것은 아니다. 2020년에 새로 선출된 아이슬란드 대학 총학생회장은 젠더의 장벽을 허문 게 아니라 첫 외국 출신 인물이라는 점에서 세간의 관심을 끌었다. 그리고 그러한 성취에 대한 긍정적인 관심에도 불구하고 그녀 역시 익히 알려진 정서 때문에 처음에는 선출직에 도전해도 될 자격이 있는지 확신이 서지 않아 고심했다고 했다.

나 또한 이민자이기에 공감할 수 있다. 나는 실제로 해외에서 태어나고 자란 세 번째 아이슬란드 대통령의 부인이다. 나는 이 비공식적 자리에 출마한 것이 아니었기에 다소 정치적인 영역에서 여성으로서의 내 관점은 선출직 공직자나 투표용지에 이름을 올리는 사람들의 관점과는 다르지만, 그럼에도 대통령의 부인이 수행해야 한다고 여겨지는 역할을 하고 있으며, "영부인"이라는 구식 명칭을 현대 국가에 걸맞게 만들기 위해 열심히 노력하고 있다. 우리는 모두 롤 모델이 될 수 있다. 우리의 말과 행동이 긍정적이고 포용적인지, 아니면 시대에 뒤떨어진 케케묵은 규범을 냉소적으로 강화하는지 여부는 우리에게 달려 있다.

2016년 봄, 남편의 대선 운동이 본격적으로 시작되자 나는 일기에 "이제 매일 머리를 감고 단정하게 보일 필요가 있다"라고 썼다. 무명의 작가에서 이 나라에서 가장 유명한 이민자로 방향을 트는 길은 가파르고 빨랐다. 아침 일과를 바꾸는 데 불평하는 시간이 많이 걸리지도 않았고, 벌써 연설—즉흥적인 연설은 더욱 적고, 특히 아이슬란드어로는 더 적긴 했지만—을 능숙하게 할 수 있었지만 의상을 입는 지능은 형편없이 낮았다.

나는 구드니의 선거운동과 취임으로 이어지는 몇 달을 온갖 선의의 조언과 질의를 처리하며 보냈는데 그중 대부분은 "영부인"의 본분에 충실하게 어디에 관심을 쏟아야 하는지에 대한 전통적인 가정에 초점이 맞춰져 있었다. 그중 몇 가지는 꼭 지키고 싶었다. 예를 들어, 유치원에 아이들을 내려주는 것과 같은 비공식적이면서도 공적인 일을 하기 위해서는 "평상복"을 입겠다고 했다. 베사스타디르에 있는 관저로 이사가면 이제 도심에서 가까운 우리 집보다 훨씬 넓기에—내 돈을 들여—인테리어 디자이너를 고용해서 모든 가구를 어디에 배치할지 결정하고, 사야 할 새 가구의 목록을 만들겠다든가 하는 것도 있었다.

구드니가 취임하던 날, 아이슬란드의 격식 차린 전통의상인 스카우트 부닌구르를 머리에 얹는데 세 명이 와서 적어도 30분이 걸렸다. 수십 개의 실핀을 써서 모자를 정교하게 고정했는데 모자가 균형을 잃고 쓰러지지 않도록 정자세로 앉아있는 연습을 해야 했다. 반면 남편은 몇 분 만에 제복을 입고 흰색 넥타이를 맸다.

마지막 매무새는 "훈장들"이었다. 어떠한 의식도 없이 (기억은 나지 않지만)관저의 누군가가 우리 둘에게 내부가 벨벳으로 장식된 상자를 건넸다. 그 안에 별 모양의 커다란 은빛 훈장이 들어 있었다. "매훈장"은 아이슬란드 시민(또는 아이슬란드 국가를 위해 크게 공헌한 외국 시민)에게 수여되는 최고의 영예이다. 우리는 일 년에 두 번 베사스타디르 관저에서 공동체에 적극적으로 이바지한 사람들에게 이 상을 수여하는 엄숙한 의식을 거행한다. 수상자들은 직업이나 봉사 활동에서 탁월한 능력을 선보인 전국 각지의 각계각층의 사람들이다. 이는 많은 사람들에게 뭉클한 감동을 주는 의식이다.

그런 다음, 적절한 절차에 따라 차기 공화국 대통령이 국가에 봉직하려고 하는 선행에 앞서 "매훈장"이 가슴에 꽂혔다. 그리고 내 가슴에도 하나가 꽂혔다. 그의 부인이었기 때문이다.

↠ ↞

국가원수의 배우자는 어떻게 해야 되는지에 대한 안내서 같은 것은 없다. 나는 아직 어떻게 행동해야 하는지, 내가 참여할 수 있는 것과 할 수 없는 것, 공식적인 의무 여부에 대한 의전 지침서나 규정집을 본 적이 없었다.(우리가 처음 덴마크로 국빈 방문했을 때 나는 어떻게 인사해야 하는지를 구글에서 검색해야 했다.) 그리고 "언제 왕이나 여왕 옆에서 식사를 하게 될지 모르기 때문에" 나이프와 포크를 올바르게 잡는 법을 배워야 한다고 고집했던 아버지에게 감사드린다.

이런 역할을 맡아 봉사할 수 있는 기회를 갖게 되어 무한한 영광이다. 이런 기회를 가질 거라고는 상상도 못 했었는데 말이다. 그러나 구드니의 첫 임기 첫날에 "매훈장"을 받은 것은, 단순히 배우자라는 이유만으로, 국가원수의 (대개)여성 파트너가 무엇을 하고, 무엇을 말해야 하며, 어떻게 행동해야 하는지에 대해 특정한 것들을 상정하는 게 있었다.

특히 아이슬란드 내에서는 그런 기류가 팽배한 것은 아니었지만, 어쨌든 나에게 고상한 내조자 역할을 기대하는 흐름이 지속적으로 있었다. 우리가 어떤 장소에 도착하면 주최자는 구드니에게만 말을 걸었다. 혹은

세계 성평등 1위 아이슬란드의 비밀-스프라카르

그가 혼자 행사장에 나타나면 나는 왜 안 왔느냐는 질문을 받았다. 초대장에는 애당초 나에 대한 언급조차 없었는데도 말이다. 국빈 방문에서 일반적으로 "배우자 프로그램"으로 알려진 프로그램에 참여할 때면 유치원이나 학교라든가, 건강관리 시설, 미술관 방문 등 전통적으로 여성의 역할과 관련된 곳에 초청받곤 했다.

남편이 성취한 것에 대한 관심이 이제 나에게 쏠려 있다는 아이러니를 지극히 잘 알고 있음에도, 나는 내 신분을 이용해 선전할 기회를 얻은 것에 대해 죄책감을 느끼는 게 아니라 오히려 이제 그것을 사용할 기회를 갖게 된 것—혹은 마구 써버릴 기회를 갖게 된 것—에 대해 만족감을 느껴야겠다고 마음먹었다. 아이슬란드 대통령은 입법에 대한 거부권과 연립정부 협상에서 영향력을 행사할 수 있음에도 일상적으로 정치적 역할을 하지는 않는다. 따라서 당연히 (그 혹은 그녀의)배우자가 정치적 영역으로 발을 들여놓지 않을 거라 예상한다. 그러나 나는—사적인 모습과 완전히 동일한—공적으로 비춰지는 나의 모습이 필연적으로 나의 가치관을 반영해야 한다고 확신했다. 나는 비당파적이겠지만 나만의 견해를 가지겠노라고 작정했다.

그러한 아주 구시대적인 기대심이 성평등 선두 국가가 되려는 아이슬란드에도 존재한다는 사실에 모든 것을 체념하기보다는 대신 이렇게 생각하기로 했다. 시대에 뒤떨어진 젠더 기반 발상에 도전할 수 있는 곳이 있다면, 아이슬란드가 바로 그 곳이다.

점차 그 역할에 발을 들여놓으면서 사람들이 대통령의 부인에 대해 가질 수 있는 이미지가 틀렸음을 입증하는 데 도움이 될 만한 활동을 선택하기 시작했다. 우선 무엇보다도 말을 했다. 가능한 한 많이 했다. 예를 들어, 상을 수여하도록 초청받으면 꼭 먼저 몇 마디 말을 할 시간을 달라고 요청했다. 회의석상이라든가, 시상식, 기념일 등에서 개회사 등등의 연설을 하기 위해 가능한 한 많은 초청을 수락했다. 여성들에게 낼 목소리가 있다는 이미지뿐만 아니라 다른 나라 출신 여성들의 목소리도 들어야 한다는 것을 보여주기 위함이었다. 소셜 미디어에서는 남편 옆에서 미소 짓기만 하는 들러리로서가 아니라 여러 사람들 앞에 나서 있는 모습을 공유했다. 해외에 갈 일이 있으면, 적절한 경우 연설할 기회를 달라고 요청하거나 그게 실현되지 않을 경우 보통 전통적인 인식과 일치하지 않는 곳을 방문했다. 결과적으로 예를 들어 신생 기업이나 창업보육센터 등을 방문했다. 하지만 대개 구드니와 함께 이동하지 않았다. 국빈 방문이라든가 행사 대동용 들러리 여성 이외에 달리 기여할 수 있을 것 같은 여정을 제외하고는 말이다.

2019년 말, 인스타그램에서 G7 정상들의 배우자들을 남편을 위한 일종의 전략적 뮤즈로 전락시킨 이미지를 본 후, 나는 그 여성들을 단지 배우자들의 들러리로 치부하는 것이 얼마나 모욕적인 일인지에 대해 페이스북에 글을 쓰지 않을 수 없었다. 나처럼, 그 여성들은 단연코 그 이상이라고, 주장했다. "나는 남편이 문밖으로 뛰쳐나올 때 휙 낚아채고는 공개 석상에서 모습을 드러내는 동안 조용히 옆에 진열되는 핸드백이 아니다"라고 썼다. 비유는 투박했지만 큰 호응을 받았다. 나는 메시지를 더욱 증폭시켜 「뉴욕타임스」에 기고문을 썼다.

젠더에 대해 평소 생각하는 점을 충실하게 썼다. 「뉴욕타임스」에 기사가 실리기 전날 저녁, 불안감이 엄습했다. 대통령 집무실에 있는 누구에게도 그 기사에 대해 말하지 않았고, 남편의 임기 동안 대통령의 부인이 게재해야 할 것과 하지 말아야 할 것에 대해 허락을 구한 적도 없었다.(집무실은 공식 행사를 조율하는 것은 도움을 주지만 연설문 작성은 집에서 직접 한다. 주로 직관과 구드니의 조언, 또 친한 친구들의 충고에 크게 의존한다.) 제멋대로이고, 잘난 척하고, 배은망덕한 사람으로 여겨지면 어쩌지? 다른 대통령의 부인들이 그 기사를 읽고 자신들이 최근에 참여했던 몇몇 활동을 비판한 것에 대해 자신들을 조롱하고 있다고 생각하면 어쩌지? 여성혐오적인 악플러들에게 욕을 퍼부으라고 부추긴 건 아닌지?

반응은 압도적으로 긍정적이었다. 아이슬란드의 모든 주요 언론 매체가 그 기사를 보도했고 "나는 남편의 핸드백이 아니다"는 내게 일종의 명함이 되었다. 지지자들에게는 자신감 넘치는 독립성을, 비방자들에게는 조롱의 한 방식으로 말이다. 외교관이나 외과의사, 장관이나 정치인 등과 결혼한 상당수의 여성들은 남편의 성과에 대해 얼마나 자랑스러워하는지와 상관없이 주로 남편의 배우자로 인식되는 데 질린 것 같았다. 내가 쓴 글이 현실을 모른다거나 잘난 척하는 것처럼 보이기는커녕 크게 공감이 간다며 많은 사람들로부터 같은 심정을 잘 표현해준 것에 대해 감사하다는 말을 들었다.

몇 달 뒤, 같은 생각에 대해 테드에서 강연을 했다. 그리고 나는 이제 성평등과 여성의 권한 강화를 위해 목소리를 높이고자 했던 생각을 행동으로 보여줄 수 있게 되었는데, 이는 단지 대통령의 부인이기 때문에 특별히 애착을 갖는 주제인 것만은 아니었다.

국제무대에서도 이것이 긍정적인 영향을 미칠 수 있다는 것을 알고 있었다. 아이슬란드 대통령의 부인이 이러한 문제들에 대해 목소리를 높이고 대다수의 인구가 이를 지지한다면 아이슬란드는 젠더의 권한에 대해 더욱 진보적인 접근방식을 취해야 한다.

젠더 역할에 대해 평소 품고 있었던 생각에 도전할 수 있는 기회는 대통령의 부인이 된 지금까지의 경험 중에서 가장 보람찼으며, 아이슬란드 사회의 대다수는 내가 하고자 하는 일을 지지한다고 믿는다.(어느 쪽이든 과학적으로 보여줄 수 있는 여론조사 같은 것은 없다.) 그러나 나는 정당과 연계되어 있지 않은 데다 대체로 긍정적이었던 이전 대통령 부인들의 명성을 기반으로 하고 있다는 점에서 이점이 있다. 정치적 스포트라이트를 받기로 선택한 이 나라의 많은 여성들과 다른 나라의 여성들은 공격받는 것을 두려워하지 않는다. 그렇게 함으로써, 그들은 뒤를 따르는 사람들의 길을 좀 더 매끄럽게 다져준다.

≫ ≪

2018년 지방선거에서 그러한 여성 중 한 명이 예상했던 것보다 더 많은 국민적 관심을 받았으며, 공동체 내에서 시장이 어떤 모습이어야 하는지에 대한 기대치를 재편했다.

"지역 정치는 국가 정치보다 훨씬 더 개개인의 인물론을 따져요"라며 웨스트만제도의 첫 여성 시장인 이리스 로베르츠도티르는 대화 초반에 공동체의 전통적인 힘의 균형을 뒤엎은 경험에 대해 말했다.

"아이슬란드의 정치가 특별한 점은 정치인으로 성공하기 위해 부자가 될 필요가 없다는 것입니다. 남들보다 특히 더 성공하고 싶다면 일하고 기금을 모으고 네트워크를 발전시켜야 하지만 아이슬란드는 우리가 원하는 것을 할 수 있기 때문에 기회의 땅입니다."

웨스트만제도는 아이슬란드 남부 해안에서 약간 떨어진 곳에 위치한 작은 군도이다. 눈물방울 모양의 "헤이마에이"(영어로 "Home Island")에는 4,370명의 주민이 거주하고 있으며 이들 대부분은 오늘날 관광업이나 어업에 종사하고 있다. 본토에서 불과 4해리 남짓 떨어진 곳이지만, 2010년까지는 기상 조건에 따라 값비싼 경비행기나 북대서양에서 멀미나는 페리를 세 시간 동안 타야 겨우 다다를 수 있었다. 오늘날, 새로 지었지만 물이 얕은 항구에서는 45분으로 보다 원활해지긴 했지만 특히 겨울철에는 종종 세 시간(혹은 그 이상)을 잡아야 한다.

아주 작은 섬인 헤이마에이는 천 년 전에 사람들이 아이슬란드에 정착한 이래 거주해 왔으며, 그곳의 주민들은 직설적이고 자신만만하며 생활력이 강하다는 평판을 쌓아왔다. 본토의 아이슬란드 사람들과 격리되어 살아야 했기에 생존을 위해 대부분 고유의 자원에 의존해야 했다.

1973년 1월 23일 한밤중에 헤이마에이 주민들이 재앙을 겪었을 때 이리스는 딱 한 살이었다. 아직 잠들지 않고 있던 사람들은 경고도 없이 마을 한 구석 땅 근처에 균열이 생기며 화산재와 용암이 하늘 높이 치솟자 화들짝 놀랐다. 몇 분 안에 그 작은 공동체는 행동을 개시했다. 밤새도록 사이렌이 울리면서 주민들은 서둘러 항구로 향했다. 신의 섭리였는지 운이 좋았는지, 전날 밤의 악천후로 어선 대부분이 항구에 정박해 있었다. 겨우 여섯 시간 만에 옷만 걸친 5,300명의 인파가 크고 작은 어선을 가득 메운 채 충격에 휩싸여 본토로 향했다. 6개월 후 드디어 섬으로 돌아올 수 있었을 때, 그들이 알고 있던 공동체는 크게 바뀌어 있었다. 1,350채의 집 중 400채 이상이 용암에 잠겨 있었고, 400채는 화산재로 인해 손상되거나 파괴되어 있었다.

이리스의 어머니는 임신 7개월이었다. "엄마는 우유 한 병과 여분의 기저귀 몇 개만 들고 나를 배로 데려갔어요." 시청 집무실 옆에 있는 항구 식당에서 커피를 마시며 그녀가 말했다. "엄마는 우리가 항구 주위를 몇 시간 돌면 돌아갈 거라고 생각했대요." 마침내 그해 여름이 끝나갈 즈음 돌아갔을 때, 그녀의 가족은 헤이마에이에서 계속 지내기로 결정한 원래 인구의 약 3분의 2중 하나였다. 새로 태어난 여동생 흐론은 화산 폭발 이후 섬에서 세례를 받은 첫아기였다.

"나는 그야말로 화산 코앞에서 자랐어요." 이리스가 말했다. "내 방 창문에서 화산을 볼 수 있었죠. 처음에 집으로 돌아왔을 때는 또다시 화산이 폭발하는 악몽에 시달리곤 했어요."

이리스는 여성 국가원수 시대에 성년이 된 아이슬란드 여성 세대이다. "비그디스가 우리나라에서 최고위직을 맡은 것은 우리에게 여성들이 어떤 것이든 다 할 수 있다는 것을 보여주었습니다. 결혼하지 않고 홀로 산다는 사실도 매력적이었어요. 그건 훨씬 더 상징적인 의미였거든요."

마그마가 식기 시작하여 들쭉날쭉한 암석들로 굳어지고 난 뒤에도 73년의 폭발은 계속해서 사람들의 성향에 영향을 미쳤는데 이는 정치에서도 마찬가지였다. "이곳에서 정계에 입문할 때 큰 이점은 그때 당시 하나로 결속했던 것처럼 내내 나를 도와 결속할 사람들이 있다는 것을 안다는 것입니다. 하고 싶은 말을 숨김없이 다 할 수 있다는 점에서 특별하기도 하지요. 하지만 일할 때든 놀 때든, 충격적인 일이 있을 때나 스포츠에서 우승컵을 차지하는 것과 같이 좋은 일이 있을 때는 연민과 연대가 더 깊어져요. 우리는 그 모든 것을 함께 받아들이고 함께 헤쳐 나가죠. 이게 대단히 중요합니다."

이리스는 항상 정치에 끌렸다. 16세 때 그녀는 섬에서 단연코 가장 인기 있는 정당이자 아이슬란드에서 가장 오래된 정당 중 하나인 독립당에 입당했다. 그녀는 30대 후반이 되어서야 공직에 출마했는데, 독립당 국회의원으로 남부 지역구를 대표하며 처음으로 전국 무대에 섰다. 그러나 2018년 지방선거 기간 동안 애정을 바치던 정당에서 탈당해 새로운 정당을 창당했는데 뜻밖에도 여론조사에서 압승을 거두면서 전국적으로 더 유명해졌고, 이로 인해 고향에서 첫 여성 시장이 되었다.

이리스는 10년 넘게 같은 시장이 이끌었던 전 독립당 연립정부에 대해 "아주 형편없었다고 말하지는 않겠습니다. 그렇지는 않았기 때문이죠"라고 했다. "하지만 때로는 관점을 바꿀 필요가 있습니다." 금세기 초 4년이라는 기간을 제외하고, 독립당은 1990년 이래 웨스트만제도 시의회 의석의 과반수를 장악했으며, 그 이전 수십 년간은 지배적인 정치세력이었다. 그렇지만 일반적으로 당 예비경선에서 모든 선거구의 당원들이 명부 순위에 투표하는 국가 정치 체제와 달리 웨스트만제도에서는 소위원회가 명부 순위를 결정한다.°

"이를테면 이런 식이에요. 그 사람이 꼭 최고의 후보여서가 아니라 계파의 일원이기 때문에 명부 상단에 이름이 올랐다는 걸 알게 되는 식이었죠."

그러나 이리스와 그녀의 지지자들에게 현재의 상황은 더는 선택사항이 아니었다. 그녀는 봄 선거에서 독립당에 맞서 경쟁하기 위해 직접 정당 명부를 만들었다.

"이곳 상황이 끔찍해서가 아니었어요. 전혀 그렇지 않았지만, 사람들은 선택을 하고 싶어 했습니다. 난 탈당해야 했어요. 이곳 웨스트만제도의 사람들은 이제 그 정도면 할 만큼 하지 않냐며 변화를 원했습니다."

아이슬란드의 선거운동은 허식적이지 않다. 소셜 미디어에는 아기들과 함께 찍은 사진들, 악수를 나누는 모습들, 여러 현안에 대한 통렬한 비판들이 있다. 그러나 선거운동 플래카드와 포스터가 앞마당에 붙어 있는 경우는 드물다. 네거티브 홍보는 주로 처음에는 공격적 후보자의 정책

° 덧붙여 말하자면, 이 선거 제도로 인해 성별 동수를 성취하기가 더 쉬워지는 것은 틀림없는 사실이다. 정당의 최상위 순위에 있는 사람들의 경우, 진짜 선거전은 총선 몇 달 전에 정당의 예비선거에서 발생하며, 모든 정당은 아니지만 대부분의 주요 정당들은 정당 명부 상위에 성비 균형을 맞춰 이름을 올리도록 되어 있는데 이는 총선 이후의 의회에 반영된다.

을 선호하는 사람들에게 활력을 불어넣는 역할을 하지만 경멸의 눈길로 바라보는 것이 대세가 된다.

이렇게 인구가 적은 국가의 선거운동에서 성공의 열쇠는 개인적인 접촉이다. 후보자는 전화를 걸고, 일터로 찾아가고, 요양원에 들르고, 동네에서 돌아다닌다.(사전에 허락 없이 남의 집 문을 두드리는 일은 없다.) 손을 꼭 붙잡고 "악수 정치"를 한다든가 눈을 맞춘다든가 하는 것은 확실히 표를 얻느냐 못 얻느냐의 차이가 될 수 있다.

이리스가 말했다. "수산물 가공 공장에도 가고 어선에도 탔어요. "남성"들이 일하는 모든 곳에 갔죠. 나는 수산회사의 재무담당 이사였고, 학교에서는 수학을 가르쳤고, 스포츠클럽도 운영한 경험이 있어요. 섬의 남자들이 공감할 수 있는 익숙한 화제였죠."

선거를 약 4주 앞두고 실시된 단 한 번의 여론조사에서 "헤이마에이를 위하여" 명부에 대한 지지도는 어느 정도 나타났으나 과반수를 차지하기에는 역부족이었다. 선거 당일, 이리스는 투표율이 약 90퍼센트가 될 거라고 추정했다.°

이리스는 여성으로서의 장벽을 제대로 허물었다. 그녀는 이 섬에서 독립당의 첫 여성 의장이자 ÍB 베스트만나에이야르 스포츠클럽 회장을 맡은 최초의 여성이기도 하다. 그녀는 여성이라는 성을 장애물로 보지 않는다는 점을 재빨리 강조했다.

"정치에서 여성이란 점이 불편하다는 데 동의하지 않아요. 성별을 불문하고 정치에 종사한다는 것은 할 일이 많다는 것을 의미할 뿐이죠. 하지만 우리 여성들 사이엔 아직도 뭔가가 밑바탕에 깔려 있는 거 같아요.

° 실제로는 83.2퍼센트로, 그해 전국 지자체 선거 평균인 67.6퍼센트를 크게 웃돌았다.

도전하기에는 너무 벅차다든가 필요 이상으로 계획을 짜야 한다든가 우리 자신을 믿지 못한다든가 하는 것들이죠. 한 전직 정치인이 내게 유세장에서 젊은 여성이기 때문에 좋은 선택이 될 거라는 말로 시작하지 말라는 지혜로운 조언을 해줬어요. 그건 누구나 눈으로 확인할 수 있는 거라며 대신 유권자들에게 내가 당선되면 무엇을 할 것인지 말하라고 하더군요."

2009년, 예비선거에 출마했을 때 이리스의 두 자녀는 세 살과 열세 살이었다. 남편은 종종 바다에 나가 있었는데 이는 섬에 사는 많은 아내들의 현실이었다.

"네, 어떻게 그 모든 걸 감당할 수 있느냐는 질문을 받았죠. 하지만 내게 그런 것을 물어보는 사람들은 언제나 여자들이었어요. 남자한테서는 그런 질문을 받은 적이 없어요. 남편이 바다에 나가 있는 일이 잦아 모든 일을 혼자 처리하는 데 익숙해졌기에 변하는 것은 아무것도 없다고 대답했죠. 오랜 세월에 걸쳐 사람들이 때때로 나를 과소평가한 것이 내겐 오히려 이득이었어요."

2018년 5월 26일 선거일 밤, "헤이마에이를 위하여" 지지자들은 당선을 지켜보기 위해 문화회관에 모였다. 최종 집계는 독립당의 3개 의석과 동일하게 "헤이마에이를 위하여" 역시 3개 의석을 가져갔다. 의석수가 1석만 있어도 좌파 정당은 어떤 연립정부에든 실력을 행사할 수 있다. 나흘간의 협상 끝에 그들은 이리스가 시장으로 일한다면 "헤이마에이를 위하여" 정당과 협력하기로 합의했다. 그렇기는 하지만 독립당의 충실한 당원들과 생긴 균열이 치유되려면 몇 년이 걸릴 것이다.

"나만 그런 게 아니었죠. 겉으로 잘 드러나지는 않지만 불만 같은 게 기저에 깔려있었어요." 그녀는 헤이마에이에 일가친척이 넷 쯤 있는데 그들은 여전히 그녀나 당과 아무런 관련이 없다고 한다. 그녀는 "그들이 하는 독립당 일을 그만두게 하진 않았어요"라고 했다. "그들에겐 생계이기도 하니까요." 그러나 스포츠와 마찬가지로 승자와 패자가 있게 마련이다. "하지만 그 당시에는 여러 가지 생각할 여력이 없었어요. 그리고 이러한 변화를 겪은 것이 우리에게도 건강한 일이라고 생각해요. 누구도 영원히 시장이 되어서는 안 됩니다. 어떤 사람들은 내가 시장 일을 하기에는 너무 힘들 거라고 말했죠. 그러자 내 안에서 경쟁심이 불끈 솟았어요."

이리스에게 Y염색체가 없다는 것보다 남성 왕조를 무너뜨린 선거 업적에 대해 전국적으로 뉴스거리가 된 것은 신선했다. 그러나 그녀는 비그디스 세대에서 성장하면서 롤 모델로 삼았던 것과 똑같이 웨스트만제도에서 자라는 어린 소녀들에게 롤 모델이 되었다. "아이들을 처음 만나기 시작했을 때만 해도 내게 시장님은 어디 있냐고 물어보곤 했어요. 눈앞에 있는 사람이 생각했던 사람이 아니라면 훨씬 더 비현실적이죠. 확인하게 되는 순간, 그때 현실이 되죠."

이제 그녀는 눈에 보이는 성과를 구축할 수 있게 되었다. 전통적으로 시의회에는 남성들이 더 많았다. 자원봉사직으로 남성들이 시간을 더 많이 할애할 수 있기 때문이다. 그러나 이리스 휘하의 의회는 여성이 다수이다. 그녀는 "전국적으로뿐만 아니라 모든 지방 단위에서 여성이 기여할 수 있도록 하는 게 중요하다"라고 했다.

그녀는 만을 가로질러 절벽에 늘어선 바다오리들을 더 가까이 보기 위해 항구를 떠날 준비를 하는 유람선을 창밖으로 흘끗 바라보며 라떼를 홀짝였다. "전 세계 다른 나라와 마찬가지로 이곳에서도 동일한 문제에 맞닥뜨리고 있어요." 그녀는 내가 지나치게 장밋빛 그림을 그리지 않도록 이렇게 덧붙였다. "여성들은 참여하기를 더 망설이고 있고, 참여해도 될지 말지 스스로 예단하고 있습니다. 어디나 그렇듯 보편적인 현상이죠."

이리스는 정치에 관여하고자 하는 여성들을 위해 몇 가지 제안을 했다. "첫 단계는 정치 모임에 참석해 여러 현안에 대해 알아가면서 그 모임이나 정당 활동에 참여하는 것입니다. 사람들은 잘못 말하는 것에 대한 두려움이 큰 나머지 여러 사람이 모인 자리에서 질문을 하지 않는 경향이 있어요. 정치에 크게 관심을 갖고 재미있어 하지만 여성들은 부정적인 것들에 대해 남성들보다 더 민감할 때가 많아요. 우리 정치인들의 목표는 정치를 좀 더 접근하기 쉽게 만드는 것입니다. 그래서 자녀들이 온라인상에서 당신에 대한 무언가를 읽고 있는지 걱정할 필요가 없고, 당신은 밤늦게까지 일할 필요도 없지요. 그리고 우리는 이것을 바꾸기 위해 함께 노력해야 합니다. 대부분의 여성들은 우리 주변 환경에 영향을 미치고 싶어 하죠. 우리는 (그 범위를)넓힐 필요가 있어요. 식탁에 앉아서 불평하기만 하면 아무 일도 일어나지 않습니다. 우리는 말로만 할 게 아니라 변화를 가져와야 합니다."

이리스가 발을 단단히 딛고 선 여성이 험준한 정치적 암벽을 오르는 것과 관련하여 얼마나 멀리 나아갔는지를 나타낸다면, 아이슬란드 대학의 총학생회장인 이사벨 알레한드라 디아즈는 전통적인 정치 구조의 테두리 안에서 우리에게 남겨진 모든 일과 또 앞으로 얼마나 많은 일을 해야 하는지에 초점을 맞추고 있는 떠오르는 신예 정치인이다.

어느 날 오후, 이사벨을 교정에 있는 학생회실에서 그녀와 다른 네 명의 학생회 간부와 만나 함께 점심을 먹었다. 사무실에는 기후 변화에 대한 플래카드와 포스터, 무지개 깃발, 각종 학생 지원 서비스에 대한 팸플릿들로 장식되어 있었다. 그녀는 2001년에 엘살바도르에서 자신을 키워

준 조부모와 함께 이주해 베스트피오르즈에서 보냈던 시절에 대해 먼저 이야기했다.

이미 인구가 희박한 나라에서도 가장 인구가 희박한 지역인 베스트 피오르즈는 섬의 북서쪽 모서리에 돌출되어 있는데 그린란드를 움켜쥐고 있는 세 갈퀴손가락처럼 생겼다. 산을 깊숙이 깎아 만든 일차선 양방향 통행의 터널들은 그렇지 않으면 외따로 떨어져 있었을 마을들을 서로 연결하고 있다. 그러나 이 지역의 북부와 서부는 산비탈과 북극의 깊고 푸른 피오르드 사이를 위태롭게 지그재그로 가로지르는 비포장도로로 인해 1년 중 몇 달만 서로 접근할 수 있다.

이 지역에서 가장 큰 공동체이자 이사벨의 고향인 이사피오르두르(인구 2,600명)는 레이캬비크에서 구불구불한 피오르드와 산을 양분하는 길을 따라 차로 여섯 시간을 가거나 (날씨가 허락하는 한 낮 시간에만 가능한)비행기로 30분간 걸린다. 공항의 짧은 산비탈 활주로는 오늘날 유사하게 건설된다면 승인나지 않을 것이다. 혹독한 겨울 날씨로 인해 비행 일정이나 도로 상황이 나빠지면 방문객들은 예정에도 없는 장기 체류를 즐기게 되는 일이 드물지 않다.

이사벨이 자랑스럽게 말했다. "이사피오르두르에서 자라는 것은 꿈같은 일이에요. 필요한 모든 게 다 있어요. 학교, 병원, 은행, 식료품점, 빵집 두 곳, 식당 여러 곳, 작은 극장까지 있어요."

이사벨은 음악, 스포츠, 학교 동아리에서 활발하게 활동했지만 어렸을 때 정치에 입문할 생각은 해보지도 않았으며 주변 사람들 대부분은 항상 적극적으로 시민 참여 활동을 했다. "우리 (주민들)모두가 사회에서 일어나는 여러 일에 대해 각자 견해를 가져야 한다는 사회적 책임을 느끼고 있어요. 이사피오르두르에서는 스포츠센터를 새로 짓는 문제부터

세계 성평등 1위 아이슬란드의 비밀-스프라카르

노인 요양원을 파는 문제에 이르기까지 모든 사람이 모든 것에 대해 견해를 갖고 있죠. 그리고 우리는 이 사회를 함께 건설하고 있기 때문에 모두 저마다의 관점을 가질 의무가 있다고 믿습니다."

2017년에 이사벨은 이사피오르두르를 떠나 수도의 대학으로 갔다. 공동체에 참여해야 한다는 강한 의무감을 가진 이사벨은 대학 생활에 잘 적응했으며, 곧 학교에서의 과외 활동에 관심을 갖게 되었다. 대학에 기반을 둔 두 정당 중 하나인 로스크바 당원들이 그녀가 쓴 몇 개의 기사를 읽은 뒤 연락을 취해왔고 이때부터 그녀는 학생 운동에 보다 힘을 쏟았다.

이사벨은 대학 학생회에서 선출직으로 이미 정치적 기반을 닦고 있었지만 4학년 때 정치학 및 스페인어 공부를 마친 뒤 처음에는 총학생회장으로 출마하는 것을 꺼렸다.(최근에는 대학원생들도 총학생회에서 일할 수 있다.) 운동보다는 학업에 집중하고 싶었기 때문이다. 그리고 스스로에 대한 자신감도 없었고 다른 학우들이 그녀에게 투표하고 싶어 할까 확신이 서지도 않았다.

"그건 여성들에게는 정상적인 일"이라는 점을 인정했다. "우리는 스스로에게 이런 질문을 던집니다. 내가 여기 있어야 하는 이유가 뭐지? 내가 뭘 줄 수 있지? 남자들은 그런 생각조차 하지 않아요. 남자들은 그냥 뭔가를 하겠다는 말을 던지고는 그대로 밀고 나가죠. 우리는 항상 먼저 모든 조건을 충족하려고 합니다." 그러나 이사벨은 많은 조건을 충족했다. 이미 로스카브 위원회에서 2년 동안 일했으며, 20편이 넘는 에피소드로 팟캐스트를 제작했고, 대학 내 주거 문제에서 정신건강 서비스에 이르기까지 온갖 문제를 다루는 위원회에서 일한 경력이 있었다.

"어떻든 상황이 좋아지고 있다는 것을 알았어요." 그녀는 표를 얻으려는 유세에서 성공한 것이 지금까지도 좀 놀랍다는 듯 말했다. "선거에서 떨어질까 봐 정말 두려웠지만, 결국 해냈고, 그 이후에는 그간 나 자신에 대해 왜 그토록 자신감이 없었을까 하는 생각이 들었어요."

이사벨은 선거운동에서 모든 로스크바 당원들과 접촉해서 자신이 선출되어야 하는 이유를 내세워야 했다. "진정성과 본성을 따라가기만 하면 돼요. 일어날 수 있는 최악의 상황이 뭐겠어요? 당선되지 않는 거밖에 더 있어요? 자신감을 갖는 것이 큰 도움이 된다고 생각해요. 자신감을 고취하기 위해서는 "다 잘 될 거야"라고 계속 주문을 외워요." 그녀는 수줍은 표정을 지으면서도 내 눈을 똑바로 쳐다보았다. "나는 친화력이 좋고, 직설적이고, 객관적이고, 열심히 하기 때문에 잘할 거라고 계속 말하는 거죠. 남들이 어떻게 생각하는지는 걱정할 필요 없어요."

봄날에 만난 그 다섯 명의 학생회 간부들은 투표를 하고, 목소리를 높이고, 불공정하다고 여기는 것에 반대하는 것의 중요성을 아는 젊은이들이다. 일부는 학자금 대출 부채가 심각한데, 이 부채는 인플레이션 지수에 따른 이자로 인해 더 악화되지만 다른 나라들에 비하면 현저히 낮다. 낙관론과 비관론을 오가는 그들의 기운과 동요(결국은 전자로 귀결되는)를 보고 있노라니 거의 25년 전 토론토 대학에서의 학생회 시절이 떠올랐다.

하지만 레이캬비크에서의 "평균적인" 학생 생활은 내 경험과 많이 다르다. 나는 기숙사에서 4년을 살았는데 같은 층에 있는 다른 학생들과 욕실을 같이 쓰고, 지하실에 있는 세탁실에서 내 차례를 기다리고, 책장과 술장으로 쓰려고 라블러스 마트 바깥에 버려진 우유 상자를 찾아 헤맸다. 점심시간에 만난 또 다른 학생인 미카엘 베르그 스테인그림손과 구드니 료스브라 흐레인스도티르는 부모님 집의 개조된 지하층에 살면서 매일 교외에서 차를 몰고 통학한다. 대학 기숙사는 수가 매우 적어 들어가기 힘든데 욕실과 주방을 갖춘 원룸 아파트로 구성되어 있다. 그곳은 이사벨과 같이 수도권 외곽에서 오거나 가족이 딸린 젊은 학생들을 위해 마련된 것이다.(레이캬비크에 있는 대부분의 어린이집이 보통 한 살에서 두 살 정도를 받아들이는데 반해 그곳의 어린이집은 생후 6개월 유아도 받아들인다.)

그러나 모든 북유럽 국가와 마찬가지로 아이슬란드에서도 교육은 권리로 여긴다. 중등학교 졸업장을 받은 사람은 누구나 아이슬란드 대학에 수강하기 위해 등록할 수 있다.(의학과 같은 일부 과목은 추가로 입학 제한을 요한다.) 연간 75,000ISK(법정화폐 크로나, 약 550달러)의 등록금을 제외하고는 학비가 없는데, 이 액수는 내가 대화를 나눈 학생들을 포함하여 종종 학생회 대표들이 앞세우는 끈질긴 토론의 주제가 된다.

학생 운동을 유심히 지켜보는 전문가들은 이사벨이 로스크바에서 전임자들이 택한 길인 아이슬란드 의회에서 보다 다양한 미래를 펼칠 수 있다고 생각한다. 그러나 그녀는 향후 공직에 출마하는 것에 대한 어떤 공적인 관심도 표명하지 않았다. 이사벨은 다음과 같이 설명했다. "나는 우리 사회에서 우리가 다루는 모든 것이 정치적인 것이며, 그렇기 때문에 각자가 견해를 갖고 투표권을 행사하는 것이 중요하다고 믿어요. 우리 모두는 할 말이 있기 때문이죠. 학생들은 이런 식으로 접근하지 않다가도 무언가가 자신들이나 친구들을 감동시키면 학생 운동이 변화를 가져올 수 있다는 것을 깨달아요. 결국 모든 것은 정치적인 것이죠."

하지만 아이슬란드의 이상주의적이고 교육받은 깨어 있는 청년들은 세계의 문제에 대한 최선의 해답이 전통적인 정당 정치에 있지 않을 수도 있다고 본다. 그날 학생회실에 있던 대다수는 처음에 대학 단위에서조차 정당이라는 꼬리표를 달고 출마하는 것을 꺼려했다. 경직된 정당 이념을 가진 사람들로 분류되어 그러한 이념에 헌신하고 싶지 않기 때문이다.

그들은 영향력을 행사할 다른 방법을 찾고 있는 것 같았다. "청년들은 이제 의회가 하는 일과 상관없이 독자적으로 자신들이 중요하다고 생각하는 문제를 중심으로 집단이나 행동주의를 조직하고 있습니다"라고 해마다 열리는 "슬럿 워크"의 주최자 중 한 명이자 학생회 간부인 헬가 린드 마르가 말했다. "그들은 아이슬란드 의회에 자신들이 영향을 미칠 수 없다고 생각해요. 그리고 학교에서는 민주주의에 대해 거의 가르치지 않아서 학생들은 그 과정에 참여하는 방법조차 잘 모릅니다."

정치학과 학생으로 학생회에서 학자금 대출 담당자인 사라 톨 핀보가도티르도 이에 동의했다. "지금은 민주주의에 대한 이해가 달라요. 어떤 이들은 투표권을 행사하지는 않지만 자신들이 더 많이 영향을 미칠 수 있다고 생각하는 조직이나 단체에 합류하죠."

이 세상의 많은 여성들이 정치에 뛰어들기 위해서는 극복해야 하는 자기 회의 외에도, 다른 종류의 현실에 안주하는 것 또한 성평등을 향한 모멘텀에 가장 큰 위험요소일 것이다. 헬가는 성평등을 위한 투쟁에서 글로벌 리더라는 아이슬란드의 명성에 대해 "우리나라가 성평등 1위라는 위치에 있을 때 가장 큰 문제는 그 명성에 걸맞는 책임을 지지 않는다는 거예요. 다른 나라보다 앞서 있다는 이유만으로 마치 목적지에 도착했다는 듯 말이죠. 그토록 많은 것을 위해 싸워온 모든 여성들의 모든 노력을 깎아내리려는 것은 아니지만, 운도 많이 따라줬고, 또 반드시 의식적인 결정만은 아니었을 거라고 생각해요."

거의 "정계 입문단계"에 가까운 학생자치위원회에는 여학생 여섯 명과 남학생 한 명이 있고, 현 학생회에는 여학생 열두 명, 남학생 다섯 명이 있다. 대략 3분의 2가 여학생으로, 전체 대학생 수로 나눠봤을 때와 크게 다르지 않다. 남학생들에게 운영하도록 설득하는 것은 어렵다고 이

세계 성평등 1위 아이슬란드의 비밀-스프라카르

사벨은 말했다. "남학생들은 롤 모델을 보지 못하기 때문에 그게 우리에겐 정말 큰 문제예요. 우린 모든 관점을 원하거든요."

위원회에서 유일한 남성인 미카엘은 "무척 재미있고 전혀 문제가 없어요"라며 이렇게 덧붙였다. "나는 남학생 네 명과 여학생 한 명인 위원회에도 참여한 적이 있었는데 그때 남학생들끼리 붙어 다니면서 여학생을 왕따시킨다는 인상을 받았었어요."

이사벨이 말했듯이, 여성들은 앞에 나서는 것에 대해 남성들보다 더욱 "의지가 확고"하지만 국가 무대를 지배하는 것으로 옮겨가지는 못한다. "사람들은 정당에서 후보자의 순위를 매길 때 이웃하는 두 선거구에서 남성 두 명의 이름을 올리는 것은 아무 문제가 없지만, 어떤 이유에선지 여성 두 명을 그 자리에 넣는 것은 위험요소가 크다고 여겨요. 하지만 누군가는 그 단계를 밟아야 합니다. 선례를 깨고 위험을 감수해야 해요. 그건 여성뿐만 아니라 사회 전반에 대한 투자입니다."

그러나 모든 것이 어떤 식으로든 정치적인 것이고, 우리 모두가 각자 견해를 갖고 어떤 형태로든 입장을 취해야 할 의무가 있다면, 이사벨은 자신이 살아오면서 해왔던 것처럼 여성들에게 "마음 가는 대로" 하고 "무모하게 뛰어들라"고 조언한다.

"사회와 세상을 더 좋게 만들 생각을 하고 있다면 그것만으로도 충분한 이유가 돼요." 그녀가 단호하게 말했다. "우리는 토론에서 목소리를 낼 수 있는 권리가 있어요. 우리는 테이블에 앉을 권리가 있습니다."

≫ ≪

아이슬란드 정치의 면면에서 갈수록 여성이 늘고 있긴 하지만, 지속적인 평등을 위한 견고한 토대를 마련하려면 긍정적인 통계와 일반적인 선의 이상의 것이 필요할 것이다.

2018년 11월 어느 겨울 저녁, 전 총리와 (유엔의 히포시HeForShe 성평 등 캠페인 전개를 도운)전 외무장관을 포함한 여섯 명의 아이슬란드 정치 인들이 의회 회기가 진행되는 중에 잠시 쉬는 틈을 타 술을 마시려고 정 치꾼들이 들락날락거리는 술집인 클라우스투르로 길을 건너갔다. (평일 느지막한 오후라)술집은 거의 비어 있었고 여성 의원 한 명을 포함한 일 행은 몇 시간 동안 거나하게 마시며 술에 취하자 점점 목소리가 커졌다.

그들의 부재를 주목했을 수도 있는 동료 의원들은 제외하고, 이 외유 는 다른 한 손님이 그들이 하는 말투와 내용이 몹시 불쾌해 도저히 그 냥 지나칠 수 없어서 그들의 대화를 녹음하여 언론에 공개하기로 작정 하지만 않았더라면 아무런 언급도 되지 않고 주목도 받지 않은 채 그냥 넘어갔을 것이다.

일행은 녹음에서 가수 라퓌의 노래에 나오는 가사만큼이나 천박한 말투와 언어로 음담패설을 늘어놓으며 여러 여성 동료 의원에 대해 평가 하고 있었다. 그들은 한 의원에 대해서는 외모를, 다른 또 의원에 대해서 는 태도와 행동을, 세 번째 의원에 대해서는 장애를 조롱했다. 그들은 동 료 의원에게 "발정난 미친년"이라는 꼬리표를 붙였고, 여성 각료를 "개년" 이라고 낙인찍었다.

이리스 또한 술에 취해 혀가 꼬부라진 의원들에게 조롱의 대상이 되 었는데, 그중 한 명이 그녀가 오로지 외모 때문에 선출될 수 있었는데 그 후 몇 년이 지나면서 "쌔끈한 맛이 없어졌다"라고 했다.[48]

이 사건은 며칠 동안 신문 1면을 장식했다. 여론은 의원들에게 사과 와 사퇴를 요구하며 단호하게 맞섰다. 일행 중 두 명은 당 회의를 통해 쫓 겨났다.(의장은 험한 말을 들어야 했다.) 두어 명이 기간의 차이는 있지만 휴가를 썼다. 그러나 내가 이 글을 쓰는 시점에 모두가 여전히 의원으로 재직하고 있다. 당에서 쫓겨난 두 의원은 현재 중도당 소속 의원으로 당 대표는 그날 클라우스투르에 있었던 전 총리이다.(덧붙이자면, 2016년 파나마 페이퍼 스캔들에 연루된 바로 그 총리이다.) 의원 중 일부는 사생활권을 침해했다며 그날 대화를 녹음한 사람에 대해 법적 조치를 취하겠다고 위협하기도 했다.

남편은 대통령으로서 이 스캔들에 대해 공식적으로 논평해달라는 요청을 받았는데, 정치적 현안에 대해 공정한 태도를 유지하는 것이 중요하기에 필요한 외교적 언어를 사용하여 "녹음에서 의원들이 보여준 어휘, 무례, 자아도취가 당황스럽고도 경악스럽다"라고 했다.[49]

3년이 지난 지금, 영어로 "클라우스투르 게이트"라고 이름 붙여진 그 사건은 집단의식 속에 생생하게 남아 있는데, 이는 아이슬란드 사회에 적나라한 방식으로 이 나라가 "성평등 천국"이 아님을 상기시키는 곪은 상처이다. 그 사건으로 인해 정치에 참여하는 젊은 세대들 사이에서는 진정한 평등을 성취하는 것은 불가능할 거라는 냉소주의를 절실히 느끼게 했다.

"클라우스투르는 정말로, 뭐랄까, 음, 역행이었어요. 희망이 없어요." 이사벨 디아즈가 말했다. "그 이야기가 터졌을 때 나는 이제 의회에 들어가거나 외교부에서 일하고 싶다는 생각이 뚝 떨어졌어요. 다른 곳에서 롤 모델이나 영감을 주는 사람을 찾아야겠구나 했죠."

그 상처가 아물고, 제도의 진정성에 대한 신뢰가 회복되고, 비록 여성들이 바라는 것보다 더 느리고 덜 순조로울지라도 변화가 일어날 것이라는 확신을 충분히 쌓는 데에는 시간이 걸릴 것이다.

우리는 대신 낙관론을 이끌어내고 희망을 불러일으키는 정치인들의 면면을 본다. 이리스와 이사벨은 각각 자신의 방식으로 장애물을 밀치고 나아간다. 이리스는 정치권의 길을 택했고, 이사벨은 대학 단위에서 다양성을 증가시키는 데 기여하고 있다. 두 사람 모두 여성들이 한 발 앞으로 나아가고, 목소리를 내고, 예상을 깨도록 지속적으로 응원할 필요성이 있음을 인정했다. 화산 폭발 이후 웨스트만제도 주민들의 근성과 마찬가지로, 그들은 자기 회의, 고착된 전통, 남성 지배적인 환경에서 자신의 자리를 주장하기 위해 온갖 시련에도 불구하고 끈질기게 버텼다. 그들은 지역 단위에서 국가 단위에 이르기까지 이 나라의 정치적 담론에서 여성이 정상적으로 목소리를 낼 수 있도록 돕는 다양한 정치적 스펙트럼에 합류하고 있다.(나는 대통령의 부인이라는 위치 때문에 이 책을 쓰는 데 현직 정치인들과 대화하는 것을 의도적으로 피했다.) 나는 그들이 과감하게 기꺼이 선출직에 출마하여 세간의 주목을 받는 것에 존경을 바친다.

삶과 공적 영역에서 강력한 여성 롤 모델과 함께 성장하는 것은 오늘날 이 나라의 많은 여성 지도자들에게 자양분이 되는 효과를 가져왔다. 결과적으로 그들은 성평등에 대한 우리의 염원을 반영하여 미래의 정치적 실세로 롤 모델 역할을 할 것이다.

우리의 만남에서 이리스는 다음과 같이 상기시켰다. "이 나라는 거친 나라, 화산의 나라예요. 혹독한 자연과 지독한 날씨에도 바다로 나가죠. 우리는 척박한 환경에도 강인한 "빙하호의 제임스 본드" 같은 유형이지만 여성을 대통령으로 선출할 준비가 되어 있는 나라이기도 해요. 이는 누군가가 무언가를 이야기할 때 귀를 기울일 준비가 되어 있다는 것을 보여줍니다. 그게 바로 아이슬란드가 특별한 점이죠."

11.
손이 닿는 곳

위층에서도 훤히 보인다°

° Það liggur í augum uppi. "삼척동자도 다 안다. 명백하다"라는 뜻.

2017년 어느 흐린 9월 아침, 요르단의 수도인 암만으로 향하기 위해 런던에서 환승하려고 아이슬란드항공 비행기를 탔다. 암만에서 끝없이 펼쳐지는 사막 사이에 난 고속도로를 타고 90분을 달려 시리아 국경 근처에 있는 세계에서 두 번째로 규모가 큰 자타리 난민 캠프로 갔다.

거의 8만 명에 달하는 시리아 유혈 내전 난민이 5.3km^2에 빽빽하게 들어차 있는 난민 캠프는 흰색 천막촌들로 시작하여 대도시 규모로 급격히 커지면서 유엔 측에서 극심한 수요를 충족하기 위해 신속하게 건설되었다. 비포장 쇼핑 거리, 27개의 커뮤니티 센터, 2개의 병원, 9개의 진료소, 11개의 학교가 있다. 30m^2 크기의 조립식 주거지 수천 곳에는 각각 여덟 명 정도 되는 사람들이 살고 있는데 여름철에는 사막의 열기로 인해 찌는 듯이 무덥고 겨울철에는 외풍이 쌩쌩 불어 몹시 춥다. 2011년에 전쟁이 발발하기 전에는 풍요로운 중산층 삶을 누렸던 시리아인들은 전쟁을 겪는 중에 사랑하는 가족을 잃고 이루 말할 수 없는 트라우마를 겪으면서 옷만 걸치고 도망칠 수밖에 없었다. 자타리 난민 캠프의 80퍼센트는 여성과 어린이였다. 캠프 거주자들이 구할 수 있는 일자리는 5,000개에 불과했으며 거의 대부분이 소수의 남성들에게 돌아갔다. 여성들은 강간이라든가 폭행의 두려움 때문에 어두워진 뒤에는 집을 나설 수 없는 한편, 소녀들은 무서운 속도로 노인들에게 시집을 갔다.(자타리에 사는 여성 세 명 중 한 명은 18세 이전에 결혼했다.) 그들은 그나마 받고 있던 교육조차 중단하고 얼마 안 가 엄마가 될 터였다.

자타리는 여덟 개의 유엔 기구가 운용하고 있는데 그중 "유엔여성"은 캠프 내 서로 다른 장소 세 곳에서 소위 "오아시스"라는 안전 공간을 운영하고 있다. 여성들이 모여서 "캐시 포 워크(cash-for-work, 지역사회 발전을 위한 개발 사업에 지역 주민들을 고용하여 수익을 창출하는 프로젝트-옮긴이)"로 일하고, 심리 상담을 받고, 자녀를 위한 학업 및 보육 시설을 찾고, 기본적인 컴퓨터 기술이나 미용술부터 영어나 아랍어 어학 수업에 이르기까지 모든 강좌를 수강할 수 있는 곳이다. 그 못지않게 중요한 것은 여성들이 서로를 위로하며 대피처를 찾을 수 있는 안전한 환경을 제공하고 있다는 것이다.

나는 "유엔여성" 아이슬란드 직원과 아이슬란드 지부의 후원자 한 명, 아이슬란드 광고대행사 팀과 함께 자타리 여성들에 관한 일련의 영상 촬영에 참여하기 위해 그곳에 갔다.[50] "유엔여성"이 더욱 많은 오아시스를 열도록 돕기 위해 그해 가을 아이슬란드에서 모금 캠페인을 벌이는 홍보영상물이었다.

첫째 날, 유엔난민 고등판무관실의 직원이 캠프 전반에 대한 종합적인 브리핑°을 마치고 난 뒤 우리는 한 오아시스를 방문했다. 냉방 시설이 되어 있는 그 건물에서 십여 명의 여성들은 앉아서 바느질, 재봉, 수공예품을 만들고 있었다. 그들이 하는 주된 일은 캠프에서 매주 태어나는 80여 명 정도의 아기들의 엄마들을 위해 출산 준비물을 만드는 것이었다. 출산

° 이 브리핑에서 한 가지 대화가 마음에 걸렸다. 시리아 등 여러 나라가 분쟁을 일으키면서 유럽으로 난민이 폭발적으로 유입되는 것, 그리고 각 나라들이 얼마나 자국 국경 내에서 살도록 흔쾌히 초청할 것인가에 대한 지속적이고도 종종 논란이 되는 논쟁을 생각하면서, 나는 유엔난민 고등판무관실의 여성에게 캠프 내에서 억울하다거나 분한 심정을 느끼는지 물었다. 즉, 이를테면, 한 가족이 독일이나 캐나다, 아니면 아이슬란드로 간다는 사실을 알게 되었을 때, 옆집에 사는 가족이 새로운 삶을 시작하기 위해 떠나는 다른 가족에게 좀 억울한 마음을 갖는 달까? 그녀는 고개를 저었다. "다른 나라에서 받아주는 경우는 거의 없어요. 새 발의 피죠."

준비물에는 아기들을 위한 따뜻한 양털 옷과 필수 예방접종을 어디서 받을 수 있는지에 대한 정보가 포함되어 있었다. 그 여성들은 옷을 만들다 남은 자투리 천으로 벽에 거는 다양한 크기의 매듭 공예를 짜고 있었다.

가장 큰 것이 눈에 들어왔다. 가로 2.1미터, 세로 1.3미터 크기로 멀리서 보면 우둘투둘한 촉감이 느껴지는 추상 작품처럼 보였다. 가까이 다가가서야 원래 유럽의 부유한 나라에서 의류 재활용 쓰레기통에 버린 티셔츠라든가 유아용 우주복에 붙은 천 꼬리표로 만든 것임을 알아볼 수 있었다. 장밋빛과 갈색이 섞인 태피스트리는 다양한 색상의 줄무늬를 배경으로 "정의의 저울"을 묘사하고 있었다. 상단에는 아랍어로 된 문구가 있었다. "평등은 나의 권리이다."

나는 그 태피스트리를 샀는데(아이슬란드로 돌아오는 여정에서 여행 가방의 절반을 차지했다), 우리 모두를 하나로 결속시키는 투쟁을 매일 상기시켜주는 그것은 베사스타디르 사저의 입구 벽에 지금까지도 걸려 있다.

캠프에서의 둘째 날, 몇몇 다른 여성들과 좋은 만남을 가졌다. 우리가 만들고 있는 홍보 영상물에서 내 역할 중 하나는 현지에 사는 십 대 소녀인 자드 알 카이르에게 오아시스에서 일한 경험에 대해 인터뷰하는 것이었다. 그녀는 자신의 생각을 명료하게 표현하며 매력적인 데다 심성이 따뜻했기에 홍보물 인터뷰 대상자로 선정된 것 같았다.

텐트 그늘 아래 플라스틱 의자에 앉아 여러 각도에서 우리의 얼굴과 반응을 포착하는 카메라에 둘러싸여 자드와 나는 캠프에서 지내는 것과 그간 겪은 경험 및 "유엔여성"이 그녀와 친구들을 위해 하고 있는 일에 대한 이야기를 나눴다. 자드는 몇 주 뒤면 열아홉 번째 생일을 맞이한다며 들떠 있었다. 캠프에서 축하하는 다섯 번째 생일이 될 거라고 했다. 그녀는 그곳에 줄줄이 늘어서 있는 조그만 컨테이너 숙소에서 부모님과 함께 살고 있었다. 남매 한 명씩은 여전히 시리아에 있는데 살았는지 죽었는지 모른다고 했다. 2012년 폭탄이 테러가 발생하면서 가족이 탈출할 때 또 다른 오빠는 사망했다고 했다.

"오빠는 죽기 전에 "학업을 중단하면 안 돼"라고 했어요." 자드는 눈물을 글썽이며 외국인 악센트가 강하게 드러나는 영어로 말했다. "오빠가 죽었을 때 나는 2년 동안 학교를 다니지 못했어요. 하지만 오빠가 한 말을 떠올리면서 내 미래에 대해 다시 생각하기 시작했고, 그래서 다시 학교로 돌아갔죠. 하늘에 있는 오빠를 기쁘게 해줄 것 같았거든요." 그녀는 눈물을 닦더니 미소를 지었다. "괴로워도 슬퍼도 울지 않을 거예요. 그건 강한 모습이 아니니까. 앞날을 위해서는 강해져야 하거든요. 우리 남매들이 나를 자랑스럽게 여기도록 하고 싶어요."[51]

아이슬란드에만 탁월한 여성이 있는 것은 아니다.

우리와 만나게 될 거라는 얘기를 듣기 전에도 자드나 친구들이 아이슬란드에 대해 조금이라도 알고 있었는지 궁금했다. 아마도 북극 근처 어딘가에 있는 부유하고 추운 나라라는 이미지를 떠올리게 하는 단어가 아닐까 싶었다. 자드는 아이슬란드가 "세계성격차지수"에서 몇 년 동안이나 연속 1위를 했는지 알지 못했을 가능성이 컸다. 하지만 그게 그녀에게 중요할까?

"유엔여성"과 캠프의 다른 여성 거주자들은 평등을 위한 여건이 전혀 무르익지 않은 상황에서도 자드가 목소리를 내고, 변화를 만들어내고, 장애물을 밀치고 나아갈 수 있도록 도왔다. 캠프에서는 생활의 기본 요소인 주거지, 식량, 안전을 확보하는 것이 제일 힘든 일이다.

아이슬란드로 돌아온 뒤, 나는 나와 같은 사람들을 여기저기 사진 촬영하는 데 "모시고" 다니는 게 직업인—열심히 일하면서도 하는 일에 비해 제대로 보수를 받지 못하는—난민 직원을 괴롭히는 또 한 명의 "깊은 상처를 남기는 VIP 손님 관광객"이 되지 않겠노라고 다짐했다. 얼마나 많은 VIP들이 자타리에서의 삶의 현실을 목격하고는 부유한 고국으로 돌아가 달리 도움줄 수 있는 방법이 딱히 있겠냐며 결국 삶의 불공평함에 대해 계속 투덜거리기만 할까?

"유엔여성" 아이슬란드 지부는 자드를 비롯한 여러 여성들을 포함한 홍보물을 통해 현재까지 가장 성공적인 지부가 되었으며, 인근의 아즈라크 난민 캠프에 두 개의 새로운 오아시스를 열 수 있도록 했다. 모금된 기금으로 어떤 일이 일어났는지 알게 되어 흐뭇했지만, 이기적이게도 그 당시 여성의 역할에 대해 직접 들음으로써 더 많은 것을 배웠다는 생각이 들었다. 나는 그들의 힘과 용기에 고무되었다.

날마다 "평등은 나의 권리이다"라고 새겨진 태피스트리를 본다. 요르단으로 갔던 여정과 그곳에서 만났던 씩씩한 여성들에 대해 자주 이야기한다. 그리고 그 에너지를 내가 하는 일에 쏟으려고 노력한다. "스프라카르"를 더 많이 만날수록 나를 둘러싼 세상을 더 또렷하게 볼 수 있다. 우리가 운 좋게 사는 이곳 아이슬란드에서 우리는 어떻게 하면 목표를 제대로 성취할 수 있을까? 어떻게 하면 모든 사람들에게 손이 닿을 수 있을까? 그리고 이 특권은 우리를 올바른 방향으로 멀리 나아가게 하는 강력한 발사대를 제공하지만, 동일한 궤도로 계속 나아가기 위해서는 우리 모두의 끊임없는 노력이 누적되어야 한다. 자드와 같은 소녀들과 여성들의 열정은 전염성이 강하다. 그리고 남은 우리들은 우리 가까이에 있는 여성들을 포함하여 어디서 마주치든지 자드와 같은 "스프라카르"를 고양시킬 의무가 있다.

아이슬란드는 2020년 말 성평등을 향한 여정으로 가는 길에 또 하나의 작은 이정표를 세웠다. 아이슬란드 스포츠기자협회는 65년 역사상 처음으로 올해의 스포츠 선수, 올해의 코치, 올해의 팀에게 수여하는 상을 모두 여성에게 돌렸다.(덧붙이자면, 축구에서.) 올해의 선수로 뽑힌 사라 비요르크 군나르스도티르는 수상자를 결정하는 기자들이 허용할 수 있는 최대 득점으로 선정되었다. 뉴스에서는 여성들의 이러한 성과에 대해 거의 찬사 일색이었다.

그로부터 일주일도 채 지나지 않은 새해 첫날, 아이슬란드에서는 육아휴직을 9개월에서 만 1년으로 확대해 두 부모가 함께 쓸 수 있도록 하는 법안이 발효되었다. 마찬가지로, 다른 새로운 법안에서는 개인이 공식 문서에서 (남성이나 여성 대신) X 표시로 성별을 식별할 수 있게 했다. 또한 새해에 모든 최저임금 근로자들은 인플레이션을 초과하는 임금 인상 안내를, 주 및 지방자치단체에 고용된 근로자들에게는 주당 근무시간이 단축된다는 안내를 받았다.

아이슬란드 및 다른 나라에서 성평등을 향한 행진은 종종 느리고 때로는 불안정하며 온갖 크고 작은 자갈이 깔린 길을 따라갔다. 그 길에서 성별 할당제라든가 부담 없는 보육료와 같은 구속력 있는 정책들이 엄청난 진전을 보았는데, 이는 수십 년에 걸친 압박과 점점 더 포용적으로 변한 사회적 태도의 산물이다. 그러나 무엇보다도 이 나라의 모든 국민들, 모든 성별의 사람들이 저마다 작지만 한 발짝씩 앞으로 내디딘 집단적인 결과물이다.

오늘날 아이슬란드가 우뚝 서 있게 된 것은 순전히 우연에 의해서가 아니다. 역사와 지리, 그리고 운이 확실히 작용하긴 했지만 말이다. 우리나라는 작은 것이 강점이다. 세계적인 맥락에서 볼 때 우리나라는 거대한 유조선이 아니라 작은 쾌속정에 더 가깝다. 변화는 여전히 빙하가 움직이는 속도로 느껴질 수 있지만 요구하고, 이행하고, 조치하기가 더 수월해졌다. 섬이라는 고립된 환경과 오늘날까지도 종종 위험한 자연환경은 모든 인적 자원이 잠재력을 최대한 발휘하도록 명하고 있다. 아이슬란드 어린이들은 "키다리" 하스게르두르와 영웅담의 여주인공인 "부자" 올로프, 폭포를 구한 가난한 여자 시그리두르, 아주 특별한 국가원수가 된 문화계 권위자 비그디스를 포함하여 여러 시대의 강인한 여성들에 대한 이야기를 들으며 자랐다. 열린 경제, 기능하는 민주주의 제도, 근소한 빈부 격차, 높은 교육 수준과 국제적 마인드, 첨단기술 사회는 때때로 작은 나라를 괴롭힐 수 있는 지역주의와 독단주의를 보완하고도 남는다.

세계적 맥락에서 이것은 아이슬란드가 작동하는 마이크를 가지고 있는 무대라는 것을 뜻한다. 성평등에 한층 가까워지는 방법에 대해 배운 교훈을 전할 수 있는 유리한 위치에 있는 것이다.

언젠가 아이슬란드가 더 이상 세계성격차지수(Global Gender Gap index)에서 1위를 차지하지 못한다면? 순위에서 몇 계단 떨어진다면? 그게 만약 다른 나라들이 우리를 추월한 결과이고, 우리가 운전 중에 깜빡 잠이 들거나 안주하게 된 결과가 아니라면, 더더욱 좋다. 1인당이든 아니든 세계 최고가 될 필요는 없다. 그러나 우리는 성공 사례를 공유하고, 관심을 요하는 분야를 개선하는 방법을 타자로부터 배우고, 여성들뿐만 아니라 모든 사람들이 목소리를 내고 자리를 차지하기 위해 분투하는 것을 도와야 한다.

　　　　　→→ ←←

"보육과 관련된 챕터를 나와 얘기하고 싶다고 해서 좀 놀랐어요." 전직 국회의원 운누르 브라 콘라드스도티르가 의회에서 아기에게 모유를 먹인 경험을 중심으로 나눈 대화를 마무리 지으면서 지나가는 투로 말했다.

"난 그 분야에서 슈퍼히어로가 아니에요." 내가 노트북을 꾸리고 있을 때 그녀가 무덤덤하게 말을 이어갔다. "그냥 내가 할 수 있는 최선을 다하려고 노력했을 뿐이에요."

그녀가 솔직하게 한 말은 우리 모두에게 친숙한 말이다. 우리 모두는 어떻게든 잘하기만을 바라지 않나?

아이슬란드에서는 여성들이 유명한 직책을 많이 맡는다고 흔히들 말한다. 이 책에서 인터뷰한 "스프라카르"는 완벽한 본보기이며, 평등을 위한 분투가 상호교차성(계급, 인종, 민족, 젠더, 장애, 섹슈얼리티 등을 포함한 사회 불평등의 요소들을 상호교차시킴으로써 단차원적 개념화에 비해 보다 복합적인 차별의 유형을 산출하는 것-옮긴이)임을 의미한다. 성평등을 성취하기 위해서는 이민자 여성, 유색인종 여성, 장애인 여성, 퀴어 여성 등을 포함하여 누구도 소외시켜서는 안 된다. 우리는 또한 성평등이 또 다른 성을 희생시키는 것이 아니라 모든 사람을 위한 것임을 인식하는 많은 남성 동지들과도 협력해야 한다.

운누르 브라는 내가 제안한 이야기를 듣고 조금 놀랐다고 했지만, 아이슬란드의 보육에 대해 이야기하기에 이상적인 여성이었다. 우리들에게 그것이 의미하는 바를 전형적으로 보여주기 때문이다. 그녀는 가족-중심적인 정부 정책을 활용하여 자신과 가족을 위한 생산적이면서도 성취감을 주는 삶을 만들어가고 있다. 인스타그램에 올리는 감성적인 이미지를 말하는 게 아니다. 운누르 브라의 집은 완벽하게 청소되어 있고, 아이들은 엄격하게 제한된 식단으로 관리하고, 각자 연령에 맞는 관람 가능한 것들만 볼까—아니면 적어도 그러기를 바라고!—싶다. 최선의 의도에도 불구하고, 그녀는 아마 바랐던 것보다 덜 준비된 채로 회의를 주재하거나, 동료 의원들의 질의에 별로 인내심 없이 답변했을지도 모른다.

내 생각에는 그것이 그녀가 "스프라키"인 이유이다. 우리 모두는 한편으로는 바쁘다는 핑계로 대충 구색만 갖추면서 한편으로는 그럴 수밖에 없다고 합리화한다. 운누르 브라도 정치 관련 챕터에서 인터뷰했던 여성들과 똑같이 아이슬란드의 여성들이 고위직에 오르려고 할 때 직면했던 상황을 공유할 것이다.

또 다른 분야로 넘어가서, 운누르 대신에 마렐 어류 부문 부사장인 구드비요르그 구드문드스도티르를 대입해도 마찬가지일 것이다. 그녀는 남성이 주로 민간 부문의 재정을 움켜쥐고 있는 현실에 맞서 일하며 수익성 있는 전략과 거대한 다국적 팀을 관리 감독하지 않을 때면 혼자 기르고 있는 어린 두 딸이 있는 집으로 돌아갔다.

"핑크 아이슬란드"의 에바 마리아 토라린스도티르는 아이슬란드에서의 직장 생활에 대해 이야기하는 과정에서 사업가로서의 경험에 대해 더욱 자세하게 들려줄 수 있었다.

계속해보자. 사가 가르다르스도티르는 코미디언으로서 아기를 낳고 키우는 것에 대한 농담만 던지는 것이 아니다. 국내 예술계에서도 일하고 있다. 아이슬란드 대학의 이사벨 디아즈는 이민자로서의 사연을 들려주고 있으며, 총학생회의 다른 구성원들과 맺은 긴밀한 유대는 우리가 안전지대 밖에서 모험하는 법을 배우는 데 도움이 되는 우정과 지지의 중요성을 보여주는 또 다른 예이다. 우글라 스테파니아는 트랜스젠더 운동가로 활동하면서 혼탁한 미디어의 바다를 능숙하게 항해하는 법을 배웠다.

이 모든 사람들을 하나로 묶는 것은 그들이 당연히 차지해야 할 자리를 사용하고 있다는 것이다. 그들은 꼭 특별히 페미니스트 의제를 이행하려고 하는 것은 아니다. 그들 중 많은 사람들은 스스로를 페미니스트라고 부르지 않을 것이다. 그들이 이룬 것들은 하나의 사회적 사일로(곡식을 저장해두는 창고. 창고마다 곡식이 담겨있지만 창고 간에는 전혀 상호작용이 없는 이기주의를 빗댄 말-옮긴이)에 전혀 들어맞지 않는다. 그들은 사회의 다방면에서 상호 의존하고 있으며, 그들이 벌이는 긍정적인 활동은 대자연이 일상적으로 일으키는 미진과 지진처럼 이 작은 나라의 연못 전체에 일렁이는 잔물결과 파도를 만들고 있다.

이 책에서 소개한 십여 명의 여성은 연령, 지역, 배경, 경험, 인물 면에서 다양성을 대표한다. 일부는 아이슬란드에서 잘 알려진 얼굴들이다. 일부는 활동하는 지역에서는 추종자들이 있지만 그 지역을 벗어나면 거의 익명에 가깝다. 그들은 여러 이유로 이례적일 정도로 특출한 여성들이지만 평범한 여성들이기도 하다. 그들의 경험, 꿈, 도전에서 우리는 우리 자신을 볼 수 있다.

아이슬란드에는 현세대와 미래세대를 위한 세간의 이목을 끄는 성평등 롤 모델이 많이 있다. 이 책을 쓰는 시점에서 총리, 법무부 장관, 교육문화부 장관, 산업혁신부 장관, 최고의학책임자, 의회 사무총장, 아이슬란드 여행산업이사회 의장, 아이슬란드 상공회의소 상무이사, 선주 및 선박회사연합 전무이사, 아이슬란드 노동연맹 위원장 등이 여성이고 이 외에도 더 있다. 해외로 눈을 돌리면, 아이슬란드 여성들은 최근 혹은 현재 유럽안보협력기구의 민주제도인권사무소 사무국장, 여성정치지도자위원회 위원장, 리처드 브랜슨이 설립한 세계적 비영리단체인 B팀의 CEO 등의 역할을 맡고 있다. 롤 모델은 아마도 성평등을 위한 단 하나의 결정적인 요소일 것이다.―아니면 적어도 가장 큰 요소이거나.

덜 눈에 띄는 방식으로 이 책에 등장하는 여성들도 마찬가지이다. 그들은 우리 모두에게 일상적인 롤 모델인 "스프라카르"이다. 그들의 사례는 비범한 여성들이 아이슬란드만이 아니라 세계적으로 보편적인 현상임을 뒷받침하고 있다. 우리가 서로 빛나도록 돕고 우리의 모든 목소리가 들리도록 마이크를 공유할 수만 있다면 말이다.

지난 세기의 끝자락에 옥스퍼드 대학에서 만난 곱슬머리의 바이킹족 싱글 대디. 나는 알(r) 발음을 굴리는, 촌철살인 유머를 무심하게 구사하던 그에게 늘 눈을 뗄 수 없었다. 그가 위험을 무릅쓸 정도로 치명적인 매력이 있는 유형이기 때문이 아니라 오히려 조용한 성격, 과잉성취한 학생들이 가득한 대학에서 각광을 받기를 꺼리는 모습이 흥미로웠기 때문이다.

구드니와 나는 옥스퍼드 대학에서 조정 대항전에 참여했었다. 우리는 특별히 잘하지는 못했지만 유서 깊은 대학의 전설적인 첨탑 위로 태양이 얼핏 비치는 동안 아이시스강을 따라 일제히 미끄러지듯 나아가는 자체가 일종의 "옥스퍼드의 일"처럼 보였다. 어느 가을 저녁, 남녀 합동 참가자들이 모금 행사를 열었는데, 이는 파티를 열기 위한 또 다른 핑계일 뿐이었다. 기억하기로는 거의 남학생들로만 구성된 참가자들이 모금 행사가 진행된 숙소의 테이블에 스티로폼 커피 컵을 쭉 늘어놓았다. 각 컵에는 참가자의 이름이 표시되어 있었다. 여학생들은 1파운드만 내면 종이표 다섯 장을 받을 수 있었다. 여학생들은 종이표에 각자 이름을 적은 다음

스티로폼 컵을 선택해 그 안에 넣었다. 밤이 되면 남학생들은 저마다 자신의 컵에서 여학생 이름이 적힌 종이표를 뽑아 데이트하러 나갈 터였다.

당시 2파운드짜리 동전을 가지고 있었는데 가난한 학생임에도 불구하고 대의를 위해 "돈자랑 한번 해봐야겠다"고 생각했던 일이 또렷이 기억난다. 나는 종이표를 열 장 사서 각각에 내 이름을 정성껏 썼다.

그런 다음 운명을 좀 밀어젖히기로 했다.

나는 종이표 여덟 장을 구드니의 컵에 넣었다. 진심으로 데이트를 즐기고 싶은 사람은 그 사람뿐이었지만, 그의 컵에 열 장을 모두 넣고 싶지는 않았다. 혹여 진실이 밝혀지면 집착에 빠진 스토커처럼 보이지나 않을까 하는 마음에서였다! 하지만 어쨌든 이번이 그를 더 잘 알게 되는 기회였기에 전적으로 운에 맡기고 싶지는 않았다.

아니나 다를까, 당연히 구드니가 내 이름을 뽑았다. 그리고 대부분의 다른 커플들의 "데이트"는 늦은 밤 학교 정문 밖에 주차된 밴에서 케밥을 먹는 반면, 구드니는 다음 날 저녁 이탈리아 레스토랑인 루나 카프리제에서 레드 와인 등을 포함한 세 가지 요리가 나오는 정식을 대접해줬다.

"이 순간에 충실하라"는 그 짧은 순간은 내가 예상할 수 있었던 것보다 훨씬 더 크고 오래 지속되는 반향을 일으켰지만(그리고 2016년 선거 유세 때 청중의 마음을 사로잡는 데 확실히 쓸모있는 소재였지만), 우리가 살면서 하는 최고의 선택이자 가장 자발적인 선택에 대해서도 동일한 말을 할 수 있지 않을까?

커피 컵 투표함에 여덟 장을 채워 넣는 것은 내 운명을 지배하기 위해 내디딘 작은 발걸음으로, 중요하다고 여겼던 것을 주도한 순간이었다. 20여 년이 지난 지금도 대통령의 부인으로서 본받으려 하는 철학이다. 나는 그리 대단하게 세상을 바꾸지는 못할 것이다. 하지만 세상을 올바

세계 성평등 1위 아이슬란드의 비밀―스프라카르

른 방향으로 조금씩 몰고 가기 위해 내 몫을 다할 것이다.

그것들은 모두 거대한 계획의 초기 단계일 뿐이다. 특권층 백인 여성이 국빈 방문에서 전형적인 여성 들러리로만 사진 찍히고 싶지 않다고 말하는 게 뭐 그리 대수냐고? 대통령 부인으로서의 역할로 봉사하면서 사업가이자 작가로서 생계를 꾸려나가는 게 중요한 문제냐고? 아니면 때때로 공개 행사에 중고가게에서 산 옷을 입고 가는 게 대수냐고? 나는 이 모든 게 다 중요한 것이 되기를 바란다.

⟫ ⟪

롤 모델의 중요성을 옹호하는 만큼이나 나는 여전히 나 자신이 롤 모델로 언급될 때 어느 정도 가면증후군을 앓고 있다.

2020년 초, 아이슬란드 대학에서 열리는 세미나에 초청받은 적이 있었다. 아이슬란드 경영진의 성비 불균형에 관한 세미나였다. 내가 특별히 맡은 역할은 없었다. 주최자는 그 주제에 대해 내가 얼마나 관심이 많은지를 알고 있었기에 요청한 것이었다. 흥미롭고 시의적절한 주제였다. 나는 그날 아침 대학에서 대학원생들에게 직장 내 젠더, 다양성, 포용성에 대해 이야기하기로 이미 예정되어 있었다.

그래서 짧은 강연과 약 20여 명의 학생들과의 활발한 질의응답을 마친 다음 그 행사가 열리는 본관으로 건너갔다. 주최 측은 앞줄에 내 자리를 마련해놓고 있었다. 다른 유명인사들 옆이었다.

아이슬란드 기업의 고위 경영진에 여성이 그토록 적은 이유 및 정책 입안자들과 이해 당사자들이 상황을 개선하기 위해 할 수 있는 일에 대한 최근 연구를 요약한 흥미로운 발표였다. 세미나가 끝나자 공식 사진작가가 대담에 참석했던 유리 천장을 부수는 여성들에게 다같이 사진 찍자며 불러 모았다. 세계 최초로 민주적으로 선출된 여성 국가원수인 비그디스 핀보가도티르, 아이슬란드 최초의 여성 총리이자 세계 최초의 공개 동성애자 정부 수반인 요한나 시귀르다르도티르, 아이슬란드 최초의 국교회 여성 주교인 아그네스 시귀르다르도티르, 첫 여성 경찰청장인 시그리두르 비요르그 구드욘스도티르, 첫 여성 도로해안관리청 청장인 베르그도라 토르켈스도티르가 그들이었다. 그들 모두는 자신들이 이룩한 직업적인 정상에 도달하기 위해 공적으로 또 사적으로 끈질긴 투쟁을 해야 했고, 다른 사람들로 하여금 그들의 발자취를 따를 수 있도록 길을 닦는 데 도움을 주었고, 모든 성별과 정치적으로 뜻을 같이하는 모든 사람들에게 영감을 준 롤 모델들이다.

일행은 내게 함께 사진 찍자고 요청했다.

나는 다소 멋쩍어 하며 다른 사람들과 함께 일렬로 섰다. 평소에는 자신감이 충만하지만 내가 과연 그 자리에 포함될 자격이 있는지 느꼈던 때가 몇 번 있었다. 옆에 서 있던 아그네스 주교에게 그런 취지의 말을 건네지 않을 수 없었다. 하지만 결국엔 자격지심이 있는 사람이 다른 사람에게서 괜찮다는 격려의 말이라든가 확인을 받기 위해 이끌어내는 준비된 멘트처럼, 겸손한 척하면서 은근히 자랑하는 말처럼 들렸음에 틀림없다는 것을 (너무 늦게)깨달았다.

아그네스가 두 손을 내 어깨에 얹고 내 눈을 똑바로 바라보며 단호하게 말했다. "그렇지 않아요." 그녀는 「뉴욕타임즈」에 내가 쓴 기고문을 언급했다. "특히 그렇게 중요한 기사를 쓴 사람이라면 당연히 이 자리에 있어야죠."

그 이후로 나는 수시로 그 순간을 되새기고 있다. 우리는 언제쯤이면 자기 회의에 쏟는 힘을 보다 생산적인 것으로 돌리게 될까? 내가 주로,

혹은 적어도 처음에, 누군가의 배우자로 인식되었을 때, 성평등에 대해 말할 나의 권리, 나의 정당성에 대해 스스로 의문을 제기하는 데 그렇게 많은 시간을 써버리는 것을 언제면 그만둘 수 있을까?

어쩌면 그건 내가 나의 자리를 온전히 차지하기 위해 진심으로 목소리를 내기 시작하면서 어딘가 불편한 감정이 들었기 때문인지도 모른다. 대통령 부인으로 활동할 수 있게 된 것에 대해 하루하루가 고맙고, 그 역할에서 거의 보편적으로 받는 따뜻한 환대가 너무나 감사하다. 그래서 모스크바에서 열리는 월드컵 축구에서 남편을 대신해 남자 국가대표팀을 응원한다든가 알츠하이머협회, 우울증과 자살에 대한 무료상담과 심리정서지원을 하는 피에타하우스, 심지어 아이슬란드 국가대표 요리팀(을 위해 로비했다는 점을 고백하는 바이다!) 등 여러 단체에서 후원자 역할을 하고, 졸업식, 견진 성사, 각종 컨퍼런스에서 인사말을 하는 등 남성 국가원수의 여성 배우자 이미지를 계속해서 새로이 바꾸려고 애쓰고 있다. 나는 선거 유세장에서 나 자신을 무심코 ("감사해하는 사람"이라는 말을 하려 했는데 아이슬란드어로 말하는 과정에서 어형 변화를 잘못하는 바람에) "게으른 사람"이라고 부르는 것에서 「뉴욕타임즈」에 기고한 글이 진보적인 사람들의 마음을 움직인 뒤 일부 언론매체가 2019년 올해의 인물로 지명하는 사람으로 진화했다.

내가 해야 할 일은 그 불편한 감정에 기대는 것이다. 그것은 우리가 올바른 길을 가고 있는지 확인하는 내면의 목소리로, 자신이 대단한 거인이라도 되는 듯한 자의식이 생기는 것을 막는 것이 건강하긴 하지만 동시에 피상적인 불안을 극복하고 우리가 목소리를 내기 위해 자기 확신을 갖는 것도 중요하다는 사실도 상기시켜 준다.

이제, 나는 단체 사진에 찍힐 자격이 있는지 묻기보다 스스로에게 묻는다. 이 특별한 기회에 중요하다고 알고 있는 문제들에 대해 내가 목소리를 내지 않는다면 다른 누가 목소리를 내겠는가? 그리고 내가 목소리를 내지 않는데 어떻게 다른 사람들이 그러한 위험을 감수하기를 기대할수 있겠는가? 내가 아직 대통령 부인으로 있는 동안 이 책을 쓰는 것은 내 역할에 대한 사회의 기대와 나 자신의 경계를 허물기 위한 노력의 또 다른 단계이다. 하지만 그렇게 할 자유가 있다는 것은 바로 아이슬란드의 성평등이 현재 어떠한 상태인지를 증명하는 것이다.

➤➤ ⇐⇐

영국 해협을 정복한 지 불과 6개월 후, "해파리" 수영회의 회원 네 명은 새로운 육체적 도전을 감행하기로 결정했다.[52] 그들은 암 생존자 시르리 아구스트스도티르의 평생소원을 실현시키고자 에베레스트산을 오른 최초의 여성을 포함하여 일곱 명의 용감무쌍한 여성들과 팀을 꾸렸다. 자선단체 두 곳을 위한 기금을 마련하기 위하여 2020년 6월 바트나외쿠틀 빙하를 걸어서 횡단하기로 한 것이었다. 그때까지 온전히 여성으로만 구성된 일행이 유럽에서 가장 큰 빙하를 횡단한 적은 없었다. "눈보라들"이라고 이름 붙인 그들은 9일간 극한의 추위와 지진과 빙하의 갈라진 틈과 맞닥뜨렸다. 165킬로미터에 이르는 길을 스키를 타고, 태양이 빛나는 한밤중에 텐트에서 잠을 자고, 보급품이 잔뜩 실린 썰매를 끌고 다녔는데 빙하 대부분은 활화산 꼭대기에 있었다. 그들의 궁극적인 성공은 시르리로 하여금 2021년에 새로운 도전을 계획하도록 용기를 북돋웠다. 100명의 여성과 함께 이 나라에서 가장 높은 산을 등반하는 도전이 그것이다.

"해파리"와 그들의 빙하를 건너는 화신인 "눈보라들"은 꿈을 쫓아 개인적인 한계를 뛰어넘으며 지속적인 우정의 연대를 이어나갔다. 그들은 입법을 위한 의지나 사회적 의지 때문이 아니라 자신들의 육체적, 정신적 한계까지 밀어붙임으로써 그 이상의 성공을 거두었다. 그렇게 함으로써 여성들도 육체적 한계를 시험할 수 있으며 그것이 가치 있는 목표임을 보여주었다.

텔레비전 진행자 토라 아르노르스도티르와 함께 크리스마스 뷔페에서 맛있는 음식에 푹 빠졌을 때, 그녀는 다른 나라들에 성평등을 성취하는 방법에 대한 청사진을 보낼 수는 없는 법이라고 했다. 그것은 그리 어려운 일도 아닐 뿐더러 아이슬란드가 해결책에 대한 특허권을 갖고 있는 것도 아니라는 것이다.

성평등에 도달하기 위한 비밀, 언젠가 (유토피아적이라 할지라도 중요한 목표인)성평등을 성취하기 위해 노력하는 비밀은 공개된 영역이다. 아이슬란드어 관용구를 말 그대로 번역하자면 "위층에서도 훤히 보인다." 그 비밀들은 우리 모두가 실제로 쉽게 볼 수 있는 것이다. 우리가 시간을 들여 그 중요성을 파악하고 어떻게 그것들을 이용해 한 단계 한 단계 앞으로 나아갈 수 있는지 이해한다면 말이다.

거시적 형태에서 전체 공동체를 위한 비밀은 "모두의 각기 다른 요구를 맞춰주기 위하여 노력하는 비현실적인 행동"을 놓아버리고 우리가 가진 것으로 할 수 있는 일을 하는 것이다. 필요하다면 연단에서 아기에게 젖을 먹일 수도 있고, 아기가 젖을 뗄 때쯤에는 젖꼭지에 접착테이프를 붙여 단호하게 끊도록 해야 하는 식이다. 여성을 남성과 비교함으로써가 아니라 모든 사람이 고유한 목소리를 낼 수 있도록 함으로써 예술, 문화, 체육에 자양분을 주자는 뜻이다. 시대의 흐름에 따라 트랜스젠더 여성들이 자신들에게 맞는 삶을 살 수 있도록 도와야 하고, 이민자들이 직면하는 고유의 문제와 그들이 기여하는 것들이 얼마나 가치있는지를 인식해야 한다. 국가적인 법적 차원에서도, 또 개인적인 도덕적 차원에서도, 성폭력 및 젠더 기반 폭력은 어떤 상황에서도 용납되어선 안 되며 그러한 폭행의 피해자인 여성들은 절대 비난받아선 안 된다는 것에 대한 사회적 합의가 이루어져야 한다. 마렐의 구드비요르그와 같은 사람들을 고용하고 지오실리카의 피다와 같은 사업가들에게 자금을 지원해야 하며, 그들에게도 남성과 동일하게 자금 접근권을 부여하는 한편 대부분이 여성인 최저임금을 받는 노동자들에게 공정하게 노동의 대가를 보상해야 한다. 여성이든 남성이든, 외국인이든 이민자든, 장애가 있든 없든, 동등함을 향한 여정에 누구도 소외되지 않고 모든 사람이 혜택을 받을 수 있도록 해야 한다.

정책 결정권을 갖지 못한 사람들은 목소리를 높여 모두가 들을 수 있도록 함으로써 성평등을 틀어쥘 수 있어야 한다. "물고기 대통령" 토라처럼, 농부이자 양털깍이인 헤이다처럼, 우리는 꿈이 어디로 가든지 그 꿈을 쫓아간다. 우리는 여성협회와 함께 자원하여 기술, 지지, 동료애, 이타주의를 함께 나누도록 도와야 하는데, 이 모든 것은 삶이 최악으로 내몰릴 때 우리를 지탱하도록 도와준다. 우리는 텔레비전, 라디오, 인쇄물, 소셜 미디어에서 목소리를 내고 모습을 드러내며 서로의 목소리를 경시하는 게 아니라 증폭시켜야 한다. 우리는 과감히 경쟁에 뛰어들어 모든 직급의 공직에 출마하고 롤 모델이 되어야 한다.

그 길은 서로 합심해야 하고 체계적이어야 하며, 끝이 보이지 않고 지치고 힘들기만 하고 끝없는 노력을 요할 수 있다. 우리가 전진하는 것만큼이나 아주 쉽게 예상치 못한 적이, 맑은 하늘에 날벼락처럼, 우리가 전진하거나 성취하는 것을 방해할 수 있다. 코로나19가 창궐하면서 2020년에 이 분야에서 전 세계적인 진전을 약화시킨 것처럼 말이다.[9] 우리는 항상 방심하지 말고 바짝 경계해야 한다. 많은 사람들이 설령 평등을 위한 투쟁을 하고 싶을지라도 돈이 없거나, 어떻게 접근해야 할지 모르거나, 목소리를 내는 법을 모르거나, 혹은 그저 단순히 힘이 없을 때 내가 평등을 위한 투쟁에 온 힘을 쏟을 수 있다는 것이 특권이라는 점을 인정한다. 목소리를 낼 수 있고, 자리를 요구할 수 있고, 그 자리를 채우는 데 그토록 높은 대가를 지불하지 않을 정도로 운이 좋은 사람들은 그 좋은 운이 다른 사람들 덕분이기에 그들의 목소리를 위한 자리도 만들어야 한다.

우리 모두는 "스프라카르"를 알고 있다. 그들은 우리 가족, 공동체, 예배당, 정부, 문화단체, 학교에 있다. 그들은 굳이 아이슬란드의 예측할 수 없는 자연이나 영웅담의 주인공 혹은 속사포처럼 랩을 "간지나게" 쏘는 식으로 빛을 발하지 않아도 된다. 우리가 그들의 장점을 승화시키고 공개적으로 알리고 다른 사람들이 그들처럼 되도록 가르치기만 하면 된다. 우리가 그들의 마이크를 켜서 그들의 목소리가 들리도록 돕는다면, 우리는 그들을 공직에 더 많이 선출할 수 있다. 그랬을 때 우리는 "모두의 각기 다른 요구를 맞춰주기 위하여 노력하는 불가능한 행동"에 대해 잊을 수 있게 되고, 사회의 자금줄을 틀어쥘 수 있게 되며, 전통적인 남성 영역에 스며들 수 있다. 변화가 더 많이 이루어지도록 지지해야 한다. "스프라카르"는 아이슬란드어일 수 있지만 특권 계급에 속하는 북유럽 페미니즘의 전유물이 아니다. 우리의 아름다운 행성 곳곳에는 비범한 여성들이 있다. 그것이야말로 비밀이다.

평등은 나의 권리이다. 여러분의 권리이기도 하다.

°2021년 세계성격차지수는 코로나19로 인해 성 격차가 좁혀질 것으로 예상되는 시간이 한 세대, 즉 36년 증가했다는 결과를 내놓았다.

1. 아이슬란드로 온 이민자

없음

2. 보육을 돕는 것은 우리 모두를 돕는 것

사가 가르다르스도티르, 2020년 8월 24일

운누르 브라 콘라드스도티르, 2020년 8월 21일

3. 자매애의 힘

여성협회(구드비요르그 비요르그빈스도티르, 아르튼프리두르 요한스도티르, 마그네아 시그룬 시모나르도티르, 구드룬 스베인스도티르, 로즈마리 브린힐두르 톨라이프스도티르), 2020년 9월 4일

해파리(비르나 브라가도티르, 시그룬 그레이르스도티르, 시구르라우그 마리아 욘스도티르, 브린힐두르 오라프스도티르, 할도라 기다 마니아스도리프 프로페, 토레이 빌함스도티르 프로페, 소피아 시구르게이르스도티르) 2020년 8월 21일

4. 낙인 없는 성 정체성

라그니히두르 비아맨 에리크스도티르, 2020년 8월 31일

에바 마리아 토라린스도티르 랑게, 2020년 9월 21일

우글라 스테파니아 크리스트요누도티르 욘스도티르, 2020년 8월 21일

5. 기업의 자금줄 틀어쥐기

라그니힐두르 아구스트스도티르, 2020년 10월 12일(줌을 통한 인터뷰)

구드비요르그 헤이다 구드문스도티르, 2020년 11월 5일(팀즈를 통한 인터뷰)

피다 아부 립데, 2020년 11월 5일(줌을 통한 인터뷰)

6. 미디어에서 보이고 들리는 것

"크리스마스 뷔페" 토론(토라 아르노르스도티르, 솔보르그 구드브란드스도티르, 도르비요르그 마리노스도티르, 스테이눈 아사 도르발스도티르), 2020년 12월 8일

7. 야생에서 이뤄낸 조화

헤이다 구드니 아스게이르스도티르, 2020년 9월 2일

할도라 크리스틴 우나르스도티르, 2020년 10월 27일

에린 마틸두르 크리스틴스도티르, 2020년 11월 14일

8. 평등을 위한 도구로써의 예술

두 작가의 이야기(카밀라 에이나르스도티르와 게르두르 크리스티니), 2020년 12월 2일

마르그레트 라라 비다르스도티르, 2020년 12월 2일

레이캬비크의 딸들(두리두르 블라이르 요한스도티르, 스테이니 스쿠라도티르, 토르디스 비요르그 도르핀스도티르) 2020년 12월 3일

9. 어떤 여성도 혼자가 아니다

몬세라트 아를레테 모레노, 2020년 7월 18일

클라우디아 아샤니 윌슨, 2020년 10월 22일

"로즈", 2020년 10월 24일

10. 내 방식대로 정치!

이리스 로버르트스도티르, 2020년 5월 21일, 2021년 3월 8일(전화 통화)

이사벨 알레한드라 디아즈, 2020년 5월 20일, 2021년 3월 8일

사라 쏠 핀보가도티르, 구드니 됴스브라 흐레인스도티르, 헬가 린드 마르, 미카엘 베르그 스테인그림손, 2020년 5월 20일

11. 손이 닿는 곳

운누르 브라 콘라드스도티르, 2020년 8월 21일

- 의미를 명확하기 하기 위해 때로는 인용문을 압축하고 편집했다. 모든 인터뷰는 별도의 언급이 없는 한 저자가 직접 했다.
- 인터뷰는 아이슬란드어로 진행되었다. 저자가 영어로 번역했다.

아이슬란드는 세계에서 가장 첨단기술에 정통한 나라 중 하나이며 온라인에서 많은 정보를 찾는 것은 매우 간단하다. 전부는 아닐지라도 거의 모든 정부 기관, 자선 단체, 세계적인 관심을 받는 회사는 영어로 된 정보가 포함된 웹사이트가 있다. 나는 대부분의 인터뷰와 조사를 아이슬란드어로 진행했지만 영어로 된 출처만 주석에 올렸다.

 아이슬란드에 대한 전반적인 최신 소식을 알고 싶다면 RÚV English(www.ruv.is/english), 아이슬란드 리뷰(www.icelandreview.com), 레이캬비크 그레이프바인(www.grapevine.is), 아이슬란드 모니터(www.icelandmonitor.mbl.is) 등 여러 소식통을 참고하시라. 현지 작가인 알다 시그문드스도티르도 페이스북(@aldasigmundsdottir)과 인스타그램(@alda.sigmunds)에 아이슬란드의 현안에 대해 정기적으로 글을 올리고 있다. 사실 2020년 4월 그녀의 게시물 중 하나에 쓰인 댓글이 이 책을 써야겠다는 생각을 촉발시켰다.

아이슬란드에 대한 보다 구체적인 정보를 찾고자 하는 분들은 아이슬란드 정부 웹사이트(www.government.is)에서 다양한 부처와 정책에 대한 정보를 찾을 수 있다. 아이슬란드 통계청 웹사이트(www.statice.is)는 매우 이용자 친화적이며 모든 종류의 통계를 제공하는 훌륭한 자료이다. 아이슬란드를 찾아오고자 하는 사람들은 www.visiticeland.com을 통해 여행계획을 짤 수 있다. 아이슬란드의 성평등 투쟁에 대한 연표와 흥미로운 부분을 보시려면 다음을 참조하라. https://www.stjornarradid.is/media/velferdarraduneyti-media/media/acrobat skjol/jafnrettistofa_stepping_stones.pdf. 아이슬란드 복지부 성평등국에는 광범위한 추가 정보가 있다. https://www.jafnretti.is/en. 말할 필요도 없이, 성평등에 대한 전반적인 정보가 풍부하며, 그중 상당 부분이 이미 독자들에게 친숙할 것이다. 최근 나에게 영감을 준 책으로는 엘리자베스 렌제티의 『성난 여자들』, 멜린다 게이츠의 『누구도 멈출 수 없다』, 록산 게이의 거의 모든 책, 캐럴라인 크리아도 페레스의 『보이지 않는 여자들』, 아이리스 보넷의 『성평등, 어떻게 이룰 것인가』가 있다.

이 책을 집필하기 위해 연구, 조사한 영어로 쓰여진 책으로는 구드니 토르라시우스 요하네손의 『아이슬란드 역사』가 있는데, 남편이 썼기 때문에(!) 강력히 추천하고 싶다. 리처드 피들러와 카리 기슬라손의 『영웅시대』도 즐겁게 읽었다. 로리 맥터크가 영어로 번역한 게르두르 크리스트니의 「블러드후프」도 유용했다. 로리는 이 책 외에도 게르두르의 책을 다수 번역했다. 카밀라 에이나르스도티르의 『코파보구르 연대기』는 현재까지 아이슬란드어로만 출간되었다. 그 외의 책들은 미주에 언급되어 있다. 아이슬란드 작가들의 많은 작품들이 영어(및 다른 많은 언어)로 번역되었다는 점을 빼먹으면 부주의한 일일 터이다. 두말할 필요도 없이, 한 나라의 소설, 시, 회고록을 읽는 것은 그 나라의 문화에 대한 특별한 통찰력을 제공하므로 아이슬란드 문학 작품을 일독하기를 권한다.

각 장들의 특정 주제에 대해 더 찾아보고 싶다면 미주를 참고하라. 이 책의 주제를 다룬 순서는 이렇다. 아이슬란드의 육아휴직 제도에 대한 세부 정보. ttps://work.iceland.is/living/maternity-and-paternity-leave. 예를 들어, 세계적 맥락에서 정보를 원한다면 다음을 참조하라. https://www.pewresearch.org/fact-tank/2019/12/16/u-s-lacks-mandated-paid-parental leave/ 트랜스젠더 활동가인 우글라 스테파니아는 영국의 「메트로」지에 정기적으로 칼럼을 기고하고 있다. 정부의 기후변화 정책 및 정보는 https://www.government.is/topics/environment-climate-and-nature protection/climate-change/에서 확인할 수 있다. 안드리 스내이어 마그나손의 『시간과 바다에 대하여』는 아이슬란드의 빙하와 바다에 초점을 맞추어 기후 위기를 논한다. 아이슬란드의 수색 및 구조대원에 대한 모든 정보는 www.icesar.com에서 확인할 수 있다.

"레이캬비크의 딸들"은 www.rvkdtr.com을 참조하라. 보프나피오르두르 주민들은 방문객들을 두 팔 벌려 환영한다. www.visitvopnafjordur.com/en에 들러 할 수 있는 것들을 살펴보시라. 성 학대 및 폭력 생존자를 위한 교육 상담 센터인 스티가모트(www.stigamot.is)는 6개 언어로 제공된다. https://vimeo.com/141731463에는 할라 크리스틴 에이나르스도티르가 감독한 아이슬란드의 "여성 휴무"에 대한 훌륭한 다큐멘터리 "Women in Red Stockings"를 볼 수 있다. 영어 자막도 포함되어 있다. 샐리 마그누손의 『바다표범 여인의 선물』은 1627년 웨스트만제도에서 일어난 해적의 공격을 바탕으로 한 역사 소설로, 수백 명의 아이슬란드인들이 납치되어 북아프리카에 노예로 팔려 간 아이슬란드 역사의 또 하나의 중요한 순간을 다루고 있다.

지금 제시한 것들은 그저 수박 겉핥기식으로 다룬 것이다. 아이슬란드에 사는 사람을 알고 있고 더 많은 정보가 필요하면 그 사람에게 물어보라. 아이슬란드는 실제로 별로 분리되지 않은 작은 곳이며 보통 현지인들이 어디로 가면 좋은지 현명한 조언을 해줄 수 있다. 지난 25년 동안 내가 경험한 것만큼 아이슬란드에 대해 배우는 것을 즐기시기 바란다.

1 아이슬란드는 실제로 1918년에 덴마크로부터 독립하여 주권 국가가 되었지만, 1944 년 완전한 독립을 주장하기 전까지 국가원수는 덴마크 왕이었다.

2 예를 들어, 다음을 참조하라. "Gender Equality Supports Happiness and Well-Being" by Andre P. Audette *The Gender Policy Report*, September 13, 2019 https://genderpolicyreport.umn.edu/gender equal-supports-happiness/

3 https://www.weforum.org/reports/global-gender-gap-report-2021/in-full

4 다른 여러 나라와 비교하여 이러한 상황과 전반적인 북유럽에 대한 훌륭한 개요는 2018년 북유럽각료회의에서 작성한 "직장에서의 북유럽 젠더 효과"를 참조하라.

5 부모는 법적으로 규정된 최소 금액을 초과하는 추가 지불에도 동의할 수 있으며 이러한 추가 금액에 대한 직접 지급을 약정할 수 있다. 자세한 내용은 다음을 참조하라. https://vefur.island.is/en/family/marriage_and_partners/parental_child_support/

6 예를 들어, 다음을 참조하라. https://edition.cnn.com/2018/02/20/health/unicef-newborn-deaths-by-country study/index.html 및 https://grapevine.is/news/2016/01/18/iceland-has-lowest-rate-of-csections/

7 아빠의 육아휴직에 대한 자료는 다음을 참조하라. "Equal rights to paid parental leave and caring fathers – the case of Iceland", https://skemman.is/bitstream/1946/22378/1/a.2013.9.2.4.pdf and "How does Daddy at home affect marital stability", https://www.semanticscholar.org/paper/How-Does-Daddy-at Home-Affect-Marital-Stability-Olafsson Steingrimsdottir/ba1bd1eccc7340163c1437aa36c4f088ecffe3e7. 2018년 북유럽각료회의가 작성한 "직장에서의 북유럽 젠더 효과"도 참조하라. 이 보고서에서는 모든 북유럽 국가 중 아이슬란드인 아빠들이 육아휴직을 가장 많이 사용한다고 밝혔다.

8 여러 조사 결과는 다음을 참조하라. "Gender Equality in Iceland": https://www.stjornarradid.is/media/velferdarraduneyti-media/media/acrobat-skjol/jafnrettisstofa_

stepping_stones.pdf; "Iceland leads the way to women's equality in the workplace" *The Economist* Mar 4, 2020 https://www.economist.com/graphic detail/2020/03/04/iceland-leads-the-way-to-womens-equality-in-the-workplace; "Women's Employment" on Our World in Data https://ourworldindata.org/female-labor-supply.

9 아이슬란드의 3~5세 아동 중 95퍼센트가 보육시설에 등록되어 있다(2016년 통계). 2018년 북유럽각료회의가 작성한 "직장에서의 북유럽 젠더 효과"를 참조하라.

10 다음을 참조하라. https://www.researchgate.net/publication/226780409_Egalitarian_Attitudes_Towards_the_Division_of_Household_Labor_Among_Adolescents_in_Iceland

11 『냘스 영웅담』의 모든 인용문은 로버트 쿡이 번역한 『펭귄 클래식』에서 가져왔다.

12 "키다리" 하스게르두르: 아이슬란드에서 가장 유명한 것은 영웅담으로, 세계 문학에 중대한 기여를 했다. 11세기 경 섬에 정착하기까지 벌어진 여러 사건을 12세기~14세기 사이에 기록한 영웅담은 가족 간의 불화, 치열한 전투, 비극적 로맨스, 흥미진진한 모험으로 가득 찬 여정을 시선을 떼지 못하도록 지어냈다. 명예, 복수, 무력 충돌을 주제로 아이슬란드를 이룬 1세대 주민들의 삶의 가치와 방식에 대한 통찰력을 제공한다. 영웅담의 저자들은 대부분 알려져 있지 않지만 현대 학자들은 대부분 남성이 썼고 남성의 관점에서 이야기했을 가능성이 크다고 말한다. 예를 들어 『냘스 영웅담』에서는 650명의 인물이 등장하는데 그중 100명만이 여성이다.

13 "How one country persuaded teens to give up drink and drugs," a film by Richard Kenny, BBC News, 15 November, 2017 https://www.bbc.com/news/av/stories-41973296

14 자료에는 두 농장에 전기와 전화가 모두 들어왔는지 여부가 명확하지 않지만 아마도 그럴 가능성이 높다.

15 *Gengnar Slóðir: Samband sunnlenska kvenna fimmtíu ára 1928-1978*, Publisher: Samband sunnlenskra kvenna, 1978 pg. 175. Trans. Jonas Moody

16 국가 교육 과정은 다음 사이트에서 영어로 읽을 수 있다. https://www.government.is/topics/education/curriculum/. 의료 서비스가 지원되는 성교육 조항에 대한 개요는 다음을 참조하라. https://www.heilsugaeslan.is/um-hh/frettasafn/stok-frett/2018/02/14/Kynfraedsla-i-skolum/. 2020년 말, 교육과학문화부는 아이슬란드

의 초중등학교 단위의 성교육 개선을 위한 위원회를 구성했다.

17 https://www.icelandreview.com/politics/digital-sexual-violence-now-punishable-by-up-to-4-years-in-prison/

18 https://www.bbc.com/news/world-50042279

19 "Too many of us young trans people are crying out for help. Will you listen?" *The Guardian*, March 28, 2018. https://www.theguardian.com/commentisfree/2018/mar/28/trans-young- people-suicide-support-mental-health

20 https://icelandmonitor.mbl.is/news/culture_and_living/2020/09/14/big_breasted_jesus_causes_controversy/

21 "부자" 올로프: 남편이 죽었다는 소식을 듣고 그녀가 한 가장 유명한 말인 "비요른의 죽음을 비통해하지만 말고 복수를 위해 사람들을 모으라"는 문구는 이제 흔히 복수를 뜻하는 말이 되었다. 영웅담에 나오는 강인한 여자들을 연상시키는 결의의 상징이다. 그녀의 강인함과 용기에 대해서는 반박할 여지가 없지만 남편 비요른의 살해, 이후에 벌어지는 그녀의 행동, 왕을 찾아간 것, 그녀가 임종 시 남긴 소원을 둘러싼 여러 설화는 물론 추측과 전설에 불과하다.

22 https://ourworldindata.org/female-labor-supply

23 https://www.creditinfo.is/um-creditinfo/frett.aspx?NewsID=81. 상위 800위는 아이슬란드 기업인 크레디트 인포(Credit Info)에서 결정하며, 매출액만으로 순위를 매기는 것은 아니지만 「포천」지가 매기는 500대 기업 순위와 유사하다.

24 "Diversity Wins: How Inclusion Matters" by McKinsey & Company, May 19, 2020 https://www.mckinsey.com/featured-insights/diversity-and-inclusion/diversity-wins-how-inclusion-matters/

25 동일임금 인증제 의무화법은 다음을 참조하라. https://www.jafnretti.is/en/vinnumarkadur/equal-pay-certification/equal-pay-certification.

26 에너지청 사이트를 참조하라. https://nea.is/geothermal/direct-utilization/nr/91

27 솔보르그의 인스타그램 페이지는 파비타르("백치들"이라는 뜻)라고 불리는데 32,200명의 팔로워를 보유하고 있었다. 이 인터뷰 직후, 그녀는 다른 프로젝트를 추진할 것이며 더 이상 정기적으로 페이지를 업데이트하지 않을 것이라고 발표했

기 때문에 이 책이 출간되면 팔로워 수가 줄어들 수 있다.

28 "The Angry Internet: A threat to gender equality, democracy, and well-being", Published by Centre for Digital Youth Care, November 2020. https://cfdp.dk/wp-content/uploads/2020/11/CFDP_the_angry_internet_ISSUE.pdf

29 브라트홀트의 시그리두르: 시그리두르에 대한 서사는 고인에 대한 기억이 살아 있을 때 일어난 것이다. "키다리" 하스게르두르와 "부자" 올로프의 명성과 삶처럼 그녀의 명성과 삶은 수세기 동안 과장되거나 노골적인 허구화의 대상이 되지 않았다. 그러나 완강한 끈기와 육체적 인내심만으로 폭포를 구했다는 그 유명한 일화는 거의 확실히 과장인 것으로 보인다. 굴포스는 시그리두르의 시위가 아니라 개발 계획의 경제적 타당성 때문에 보존되었다. 그리고 그녀는 말을 탄 게 거의 확실하거나―최소한 적절한 신발을 신고―수도로 걸어갔을 것이다.

30 기후 변화가 여성에게 미치는 영향에 대한 정보는 다음을 참조하라. *Climate Justice: Hope, Resilience, and the Fight for a Sustainable Future* by former president of Ireland Mary Robinson(Bloomsbury, 2019).

31 이 책은 영어로도 번역되었다. *Heida: A Shepherd at the Edge of the World*(John Murray, 2019)

32 "Áætlun um öryggi sjófarenda, 2019–2033", (Strategy for safety of seafarers), Government of Iceland. https://www.stjornarradid.is/library/02-Rit—skyrslur-og-skrar/Áætlun%20um%20öryggi%20sjófarenda%202019.pdf

33 역사학자 토룬 마그누스도티르는 1891년부터 1981년까지 약 4,000명의 여성이 바닷일에 종사했다고 기록한 사실을 발견했으며, 최근 여러 연구에 따르면 이 기간 동안 바닷일을 한 여성들이 우리가 아는 것보다 더 많았다. 다음을 참조하라. *Seawomen of Iceland* by Margaret Willson(Museum Tusculanum Press, 2016).

34 농구 국가대표팀은 상여금은 없지만 여자 선수들은 남자 선수들과 동일한 수당을 받는다.

35 에이라르바키 마을에 코누보카스토파라는 "아이슬란드 여성 작가들 도서 라운지 박물관"이 있다. www.konubokastofa.is

36 *Bloodhoof* by Gerdur Kristný. Trans. By Rory McTurk. Arc Publications (2012).

37 *The Kópavogur Chronicles*, by Kamilla Einarsdóttir. Trans. Jonas Moody

38 코로나19의 여파로 2020년 여름과 2021년 초에 추가로 보조금이 지급되었다.

39 여성 휴업: "여성 휴업"에 대한 아이디어는 같은 시기 미국의 한 급진적 페미니스트 그룹인 "레드스타킹"에서 영감을 받아 비롯되었다. 처음에는 임금 불평등 및 기타 불공정한 관행에 항의하기 위해 파업한다는 개념으로 시작했지만 주최 측은 "파업"이라는 용어가 사람들이 적극적으로 참여하는 데 걸림돌이 될 거라고 생각했다. "휴업"이 되어야 했다. 그 용어를 쓰면 어떤 고용주가 고용인에게 하루 동안 휴가를 주지 않겠는가? 많은 남성들이 시위를 적극 권장했다는 점에 유의할 필요가 있다. 그러나 이 날의 사건이 사회에 미친 영향과 이후의 세월 동안에도 불구하고 45년이 지난 지금 이 글을 쓰는 시점에도 여전히 성별 임금 격차가 해소되지 않고 있으며, 아이슬란드 여성들은 몇 년마다 한 번씩 10월 24일이 되면 남성들과 동일한 임금을 받지 못할 경우 그 임금에 맞게 일찍 퇴근한다. 처음으로 일찍 퇴근한 날은 오후 2시 5분이었고, 2016년에는 오후 2시 38분, 2020년에는 3시 1분이었다.(2018년 아이슬란드 통계청 수치에 따르면, 아이슬란드 여성의 평균 임금은 남성 평균 임금의 74%에 불과하다. 따라서 여성은 남성보다 평균 26% 적은 임금을 받는다. 따라서 여성은 하루 평균 8시간 근무하지만 남성과 비교했을 때 5시간 55분만큼의 임금을 받는 것이다. 이것은 만약 근무일이 오전 9시에 시작하여 오후 5시에 끝난다면 여성은 오후 2시 55분 이후에는 자신들의 노동에 대한 대가를 받지 못한다는 것을 뜻한다–옮긴이)

40 미국의 수치는 다음을 보라. https://www.pewresearch.org/fact-tank/2019/01/30/immigrant-share-in-u-s-nears-record-high-but-remains-below-that-of-many-other-countries/. 아이슬란드 수치는 다음을 보라. www.statice.is.

41 여기서 (아이슬란드어로 되어 있지만 사용하기 쉽다) 이름이 목록에 들어있는지 검색해 수 있다. https://vefur.island.is/mannanofn/leit-ad-nafni/

42 "Icelander's [sic] Immigration Tolerance Increasing" Reykjavík Grapevine, Sept. 24, 2020. https://grapevine.is/news/2020/09/24/icelanders-immigration-tolerance-increasing/

43 *"Konur af erlendrum uppruna. Hvar kreppir að?"*, University of Iceland, 2019.

https://www.stjornarradid.is/lisalib/getfile.aspx?itemid=c6482f7c-570d-11ea-945f-005056bc4d74

44 "The Misogynist Violence of Iceland's Feminist Paradise", *Foreign Policy*, July 15, 2020. 20. https://foreignpolicy.com/2020/07/15/the-misogynist-violence-of-icelands-feminist-paradise/

45 "Tilkynntar nauðganir til lögreglu á árunum 2008 og 2009: Um afbrotið nauðgun, sakborning, brotaþola og málsmeðferð"(2008년과 2009년에 경찰에 신고된 성 폭행 사건들), Hildur Fjóla Antonsdóttir and Thorbjörg Sigrídur Gunnlaugsdóttir, University of Iceland, October 2013. https://edda.hi.is/wp-content/uploads/2014/04/Einkenni-og-meðferð-nauðgunarmála-október-2013.pdf

46 비그디스 핀보가도티르: 비그디스는 몇 년 뒤 회고록에서 자신이 "일을 할 수 있는 지"에 대해 회의적이었다는 점을 인정했다. 그녀 세대의 여성들 사이에서는 아주 일 반적인 자기 회의였다. 그녀에게 입후보해 줄 것을 간청하는 구드비야르투르 어선의 모든 어부들이 서명한 전보를 보면 그녀에 대한 지지는 단순히 수도의 식자층을 넘어섰다는 것을 알 수 있다. 일단 당선되자 비그디스는 자신의 당선이 세계무대에서 얻는 관심을 최대한 활용했다. 그녀는 재임 기간 동안 스무 차례 해외를 국빈 방문 했다. 국빈 방문 시 동행한 대표단의 수 또한 과거보다 훨씬 많았는데, 정치인뿐만 아니라 진보적이고 미래 지향적인 국가의 이미지를 홍보할 재계 및 문화계 인사들 로 구성했다. 1986년, 그녀는 로널드 레이건과 미하일 고르바초프 간의 역사적인 레이캬비크 정상회담을 주최했는데, 이는 종종 냉전 종식의 시작을 의미하는 것으로 평가받고 있다. 그녀는 아이슬란드어를 보호하는 옹호자로 활약하기도 했다. 그 리고 전국의 여러 공동체를 방문하면서 침식을 막기 위해서뿐만 아니라 그 행사에 대한 기억을 오래도록 남기기 위해 나무 세 그루를 심는 전통을 벌이기 시작했다.

47 이러한 균형은 다음에 치러진 2017년 선거에서 약간 퇴보했다.

48 이 스캔들은 다음 영미권 잡지에도 실렸다. "'Finally, a body worthy of my dick': Inside the sexist political scandal rocking Iceland", *Nylon*, March 28, 2019. https://www.nylon.com/political-scandal-iceland-sexism-metoo and "In Focus: The Klaustur Scandal", Feb. 8, 2019. https://www.icelandreview.com/politics/in-focus-the-klaustur-

scandal/. (아이슬란드에서)관련자 중 한 명은 다음과 같이 항변했다. "Ekki í stjórnmálum til að vera vinsæll" in *Morgunblaðið*, April 8, 2019. https://www.mbl.is/frettir/innlent/2019/08/04/ekki_oedlilegt_ad_tonninn_se_grimmari/.

49 "Forseti Íslands: "Auðvitað ofbauð mér", RÚV, December 2, 2018 https://www.ruv.is/frett/forseti-islands-audvitad-ofbaud-mer

50 경비는 아이슬란드의 "성평등기금"과 민간 제약회사인 알보젠 알보텍이 부담했다.

51 인터뷰 전문은 이곳에서 볼 수 있다. https://unwomen.is/herferdir-verkefni/konur-zaatari-thranytt-upphaf/(동영상 내레이션은 아이슬란드어이지만 인터뷰는 영어로 진행된다.)

52 이 활동에 참여한 "해파리" 회원 4인은 다음과 같다. 브린힐두르 올라프스도티르, 비르나 브라가도티르, 소피아 S. 시구르게이르소티르, 토레이 빌함스도티르 프로페.

세계 성평등 1위 아이슬란드의 비밀
스프라카르

엘리자 리드
지은현 옮김

초판 1쇄 발행 _ 2022년 4월 11일
펴낸이 강경미 | 펴낸곳 꾸리에북스 | 디자인 앨리스
출판등록 2008년 8월 1일 제313-2008-000125호
주소 121-840 서울 마포구 합정동 성지길 36, 3층
전화 02-336-5032 | 팩스 02-336-5034
전자우편 courrierbook@naver.com

ISBN 9788994682433

파본이나 잘못 만들어진 책은 바꾸어 드립니다. 책값은 뒤표지에 있습니다.

얼마나 많은 가능성을 드러내는 훈훈하고 멋진 책이란 말인가! 얼른 짐 싸서 아이슬란드로 떠나고 싶다.

_루스 라이클, 『자두를 구해줘』 저자

영감을 주는 재미있는 책. 엘리자 리드는 뛰어난 작가이다. 강추.

_마르셀로 디 친티오, 『Walls』 저자

여성들뿐만 아니라 우리 모두를 위한 더 나은 세상을 가까이에서 엿볼 수 있다. 엘리자 리드의 아이슬란드는 매혹 그 자체이다.

_앨리슨 피크, 『Far to Go』 저자

아이슬란드를 방문하는 사람이라면 누구나 이 작은 나라에 세계에서 가장 비범한 여성들이 살고 있다는 것을 재빨리 알게 된다. 그들의 삶은 가정생활의 즐거움과 복잡성을 무시하지 않으면서 남성과 여성의 평등을 육성하는 사회적, 정치적 문화에 깊이 뿌리를 두고 있다. 때로는 풍자적이지만 통찰력 있는 엘리자 리드의 아름다운 시각을 통해 성평등 문화가 돋보이는 것을 보게 되어 기쁘다.

_애덤 고프닉, 『뉴요커, 뉴욕을 읽다』 저자

아이슬란드 여성의 궤적에 대해 흥미롭게 관찰한 이야기이다. 엘리자 리드는 아이슬란드의 높은 수준의 공공 보육과 기업가 정신, 포용력 있는 가족과 강인한 여성에 대한 지지, 척박한 자연환경과 미래 지향적인 적응력 높은 사회 사이의 연관성을 추적한다. 이 중요한 책은 모든 성별이 보다 풍요롭고 포용력 있는 세상을 향해 나아가도록 자극할 것이다.

_빈센트 램, 길러상 수상 작가

아이슬란드를 방문할 때마다 무엇이 이 미래 지향적인 나라를 그토록 멋지게 만들었는지 궁금했다. 이 책은 그 질문에 대한 대답 외에 더 많은 것들을 말해준다. 더 나은 사회로 가는 로드맵이 실려 있다. 이 중요한 책은 흥미로운 읽을거리에 그치지 않는다. 더 나은 세상은 분명 가능하다는 생각이 들게 한다.

_마크 크리치, 『Son of a Critch』 저자

엘리자 리드는 제2의 조국 아이슬란드가 성평등을 향해 일찌감치 내딛은 여정, 즉 세계의 모델로서의 실제적이고 원칙적이며 진보적인 길을 조명한다. 처음에는 캐나다 출신의 외부인이었지만 아이슬란드의 역사와 문화를 능숙하게 전달하며 거기에 자신의 경험을 덧붙여 이야기를 더욱 흥미롭고 설득력 있게 만든다. 성평등을 더욱 고취시키기 위한 찬사이자 다른 나라들을 위한 청사진이다.

_테리 팰리스, 스티븐 리콕 유머상 2회 수상

한때 이방인이었던 사람은 자국민은 볼 수 없는 것을 보는 경우가 많다. 이민자이자 저널리스트, 대통령의 부인인 엘리자 리드는 중세 시대의 영웅담에서부터 1975년의 여성 휴업, 그리고 최근에는 현역에서 활동하는 운동선수, 예술가, 시인, 뮤지션, 기업가, 농부, 학생, 가정폭력 생존자 등에 이르기까지 많은 여성들과 나눈 대화와 목소리를 통해 허스토리의 역사를 솜씨 좋게 다룬다. 이 책은 한 아름다운 나라가 어떻게 성평등을 성취했는지를 기분 좋게 환기시키며 세계 각국이 활용할 수 있는 생생한 통찰력과 매혹적인 이야기로 가득 차 있다.

_마리아 머치, 『Molly Falls to Earth』 저자

이 책을 읽는 것은 특히 좋아하는 똑똑하고 마음 따뜻한 여자친구에게서 제2의 조국의 비범한 여성들과 그 나라의 역사 및 문화에 대해 듣는 것과 같다. 리드는 아이슬란드와 여성에 대한 그들의 태도를 찬양하는 동시에 개선해야 할 여지가 있는 부분에 대해서도 말을 아끼지 않는다. 이 책을 다 읽고 나자 마치 아이슬란드로 다녀온 듯한 느낌, 아이슬란드의 아름다움과 독특함, 그리고 가장 중요하게는 "스프라카르"를 알게 된 것 같은 기분이 들었다.

_앤 후드, 『내 인생 최고의 책』 저자